Konrad Bedal
Dorfkirchen in Franken

DORFKIRCHEN in Franken

Kontinuität und Wandel in Bauformen und Ausstattung 1000–1800

Ein Bildhandbuch von Konrad Bedal

Schriften und Kataloge des Fränkischen Freilandmueums in Bad Windsheim,
herausgegeben im Auftrag des Bezirks Mittelfranken von Herbert May, Band 76

Titelbild *Chorturmkirche in* Kleinhaslach *bei Ansbach, Mauer und Turm 14. Jahrhundert, das Langhaus 18. Jahrhundert.*
Abb. S. 2 *Albrecht Dürers Zeichnung von Heroldsberg bei Nürnberg von 1510 zeigt die markante Dorfkirche 25 mit dem Fünfknopfturm und dem abgesetzten hohen Chor (Ausschnitt).*
Abb. S. 4 Castell *bei Kitzingen 48, Blick auf Dorf und Kirche*
Abb. S. 6 Ezelheim *bei Bad Windsheim, Blick auf Dorf und Kirche*
Abb. S. 392 *Engel am Altar der Kirche in* Benk *43*
Rückenbild Wiesentheid, *St. Mauritius 1726-1732, Turmfassade (Ausschnitt)*

Alle Fotos und Zeichnungen, soweit nichts anderes vermerkt, von Konrad Bedal
Gesamtgestaltung Konrad Bedal

© Konrad Bedal, Bad Windsheim
Verlag Fränkisches Freilandmuseum Bad Windsheim 2015
Lektorat Hannelore Bedal
Delp-Druck Bad Windsheim
ISBN 978-3-926834-96-6

„Viel hundert Kirchen stehen im Land. Um ihre Türme drängen sich die Dörfer, ihre Glocken läuten hinaus in die Landschaft, Sonntag für Sonntag durchschreiten die Gläubigen ihre Türen und Tore, sammeln sich die Gemeinden in ihrer bergenden Enge und ihren lichten Hallen. Jede von diesen Kirchen hat ihr eigenes Gesicht und ihr besonderes Wesen: wie sie geworden ist, wie sie im Dorfe steht, wie sie sich öffnet oder schützt, wie sie sich duckt oder prunkend erhebt. Jede ist dem Besucher ein Erlebnis ganz für sich."

Heinrich Thiel: Im Spiegel der Kirchen, 1951, S. 9

Inhalt

Einstieg — 8

Dorfkirchen in Franken *Evangelisch–katholisch – Die Kirche im Dorf? – Bergkirchen – Sakral und profan ... aus Stein und Holz gebaut – Fachwerk an Kirchen – Kirchen mit Obergeschoß – Fachwerktürme* — 11

Die ummauerte Kirche *Mauern, Tore und Türme – Kirchenburgen – Gadenkirchenburgen – Kirchhof und Friedhof – Pfarrhof und Pfarrhaus* — 38

1000 – 1300 Romanik und Frühgotik — 57

Romanische Bauformen *Kirchen ohne Turm – Chorturmkirchen – Chortürme mit Apsis – Westturmkirchen – Flankenturmkirchen – Rundkirchen – Das romanische Dach* — 59

Romanische Portale *Der „Zyklopensturz" – Der Rundbogen – Das Stufenportal – Portal im Rahmen – Das Säulenportal – Das Zackenportal* — 90

Romanische Fenster *Zwillingsfenster/Biforien – Dreierfenster* — 106

Romanische Bauplastik *Profile und Rundbogenfriese – Der Chorbogen – Kämpfer und Kapitelle – Symbole, Tiere und Fratzen* — 114

1300 – 1650 Gotik und Nachgotik — 125

Gotische Bauformen *Kirchen mit polygonalen Chören – „Glatte" Chorpolygone – Chorpolygone mit Strebepfeilern – Kirchen mit Mittelturm – Kreuzgewölbe und Netzgewölbe im Chor – Langhausgewölbe – Mehrschiffige gewölbte Kirchen* — 126

Kirchen der Nachgotik *Julius-Echter-Türme* — 160

Gotische Kirchtürme *Turmhelme – Satteldachtürme – Viergiebeltürme – Fünfknopftürme – Bunte Türme – Doppeltürme – Glocken und Glockenstuhl* — 166

Gotischer Holzbau *Dächer und Dachwerke – Holzdecken – Spunddecken – Kassettendecken – Hölzerne Tonnengewölbe – Hölzerne Emporen* — 182

Gotische Bauplastik *Portale – Beschlagene Türblätter – Torvorhallen – Maßwerkfenster – Maßwerkfriese – Köpfe, Fratzen und Figuren – Sakramentshäuser – Schatzkammer Sakristei – Sakristeimöbel* — 206

Gotische Ausstattung *Gotisches Kirchengestühl – Kanzeln – Taufsteine – Ölberg, Palmesel und Heiliges Grab – Grabmäler und Epitaphien – Die Kirche als Bilderbibel – Glasmalerei* — 238

Glanz der Flügelaltäre — 268

1650 – 1800 Barock und Rokoko — 279

Barocke Bauformen *Giebelfassaden – Einturmfassaden – Markgrafenkirchen – Der Betsaal – Hauben, Kuppeln und Laternen – Barocke Dächer und Dachstühle – Barocke Portale* — 282

Barocke Innenräume *Barocke Holzgewölbe – Stuck und Deckengemälde – Katholischer Innenraum mit Altar-Trias – Evangelischer Emporenraum („Borkirche") – Biblische Geschichte an Emporen und Decke – Geordnetes Sitzen – Herrenemporen – Orgelemporen* — 306

„Prinzipalstücke" des Barock *Beichtstühle: katholisch und evangelisch – Von Engeln getauft – Kanzeln und Kanzelträger – Der Kanzelaltar* — 346

Barocke Altarpracht — 362

Ausklang — 373

Anhang *Fünfzig ausgewählte Dorfkirchen Frankens – Baudaten – Literatur – Ortsregister* — 375

EINSTIEG

„ ... Jede ist dem Besucher ein Erlebnis ganz für sich".

Dieser Schlusssatz der als Motto vorangestellten Worte Heinrich Thiels, mit denen er sein kleines Bändchen über evangelische Dorfkirchen in Bayern aus dem Jahr 1951 einleitet, trifft, bei aller der Zeit geschuldeten Pathetik, durchaus den Kern einer Beschäftigung mit Dorfkirchen. Ihre gestalterische Vielfalt und ihre Zahl ist groß; es haben sich mehr als 1800 Kirchen in fränkischen Dörfern aus der Zeit vor 1800 erhalten, jede hat ihre eigene Geschichte, jede kann mit Besonderheiten aufwarten und trotzdem lassen sich genügend gemeinsame, verbindende Linien erkennen.

Doch man mag es kaum glauben: es hat noch nie eine zusammenfassende Darstellung fränkischer Dorfkirchen gegeben. Einzelne Kirchen und ihre Bauformen waren natürlich schon immer Gegenstand wissenschaftlicher Untersuchung, ebenso regionale und zeittypische Sonderformen. Während aber in anderen Regionen – vorwiegend im Norden und Osten Deutschlands – gerade in den letzten Jahren umfangreiche neue Forschungen zum einfachen Dorfkirchenbau und seiner Ausstattung erschienen sind, die auf den verbesserten Methoden in der aktuellen Haus- und Bauforschung aufbauen, fehlen solche Untersuchungen für Franken fast vollständig.

Diese Lücke kann das vorliegende „erste" Buch über Dorfkirchen in Franken nur sehr begrenzt füllen. Es versteht sich ja auch weniger als eine rein wissenschaftliche Publikation, sondern als eine anschauliche und informative Bilderreise zur Entwicklung und zu den Formen ländlich-dörflicher Kirchenbauten anhand des sehr reichen und vielgestaltigen Bestands. Insgesamt stehen Konstanz und Wandel des Dorfkirchenbaus, seine regionale Ausprägungen sowie die für beide Konfessionen gemeinsamen wie unterschiedlichen bau- und kunstgeschichtlichen Aspekte im Mittelpunkt. Ganz besonders interessieren dabei auch die Querbeziehungen zum historischen regionalen Hausbau, während auf die beteiligten Baumeister, Künstler und Handwerker nur am Rande eingegangen wird. Dabei werden auch Fragen der Kirchennutzung und, damit im Zusammenhang stehend, der Liturgieformen wie der zugrundeliegenden Glaubensvorstellungen berührt, ohne freilich auf theologische oder religionswissenschaftliche Themen tiefer einzugehen.

Mehr als üblicherweise in kunstgeschichtlichen Darstellungen zur Kirchenarchitektur wird besonderer Wert auf die Holzbauteile der Kirche gelegt, wie Fachwerk, Dachwerk, Emporen, Gestühl und anderes, was von Zimmerleuten und Schreinern geschaffen wurde. Damit sollen über die sattsam bekannten und für unser Thema nicht unbedingt griffigen „Kunststilepochen" (mit der meist einseitigen Betonung der Massivbauformen) hinaus die an den Kirchen ablesbaren engen Beziehungen zum regionaltypischen Hausbau betont werden. Es gibt aber einen weiteren, ganz pragmatischen Grund, sich die Holzbauteile einer Kirche besonders genau anzuschauen: bieten sie doch anhand der Jahrringuntersuchung die besten Voraussetzungen für eine abgesicherte, exakte Datierung von Bauteilen (Dendrochronologie), ohne die Bauforschung heute schlichtweg nicht mehr denkbar ist.

Ein festes Datierungsgerüst ist die Grundlage jeder historischen Darstellung. Daher wurde versucht, möglichst viele der wenigen bisherigen dendrochronologischen Datierungen („Dendro-Daten") zu erfassen (→ Baudatenliste im Anhang S. 378), um vor allem den mittelalterlichen Bestand, für den Schriftquellen kaum zur Verfügung stehen, sicherer einordnen zu können. Aus diesem Grund wurde auch in Zusammenarbeit mit dem Bayerischen Landesamt für

VEITSBRONN bei Fürth 35, Kupferstich von J. M. Roth um 1750. Die über dem Dorf thronende Kirche von hohen Mauern mit Torhaus umgeben.

Denkmalpflege (Thomas Aumüller) und dem Fränkischen Freilandmuseum in Bad Windsheim (Herbert May) 2014-15 eine kleine Datierungsaktion an Dorfkirchen im westlichen Mittelfranken gestartet, durchgeführt von Jürgen Schlosser (Burgbernheim), ausgewertet von Georg Brütting (Ebermannstadt), die einige bemerkenswerte Ergebnisse erbrachte und sicher bei einer wünschenswerten Fortsetzung in anderen fränkischen Regionen unsere Erkenntnisse zur Entwicklung des dörflichen Kirchenbaus wesentlich erweitern würde.

Die Darstellung erfolgt in drei Zeitabschnitten, die der gewohnten kunstgeschichtlichen Einteilung nur bedingt entsprechen: 1. der Romanik wird die Frühgotik mit angeschlossen, 2. die Gotik (vorwiegend als Spätgotik) reicht bis in die Nachgotik hinein, wofür sonst eher der Begriff der Renaissance steht, und 3. Barock und das mehr die Dekoration betreffende Rokoko gehen ohne strenge Grenze ineinander über. Diese nicht sklavisch angewandte Dreiteilung soll nur ein grober Rahmen sein, innerhalb dessen die wichtigsten Bauformen und Bauelemente sowie die wesentlichen Ausstattungsstücke und Einrichtungsgegenstände behandelt werden, wobei durchaus immer wieder über diese Zeitgrenzen hinweg Entwicklungslinien einbezogen werden. Der Dorfkirchenbau nach 1800, sozusagen in bayerischer Zeit, wurde nicht berücksichtigt und bedürfte einer eigenen Darstellung.

Das Buch ist also eher analytisch angelegt, es will nicht „Inventar" oder Kunstführer zu den einzelnen Dorfkirchen Frankens sein – alle hier zu behandeln, würde den Rahmen des Buches sprengen, aber auch nicht dem anvisierten Ziel einer zusammenfassenden Geschichte des fränkischen Dorfkirchenbaus entsprechen. Um die Breite des zugrundeliegenden Bestandes wenigstens annähernd deutlich zu machen, wurde in vielen Karten (insgesamt 21) das Vorkommen bestimmter Merkmale ortsweise dargestellt. Außerdem sind als kleiner Ausgleich in die durchlaufende Darstellung zusammenfassende kurze „Steckbriefe" einzelner, für das jeweilige Thema besonders aussagefähiger Dorfkirchen eingestreut (→ Zusammenstellung im Anhang S. 376). Auf diese Weise wurden fünfzig Dorfkirchen Frankens besonders hervorgehoben – es hätten natürlich genauso auch wesentlich mehr sein können. Im gewissen Sinn handelt es sich um Beispiele der „schönsten" und bedeutendsten fränkischen Dorfkirchen, freilich eine sehr persönliche Auswahl, der jeder gerne seine eigene entgegenstellen kann.

Noch einige Hinweise zum Gebrauch
ORTE mit evangelischen Kirchen sind violett hervorgehoben, ORTE mit katholischen Kirchen ockergelb.
An die Ortsangabe angehängte Nummern 1-50 verweisen auf die durchnummerierten Steckbriefe zu einzelnen Kirchen (Seitenangaben dazu → Anhang S. 376 f.), Querverweise → S. beziehen sich auf Textstellen, Querverweise → Abb. S. auf weitere Abbildungen.
Die wenigen Anmerkungen beschränken sich auf direkte Verweise zu Dokumentationen und Datierungen und sind am Ende der Hauptkapitel zusammengefasst.
Jahreszahl mit d: dendrochronologische Datierung, mit i: Baudatum nach Inschrift

Der Begriff FRANKEN *hat über die Jahrhunderte hinweg ganz unterschiedliche Bedeutung besessen und unterschiedliche Gebiete in der Mitte Deutschlands umfasst. Seit dem hohen Mittelalter gab es das Herzogtum Franken, nominell mit dem Bischof von Würzburg als Herzog, so dass es oft mit dem Herrschaftsbereich des Bischofs gleichgesetzt wurde. Im Jahr 1500 wurde von Kaiser Maximilian im Zuge seiner Reichseinteilung der Fränkische Reichskreis geschaffen, der sich in großen Teilen mit der modernen Vorstellung von Franken deckt. Die wird von den drei 1808 entstandenen bayerischen Regierungsbezirken Mittel-, Ober- und Unterfranken bestimmt, die diesen Namen 1838 von König Ludwig I erhielten und deren Grenzen bei der Gebietsreform 1972 nochmals verändert wurden. Den aktuellen Stand zeigt die obige Karte, einschließlich der Landkreisgrenzen.*

Auch für diese Publikation ist dieser „bayerische" Frankenbegriff ausschlaggebend. Zwei Abweichungen erschienen nötig: einmal darf der heute baden-württembergische Main-Tauber-Kreis zwischen Wertheim und Rothenburg, der so „fränkisch" wie kaum ein andere Gegend ist, nicht fehlen und dann soll das 1972 Oberbayern zugeschlagene Gebiet des (Alt-)Landkreises Eichstätt hier weiterhin unter Franken laufen.

Dorfkirchen in Franken

In vielen Dörfern sind die Kirchen die letzten baulichen Zeugnisse ihrer jahrhundertealten Geschichte, während von älteren Häusern und Wirtschaftsbauten im Dorfbild nur wenig oder nichts mehr zu finden ist, so dass man eher an quasi geschichtslose Neusiedlungen denken könnte. Noch wird die Kirche im Dorf gepflegt, ist sie ein wichtiger Identitätspunkt für die hier lebenden Menschen, auch für die Zugezogenen, und hoffentlich bleibt dies noch einige Jahrzehnte so. Eine Umnutzung oder gar der Abbruch einer alten Kirche, wie er in den Ballungsräumen immer häufiger vorkommt, ist auf dem Land noch kaum denkbar, auch wenn die Zahl der Dorfbewohner insgesamt und die der Gläubigen, die in die Kirche gehen, rapide zurückgeht und die Kirchen so nicht mehr die einstige große Bedeutung im Tages- und Jahreslauf besitzen, nicht mehr den eigentlichen Mittelpunkt der dörflichen Welt darstellen – aber noch immer der gefühlte Mittelpunkt sind.

Franken hat einen großen Schatz an Dorfkirchen unterschiedlichster kultur- und kunstgeschichtlicher Bedeutung und Zeitstellung bewahrt, der wohl nur Wenigen in seinem Umfang und Reichtum bewusst ist. Die Vielfalt im Dorfkirchenbau ergibt sich aus den innerhalb Frankens sehr unterschiedlichen landschaftlichen Voraussetzungen und einem ebenfalls sehr bunt gemischten historischen Hintergrund sowie aus der offenen Lage Frankens im Schnittpunkt kultureller Einflüsse aus allen Himmelsrichtungen, insbesondere der zwischen Mitteldeutschland und dem südlichen Bayern. Durchaus bereichernd kommt die konfessionellen Spaltung in evangelische und katholische Landesteile hinzu, die Franken seit dem frühen 16. Jahrhundert überzieht.

Der Begriff „Dorfkirche" ist nicht so eindeutig wie er erscheinen mag, er ist durchaus schimmernd, ähnlich wie natürlich der Begriff „Dorf" selbst. Amtlich, etwa kirchenrechtlich gibt es die Kategorie „Dorfkirche" nicht, hier unterscheidet man auf katholischer wie evangelischer Seite in erster Linie Pfarrkirchen, zu der ein eigener „Pfarrsprengel" gehört, von bloßen Filialkirchen ohne eigene Pfarrstelle. Diese Unterscheidung gilt schon sehr lange, wobei freilich aus Filialkirchen immer wieder auch Pfarrkirchen und umgekehrt werden konnten – eine genaue bauliche Differenzierung ist damit also nicht verbunden, beides sind im allgemeinen Verständnis Dorfkirchen.

Aber wie weit geht in unserem Zusammenhang der Begriff des Dorfes? Gerade in Franken ist der Übergang von Dorf zur Stadt fließend, es gibt Dörfer, die eher wie kleine Städte wirken, vielleicht sogar von Mauern und Toren geschützt waren, und es gibt kleine Städte, die eher großen Dörfern gleichen. Und da ist dann noch die große Zahl der Marktorte, die weder richtig Stadt noch richtig Dorf sind. Entsprechend ist auch der Übergang von Dorfkirche zu Stadtkirche fließend. Wir schließen im folgenden schon aufgrund der schwierigen Abgrenzung auch die Kirchen in Märkten und kleinen Städten ein, zumal zur Bauzeit der jeweiligen Kirche der Ort noch Dorf gewesen sein kann.

Auf dem Land gibt es nicht nur die eigentlichen Dorfkirchen, sondern weitere Kirchenarten, etwa zusätzliche Friedhofskirchen oder kirchenähnliche Kapellen, auch die behalten wir im Auge. Dagegen bleiben Klosterkirchen unberücksichtigt, auch wenn es später Pfarrkirchen geworden sein sollten. Anders schaut es mit den Wallfahrtskirchen aus, die seit dem späten Mittelalter das Land in großer Zahl überziehen. Wenn es zugleich Pfarrkirchen sind, was meist der Fall ist, gehören sie in die Gruppe der Dorfkirchen mit hinein. Nur wenn es sich um einzeln gelegene, große Wallfahrtsorte handelt, verzichten wir hier auf eine Darstellung der zugehörigen Kirche.

evangelisch – katholisch

Franken ist seit etwa 1550, endgültig dann mit dem Ende des Dreißigjährigen Krieges ein konfessionell geteiltes und ab dann zugleich auch befriedetes Land. Das hat seine Auswirkungen auf den Kirchenbau: einerseits natürlich auf die neu gebauten Kirchen, aber andrerseits wirkt die nunmehrige Konfession auch zurück auf die älteren Kirchen, nämlich auf die Art und Weise wie sie nun den veränderten Glaubensvorstellungen angepasst wurden. Ob evangelisch oder katholisch – das war für die meisten Menschen jedoch keine wirkliche Glaubensfrage, sondern eine Frage der Herrschaftsverhältnisse, letztlich eine ganz weltliche Machtfrage, die religiös verbrämt wurde. Oft ging es dabei hin und her, vor allem im 16. und frühen 17. Jahrhundert.

So stark, wie man meinen könnte, ist der Unterschied im Kirchenbau zwischen der alten und neuen, bikonfessionellen Zeit, aber auch dann zwischen evangelisch und katholisch nicht. Es gibt Trennendes, aber vielleicht viel mehr Verbindendes. Nicht immer lässt sich schon von außen entscheiden, ob wir es mit einer katholischen oder evangelischen Kirche zu tun haben. Und bei genauerem Hinsehen ohne konfessionelle Brille fällt auf, dass häufig gerade evangelische Kirchen in einer stärkeren Kontinuität zum mittelalterlichen Kirchenbau stehen als katholische, sie so gesehen eigentlich „katholischer" sind als diese. Oder andersherum gedacht: der nachmittelalterliche, „neue" Katholizismus scheint, was die Beziehung zum Kirchenbau und seiner Ausstattung anbelangt, manchmal noch viel weiter vom „alten" Glauben entfernt zu sein als der Protestantismus, zumindest in Franken. Die Kirchen behielten sogar ihren Patroziniums- d. h. Heiligennamen bei, erst im 18. Jahrhundert ging die Erinnerung daran gelegentlich verloren.

Ganz besonders im Bereich der Reichsstädte sah man sich wohl durchaus in der Nachfolge des „alten", nur eben „reformierten" Glaubens. Deutlich wird dies allein daran, dass es in Franken kaum einen „Bildersturm" gegeben hat, also die alten Bildwerke und Altäre in der Kirche blieben, solange sie noch brauchbar waren und keine Neuanschaffung nötig war. Sie wurden aus den Kirchen nicht radikal entfernt, sondern man ging insgesamt sehr pragmatisch mit allem um, was bisher wesentlicher Bestandteil der Kirchenausstattung war. Neubauten bzw. durchgreifende Umbauten des 16. und 17. Jahrhunderts finden wir eher im katholischen Bereich, erst im 18. Jahrhundert gibt es, vor allem in den beiden Markgrafschaften Ansbach und Bayreuth, auch im evangelischen Bereich eine größere Neubauwelle mit deutlichen „protestantischen" Eigenheiten (→ S. 292 ff.).

Dabei hat es jedoch auch dann noch durchaus Querbeziehungen im Kirchenbau gegeben. Zwar gilt im Großen und Ganzen, dass katholische Kirchen an bildnerischer Ausstattung und goldener Pracht evangelische Kirchen übertreffen, während diese manchmal sehr nüchtern und sparsam eingerichtet sein können – aber es gibt auch viele bildprächtige evangelische Kirchen, denen gegenüber mancher katholischer Kirchenbau bescheiden wirkt. Und auch die Handwerker und Künstler haben oft für beide Konfessionen

HEMMERSHEIM bei Uffenheim hat zwei dem „Frankenapostel" Kilian geweihte Kirchen: die alte im Kern mittelalterliche Dorfkirche am nördlichen Dorfrand, mit Hochwassersteg, ist jetzt die **evangelische Pfarrkirche St. Kilian** *und ...*

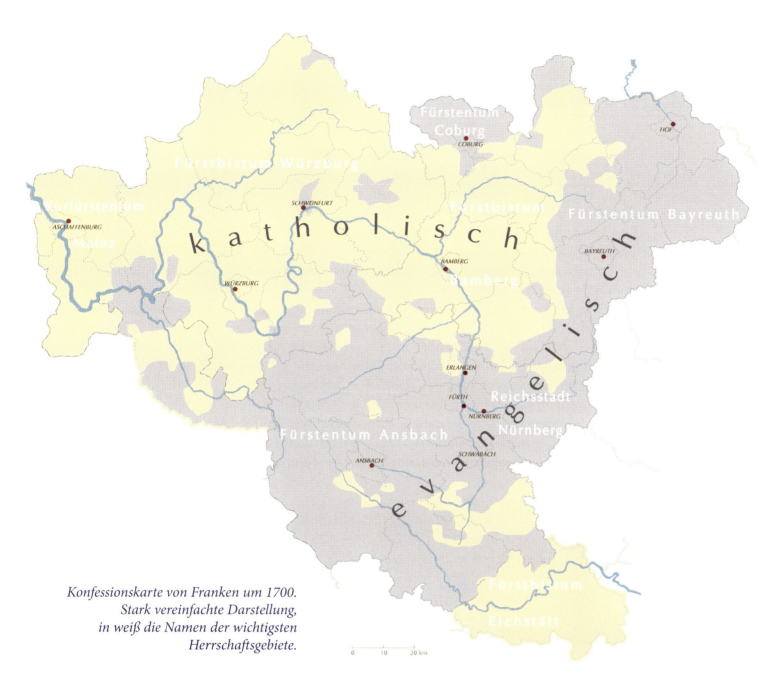

Konfessionskarte von Franken um 1700. Stark vereinfachte Darstellung, in weiß die Namen der wichtigsten Herrschaftsgebiete.

gearbeitet: so etwa hat die evangelische Windsheimer Bildschnitzerfamilie Brenck ihre größten Altäre für katholische Kirchen in Ochsenfurt und Frickenhausen geschaffen, während umgekehrt die katholische Künstlerdynastie Auwera aus Aub einen besonders schönen Altar für die evangelische Kirche in Gollhofen schuf.

Schließlich gibt es noch eine dritte Möglichkeit: die *Simultankirche*. Sie wird von beiden Konfessionen genutzt, und war in gemischtkonfessionellen Dörfern durchaus üblich. An einigen Orten hat sich dies bis heute gehalten.

... die katholische Pfarrkirche St. Kilian ist ein repräsentativer Neubau von 1766/67 in Ortsmitte an der Hauptstraße.

Die Kirche *im* Dorf ?

Älter als die meisten Kirchen selbst ist die Lage der Kirche *im* Dorf oder in vielen Fällen *am* und *über dem* Dorf. In den klimatisch begünstigten und am frühesten christianisierten Altsiedellandschaften an Main, Regnitz, Aisch, fränkischer Saale und Altmühl dürfen wir ab der Zeit des 8. bis 10. Jahrhunderts mit Kirchen in Dörfern rechnen und spätestens im 12. Jahrhundert scheint der Prozess der Dorfwerdung mit der Kirche weitgehend abgeschlossen zu sein. In den weniger ertragreichen Gebieten und vor allem den Rodungslandschaften der Mittelgebirge wie im Frankenwald und Fichtelgebirge zieht sich dies noch bis ins 14. Jahrhundert hin und die Durchdringung mit Dörfern und Kirchen ist hier auch deutlich geringer.

Es fällt auf, dass die wenigsten Kirchen in der Ortsmitte liegen, sondern die Lage am Ortsrand und zumeist dort auch leicht erhöht über dem übrigen Dorf bevorzugt wird. Daher zeigt eine Art Schauseite der Kirche zum Dorf, in der auch die Eingangstür liegt, während die Rückseite zum Hang zu liegt, wo sich gern der Friedhof anschließt. Durch spätere Dorfverdichtung ist diese Randlage der Kirche manchmal heute nicht mehr so deutlich zu erkennen.

Die Randlage ergibt sich offenbar in manchen Fällen auch aus der einstigen oder gar noch vorhandenen Zuordnung der Kirche zu einer Burg bzw. einem Schloss, bei denen ja ebenfalls eine vom Dorf abgesetzte Lage am Rand zu beobachten ist. Es ist daher anzunehmen, dass diese Randlage der Kirche so wie dort auch gewisse strategische Gründe hatte.

oben Kirche und einstige Wasserburg liegen in HABELSEE bei Rothenburg dicht beieinander (Foto 1980).

rechts Weit reicht der Blick über die weit ab vom Dorf liegende Kirche in BEERBACH bei Lauf → *Abb. S. 156* bis zum Anstieg der Fränkischen Schweiz im Hintergrund (Foto 1979).

EGENHAUSEN *bei Bad Windsheim von der Steige zur Hochstraße aus aufgenommen mit Blick nach Norden zur Frankenhöhe. Die Häuser scharen sich um die Kirche, die fast in der Dorfmitte, umgeben von hohen Kirchhofmauern, liegt (Foto 1979).*

links *Urkatasterplan Egenhausens von etwa 1825 (Bayerisches Landesvermessungsamt München). In der Dorfmitte rot hervorgehoben die Kirche Allerheiligen im Mauerring.*

Kirchen setzen aber durch ihre die übrigen Gebäude des Dorfes überragenden Türme auch ein Zeichen in der Landschaft, das umso mehr wirkt, wenn die Kirche, was ja fast durchweg der Fall ist, erhöht liegt, geben sich damit schon von weitem als den eigentlichen Mittelpunkt einer Siedlung zu erkennen, obwohl sie so gern am Dorfrand liegen.

SCHWIMBACH *bei Hilpoltstein, von Osten her aufgenommen, hinter der Kirche der Pfarrhof mit Haus und Stadel* →Abb, S. 55 *(Foto 1979)*.

Und manchmal versteckt sich ein Dorf hinter Hängen und Hügeln – aber der Kirchturm markiert auch dann noch weit sichtbar die Lage des Dorfes. Gerade die von ihrem Standort her herausgehobenen Kirchen liegen in den meisten Fällen innerhalb eines Mauerrings, der durchaus wehrhafte Züge tragen kann, grenzen sich so von der übrigen Dorfbebauung ab.

DEUTENHEIM bei Bad Windsheim, von Süden her aufgenommen, mit Blick über den Kirchturm in den Ehegrund und den Steigerwald dahinter.

links Urkatasterplan Deutenheims von etwa 1825 (Bayerisches Landesvermessungsamt München). Am rechten Rand rot hervorgehoben Kirche St. Mauritius im Mauerring.

Ummauerte Kirchen: St. Jakob in Häslabronn *bei Ansbach, von Osten her aufgenommen (Foto 1979), und St. Maria und Michael in* Kirnberg *bei Rothenburg* 1*, von Süden her gesehen.*

Es gibt wenige Dörfer, die seit dem Mittelalter zwei Kirchen besitzen, wie etwa Ergersheim bei Bad Windsheim, Thalmässing, Obermögersheim und Gnotzheim im Süden Mittelfrankens. Das liegt an der besonderen Herrschaftsgeschichte, auch an der Größe des Ortes. Etwas anders ist es, wenn in konfessionell gespaltenen Dörfern eine weitere Kirche für die andere Konfession gebaut wird, es dann also eine evangelische und katholische Kirche gibt. Das kommt freilich erst im 18. Jahrhundert häufiger vor, zuvor behalf man sich mit gemeinschaftlicher Nutzung, den sog. Simultankirchen.

HERBOLZHEIM *bei Uffenheim: Zwei Kirchen, ein Dorf, beide St. Michael, eine* katholisch *(links), erst 1798 erbaut, die andere* evangelisch *(rechts), es ist die alte Pfarrkirche des Dorfes.*

ERGERSHEIM *bei Bad Windsheim: Zwei Kirchen, beide spätmittelalterlich, beide heute evangelisch, links die „untere" Pfarrkirche St. Ursula → Abb. S. 130, rechts am oberen Dorfrand die Kapelle St. Stephanus → Abb. S. 136.*

Bergkirchen

Die häufig feststellbare periphere Lage der Kirche zum Dorf wird vielfach noch dadurch gesteigert, dass sie erst auf dem nächsten Hügel bzw. „Berg" zu finden ist. Diese „Bergkirchen", wie sie manchmal auch genannt werden, liegen zwar abseits und erhöht von der zugehörigen Siedlung, sind bzw. waren aber

oben Die einsam über dem sich versteckenden Dorf auf einem Hügel thronende Kirche St. Veit von DOMBÜHL bei Rothenburg, hier von Nordosten her aufgenommen, ist eine der Urpfarreien der Gegend.

links Die weithin sichtbare Kirche St. Nikolaus von HERZOGENREUTH bei Bamberg liegt östlich oberhalb des Dorfes. Es ist eine der seltenen, im Kern romanischen Kirchen des nördlichen Frankenjura.

trotzdem die eigentlichen Dorfpfarrkirchen. In manchen Fällen wurde der „alten" Bergkirche später eine Kirche in Dorfmitte zur Seite gestellt, wie etwa in Kaubenheim oder Hohenfeld, während dann die beschwerlich erreichbare Bergkirche mehr und mehr zur bloßen Friedhofs- und Nebenkirche herabsank.

oben Bergkirche St. Michael von KAUBENHEIM *bei Bad Windsheim, weit westlich des Dorfes auf einem Hügel gelegen, im Kern wohl 14. Jahrhundert.*
rechts Die hoch über dem Maintal gelegene sog. Bergkirche von HOHENFELD *bei Kitzingen war die alte, im Kern romanische Pfarrkirche des Dorfes. Nach dem Bau einer Kirche im Dorf unten zu Beginn des 16. Jahrhunderts dient sie heute vorwiegend als Gottesackerkirche (Friedhofskirche).*

oben Eine der ältesten Dorfkirchen des Steigerwaldes, St. Johannis in GROSSBIRKACH bei Ebrach 13 liegt westlich abseits über dem Dorf auf einer breiten Hügelkuppe inmitten eines ummauerten Kirchhofs. Im Turm konnte ein Holz auf 1230 ± 5 d datiert werden[1], das Langhaus ist im Kern vermutlich älter.

rechts Urkatasterplan von Großbirkach, um 1850. Die Lage der Kirche links rot hervorgehoben (Bayerisches Landesvermessungsamt München)

links und unten ST. KUNIGUND 6 *vom Norden und Südosten her. Die sehr einsam liegende spätromanische Kirche findet sich auf dem sog. Altenberg bei Aub zwischen Burgerroth und Buch, auf flacher Hügelzunge über einer Schleife des hier tief eingeschnittenen Gollachtals. Sie war offensichtlich Wallfahrtskirche, aber zugleich einst auch die Pfarrkirche für die umliegenden, mehr als einen Kilometer entfernten Dörfer. Von Buch aus nur über einen tiefen Taleinschnitt zu erreichen, haben die Dorfbewohner im ummauerten Kirchhof bis 1945 ihre Toten begraben.*

Jedenfalls sind die auf einer Kuppe freiliegenden Bergkirchen gerade die besonders alten, das Land weit herum beherrschenden Pfarrkirchen. Vielfach waren es offenbar, vor allem seit dem 14./15. Jahrhundert zugleich lokale Wallfahrtskirchen, wie etwa St. Kunigund bei Burgerroth und Veitsbronn 35, wo die Wallfahrt des längst evangelischen Ortes sogar noch in nachreformatorischer Zeit für die katholisch gebliebenen Nachbarorte lebendig bleibt.

Dass sie aber Orte „uralter", vorchristlicher Kultstätten seien, bleibt meist Spekulation. Immerhin fällt auf, dass Bergkirchen gerne dem Erzengel Michael geweiht sind, wie etwa die über Heustreu im Grabfeld, und sich gerade Michaelskirchen überall in Europa auf älteren „Heiligen Bergen" befinden.

Sakral *und* profan ...

Für uns erscheint es im allgemeinen selbstverständlich und logisch, dass Kirchen im geistigen wie konkreten Sinn aus dem Alltag herausragende Bauwerke sind. In ihnen wohnen ja keine Menschen und sie dienen keinen wirtschaftlichen, praktischen Zwecken. Sie heben sich daher deutlich von allen anderen Gebäulichkeiten ab, ja sich über diese heraus und stellen, so möchte man daraus schließen, eine klar durch ihre „sakrale" Funktion abgegrenzte Kategorie dar. Doch dies ist grundsätzlich gesehen keineswegs so eindeutig der Fall.

Denn auch eine Kirche ist ja eigentlich nichts anderes als ein Haus, ein *Haus Gottes* eben, wie man zur Kirche auch sagt. Gerade die ältesten und zumeist sehr kleinen Dorfkirchen schauen bei fehlendem Turm und einfachen Fenstern eher einem Haus als einem überhöhten sakralen Bauwerk ähnlich. Die sakralen Bezüge zeigen sich weniger am Bau als an seiner Ausstattung.

Der entscheidende sakrale Bezugspunkt innerhalb der Kirche ist seit dem Frühmittelalter der *Altar*, der sich fast immer im Osten des Kirchenbaus, meist in einem vom übrigen Baukörper abgesetzten Chorraum befindet. Auf dem Altar findet die „Wandlung" von Brot und Wein während des Abendmahls statt, am Altar betet der Priester und segnet die Gläubigen. Im Laufe des Mittelalters werden auf den durchweg steinernen Altartisch Bildwerke (sog. *Retabeln*) gesetzt und er so zum künstlerischen Mittelpunkt der Kirche (→ S. 268-277 und 356-371), außerdem werden weitere Altäre in der Kirche aufgestellt, die meist nur noch zum Lesen der Messe dienen und auf Stiftungen zum Seelenheil Verstorbener beruhen.

Zur sakral motivierten Ausstattung der Kirche gehören in mittelalterlicher Zeit auch *Sakramentsnischen* und *-häuser* (→ S. 228-233), in denen die bei der Wandlung im Abendmahl (Eucharistie, Sakrament) nicht „verbrauchten" Mengen an Brot und Wein aufgehoben werden. Die zum Abendmahl notwendigen Geräte (Kannen, Kelche, Oblatendosen) wurden in der vom Chor aus zugänglichen *Sakristei* aufbewahrt, die zugleich weitere für den Gottesdienst notwendige Dinge aufnimmt (Priesterkleidung, Bibeln u.ä.) und außerdem als Vorbereitungs- und Umkleideraum für den Pfarrer dient. Die Sakristei als kleiner Anbau am Chor ist mindestens ab dem 14. Jahrhundert fester Bestandteil der meisten Dorfkirchen. Da sie u. a. Wertsachen aus Gold und Silber enthält, wird die Sakristei durch eine besonders feste, abschließbare Tür vor unerlaubtem Zutritt gesichert (→ S. 234-237) und ist häufig mit einem steinernen Gewölbe und sogar einem kleinen Altar für die persönliche Andacht des Pfarrer versehen. Auch die *Piscina* (Piscinie), ein kleines in die Chor- oder Sakristeiwand eingebautes Wasserbecken mit Ausguss nach draußen, findet sich noch in manchen Dorfkirchen. Es diente dem Pfarrer zum Händewaschen und Reinigen der beim Abendmahl benutzen Gerätschaften. Schließlich ist noch auf den *Taufstein* zu verweisen, der an auffallender Stelle in der Kirche – am Eingang oder in der Nähe des Altars – steht (→ S. 246 f. und 348 f.).

Dass die Kirche auch ganz profanen, „unheiligen" Zwecken diente und durchaus auch weltliches Zentrum eines Dorfes war (und manchmal wohl auch noch ist), wird meist vergessen. Sakral und profan lassen sich nicht trennen, alles Weltliche bedurfte letztlich einer sakralen Legitimation. Das bis heute beste Beispiel dafür ist die Kirchweih, das in den meisten fränkischen Dörfern wichtigste, gemeinschaftlich gefeierte Fest bzw. „Spektakel", eigentlich anlässlich des wiederkehrenden Jahrestages einer Kirchenweihe gefeiert, aber längst davon losgelöst. Die Kirche diente im gewissen Sinn zugleich als dörflicher Versammlungsort. In und um die Kirche wurden außerdem Vorräte gelagert, in Notzeiten diente sie und der ummauerte Bereich als Schutz- und Rückzugsraum.

Sakral und profan zugleich: Ummauerte Kirche in Halsbach *bei Dinkelsbühl → Abb. S. 154, davor der in Franken in vielen Dörfern bis heute obligatorische Kirchweihbaum, der anlässlich der Kirchweih, ein eher profanes Fest, aufgestellt wird und dem Kirchturm in der Höhe und als Land-Zeichen Konkurrenz macht – wie es schon Dorfbilder der Dürerzeit zeigen, wie hier unten der Holzschnitt Die große Kirchweih von Barthel Beham, 1534.*

... aus Stein *und* Holz gebaut

Rekonstruktion der ergrabenen Holzkirche in KLEINLANGHEIM bei Kitzingen, 9. Jahrhundert. Modell Archäologische Staatssammlung München.[2]

Es gibt in Franken keine „Holzkirchen" im strengen Sinn mehr, wie sie etwa Skandinavien und Osteuropa kennen, oder etwa Nordhessen mit seinen vielen Fachwerkkirchen. Zwar dürfen wir davon ausgehen, dass die ältesten Dorfkirchen vor der ersten nachchristlichen Jahrtausendwende noch überwiegend aus Holz gebaut waren, doch davon hat sich nichts erhalten und auch archäologische Befunde dazu sind selten. Eines der wenigen genauer untersuchten Beispiele fand sich bei Ausgrabungen in Kleinlangheim, wobei freilich die Rekonstruktion allein auf aufgefundenen Pfostenlöchern beruht.

Frankens Dorfkirchen sind heute durchweg, so wie die Kloster- und Stadtkirchen, aus Stein gebaut. Trotzdem wäre es falsch, Dorfkirchen nur als Steinbauten zu betrachten, denn Holz spielt als Baustoff trotz der äußeren massiven Erscheinung eine sehr große Rolle im Kirchenbau: Dachstuhl, Glockenstuhl und Turmhelm sind aus Holz gebaut, ja oft kleine Meisterwerke der Zimmermannskunst (→ S. 166-187), Balken und Bretter überdecken den Kirchenraum (→ S. 188-201), hölzerne Emporen sind als kleine eigenständige Holzbauten eingestellt (→ S. 202-205), das Gestühl für Laien und Geistliche, die Altäre, Kanzeln und Orgeln sind aus Holz gefertigt und oft aufwändig geschnitzt, um nur die wichtigsten hölzernen Bauteile nahezu jeder Kirche zu nennen. Dass Kirchenwände zwar nicht vollständig, aber manchmal in Teilen in Fachwerkbauweise errichtet wurden, wird gleich anschließend gezeigt werden (→ S. 29-33).

Schon mittelalterliche Kirchen zeichnen sich also durch massive Wände aus. Dabei ist Mauerwerk aus Lesesteinen, Bruchsteinen und zugerichteten Hausteinen zu unterscheiden, wobei diese an einem Bau gemischt vorkommen können. Da die Wände in vielen Fällen verputzt sind (oft, aber nicht immer schon seit der Bauzeit), bleibt uns ihre konkrete Struktur häufig verborgen und damit auch die

Holz als Baustoff:
Zimmererplatz. Gemälde von Anton Stolz (zugeschrieben), um 1750. Aus dem Leben des Hl. Bruno, Bau der Kirche. Zu sehen ist das Fällen eines Baumes, das Absägen eines Stammes, das Bearbeiten der Hölzer mit dem Beil und das Hobeln der Oberfläche, im Hintergrund Aufrichten des Daches. (Katholische Kirchenstiftung Tückelhausen).

In Stein gebaut bis zur Spitze: bruchsteingemauerter achtseitiger Spitzhelm der Kirche St. Lukas in Schöllkrippen *bei Aschaffenburg, wohl von 1449 i.*

Möglichkeit, ihre Entstehungszeit aus der spezifischen Art der Mauertechnik, der Steinbearbeitung und dem Fugenbild genauer einzugrenzen.

Im Mauerwerk der Dorfkirchen spiegelt sich im gewissen Sinn die geologische Landkarte Frankens wieder, da die Steine wohl immer aus der näheren Umgebung gewonnen wurden. Gut bearbeitbare Sandsteine, die sich zu regelmäßigen, rechteckigen Steinquadern formen lassen, stehen in weiten Teilen Frankens zur Verfügung: der rote Buntsandstein im westlichen Teil Unterfrankens, der feste Burgsandstein im Nürnberger Raum, die verschiedenen Keupersandsteine wie der harte Blasensandstein und der weichere Schilfsandstein besonders im westlichen Mittelfranken und im westlichen Oberfranken. Der beständige, aber nicht so leicht zu bearbeitende Muschelkalkstein findet sich in Unterfranken und im nordwestlichsten Mittelfranken, der Jurakalk, bei dem die unterschiedliche natürliche Schichtung keine so gleichmäßigen Steingrößen zulässt, im südlichen Mittelfranken und der Fränkischen Schweiz, wo es auch Tuffsteine gibt. Ebenso wie die schiefrigen Grundgebirgslandschaften im Norden Frankens sind dies Gebiete, wo fast zwangsläufig Bruchsteinmauerung vorherrscht.

Die Zahl der Steinbrüche war einst sehr groß, fast jedes Dorf hatte früher welche. Insgesamt gesehen, ist Franken mit natürlich vorkommendem Steinmaterial gesegnet, was sicher der Hauptgrund dafür ist, dass Backsteine (Mauerziegel) als Baumaterial zwar wie in anderen Regionen schon seit dem 12./13. Jahrhundert bekannt sind, aber trotzdem nur eine geringe Rolle spielen und erst im 18. Jahrhundert von größerer Bedeutung werden, dann aber immer verputzt sind.

links Bruchsteinmauerwerk mit schräggestellten Schichten (opus spicatum, Ährenmauerwerk) an der Wehrmauer der Kirche von St. Georg und Maria in Kleinlangheim, 12. Jahrhundert (?)
rechts Schichtengenaues Mauerwerk aus plattigen, grob behauenen Bruchsteinen, seitlich exakt behauene große Eckquader, Muschelkalk, Turm von St. Peter und Paul in Detwang 7, wohl um 1150 d.

Stein als Baustoff
oben Schichtenloses Bruchsteinmauerwerk aus Granit- und Sandsteinbrocken, eingefasst von Eckquadern aus Buntsandstein, Mariä Himmelfahrt in Hörstein bei Aschaffenburg, 1447 i.

Baustelle mit Kran, Steinzange und Steinmetzen: Relief am Hauptaltar von St. Andreas in Dietenhofen *26, um 1510. Sogar die Zangenlöcher in den Quadern sind zu sehen.*

Vor allem in Mittelfranken, wo Sandsteine das übliche Baumaterial bilden, findet sich der Quaderbau. Dabei deutet sich eine gewisse Entwicklung an: sind es zunächst noch eher kleine zugehauene, mit der Hand zu versetzende Steine („Handquader") von gerade einmal 15 cm Schichthöhe, so werden offenbar in der Zeit um 1200 die Quader deutlich größer und besitzen nun gerne eine Schichthöhe von 25 bis 40 cm und eine Länge von 50 bis 80 cm.

Ab etwa der gleichen Zeit – wegen fehlender exakter Datierungen ist eine genauere Eingrenzung kaum möglich – finden sich dann etwa in Quadermitte Löcher, die auf das Versetzen der großen und daher schweren Steine mit Hilfe eines Krans und einer Mauerzange verweisen. Ob die „Erfindung" der Mauerzange oder der Wunsch nach größeren Quadern der Auslöser für diesen Technikwechsel waren – das ist wie die Frage, ob Ei oder Henne zuerst da waren.

Großquaderbauten finden wir weit über die Romanik hinaus bis in die Spätgotk (noch immer mit den Zangenlöchern in Quadermitte) und manchmal sogar noch im Barock (dann ohne).

Quadermauerwerk mit Zangenlöchern

rechts Profanierte Kapelle in Seckendorf *bei Fürth, zwei Bauphasen, das kleinteiligere ohne Löcher wohl vor 1200.*

unten St. Xystus in Büchenbach *und St. Katharina in* Hannberg *bei Erlangen, um1300 ? Auffallend, dass die oberen Lagen stärker sind als die unteren – ebenfalls ein Zeichen leicht verschiedener Bauphasen?*

Fachwerk an Kirchen

Fachwerk spielt zwar kein große, aber in einzelnen, über ganz Franken verstreuten Fällen doch eine durchaus bemerkenswerte Rolle, etwa wenn es um zusätzliche Stockwerke auf Chor, Langhaus und Turm geht, oder wenn der Anbau eines Treppenturms oder das Aufsetzen eines Dacherkers nötig wird. Letztlich handelt es sich sogar bei den in die Kirche eingestellten Emporen, wie wir sie spätestens seit dem 15. Jahrhundert kennen, um Holzkonstruktionen in der Art des Fachwerks – nur ohne massive Ausfachungen.

Nur zwei Fachwerkkirchen im vollen Sinn des Wortes gibt es in Franken: eine in Weimarschmieden von 1804, eine in Nordheim von 1926 bzw. 1933, beide Orte liegen ganz im Norden Frankens, in der Rhön[3]. Es sind späte Sonderfälle, die eher ärmlichen Verhältnissen geschuldet sind und schon außerhalb des hier gesetzten Zeitrahmens liegen.

Fachwerk bezieht sich also vom heutigen Bestand her zumeist auf nachträgliche Baumaßnahmen, vielfach wohl auch auf „kostengünstige" Erneuerungen und Zubauten nach Kriegsschäden. Daher überrascht nicht, dass die meisten Fachwerke im Zusammenhang mit Kirchen erst dem 16. bis 18. Jahrhundert angehören, doch wird damit, wie sich aus einigen älteren Beispielen und historischen Abbildungen belegen lässt, eine durchaus spätmittelalterliche Tradition aufgenommen.

Die Fachwerkkonstruktion an und auf Kirchen selbst folgt ganz dem in der Zeit und Region üblichen handwerklichen Gesetzen – es gibt kein genuin „sakrales" Fachwerk.

Fachwerkzutaten

oben Uhrenerker am Turm von St. Georg in EFFELTRICH bei Forchheim von 1797 → *Abb. S. 42.*

rechts daneben Treppentürmchen für die zweigeschoßige Sakristei von St. Veit in OTTENSOOS bei Lauf 24, das Fachwerk um 1650.

rechts außen Von außen und innen zugänglicher achteckiger Treppenturm von 1703 für die Emporen von St. Michael in FECHHEIM bei Coburg → *Abb. S. 145.*

Kirchen mit Obergeschoß

Die Anwendung der Fachwerktechnik findet sich weniger im engeren „sakralen" Bereich der Kirchen, sondern offenbar meist dort, wo es um ganz profane Aufgaben geht, wie z. B. Lagerflächen für Getreide zu schaffen. Für ein solches dem Langhaus oder dem Chor aufgesetztes zusätzliches Geschoß finden sich immerhin noch knapp zehn Beispiele, es werden sicher einst deutlich mehr gewesen sein, Standard aber waren eigene Fachwerkgeschoße nicht.

Ob freilich diese aufgesetzten Fachwerkstockwerke tatsächlich als Getreidespeicher, zum Aufschütten des gedroschenen Korns („Schüttboden") dienten, wofür ja der Kirchenzehnte in Frage

Aufgesetzte profane Stockwerke

rechts St. Bonifatius in UNFINDEN *bei Königsberg, das nachträglich in den Kirchenraum einbezogene Fachwerkstockwerk 1496 d, links das für die Emporen angefügte Treppenhaus, um 1700.*

rechts außen Kirche Mariä Geburt in UNTERESCHENBACH *bei Hammelburg, im Kern um 1200, Chor 15. Jahrhundert. Das Fachwerk über dem Chor mit dem Dachreiter Ende des 16. Jahrhunderts, Funktion unklar.*

unten St. Maria, Simon und Judäus in ALTHEIM *bei Bad Windsheim, im Kern um 1219 d → Abb. S.94. Aufgesetztes Fachwerkstockwerk von 1416 d, links ehemalige Ladetür, also einst Schüttboden.*

unten rechts Kirche Allerheiligen in MÜNSTER *bei Creglingen. im Kern um 1250, das Geschoß über dem Langhaus mit verputztem Fachwerk erst im 16. Jahrhundert aufgesetzt.*

käme, ist nur dann relativ sicher zu beantworten, wenn wir zugleich Ladetüren nachweisen können, wie etwa in Altheim, Simmershofen 6 und vor allem in dem völlig unversehrten Beispiel Wettringen. In Kirnberg dürfen wir dagegen die Speichernutzung ausschließen, ebenso in Reichelshofen (→ Abb. S. 133). In Unteremmendorf bei Beilngries sowie in Kirchaich bei Haßfurt scheint das

Kirnberg bei Rothenburg, St. Maria und Michael, im ummauertem Kirchhof oberhalb des Ortes.

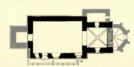

Grundriss: romanischer Saal und Chorquadrat schwarz, nicht erhaltene Teile schwarz schraffiert, Anbauten des 14. Jahrhunderts grau: Westturm, Chorpolygon, Sakristei.

1
Kirnberg

Die Kirche hat eine komplizierte Baugeschichte. Im Kern ist sie romanisch (Balkenlage → Abb. S. 89), worauf das schlichte Südportal hinweist → Abb. S. 96, um 1300 wurde der Anbau mit den Strebepfeilern an den wenig später, im 14. Jahrhundert oberhalb des Chores abgetragenem Chorturm errichtet, anschließend der Westturm gebaut.

Das für eine Kirche beeindruckende Fachwerkgeschoß über Chor und Stumpf des ehemaligem Chorturms stammt aus der Zeit um 1550 und folgt mit dem zweigeschoßigen Giebel und dem über einer Knagge vorkragenden kleinen Giebelschopf ganz dem in der Zeit in Rothenburg bei Bürgerhäusern üblichen Fachwerkbau. Offensichtlich ist es eine vor allem ästhetisch begründete, repräsentative Baumaßnahme, mit der man Langhaus und Chor unter einem gemeinsamen Dach zusammenschließen wollte. Eine Verwendung als Speicher scheidet wegen der fehlenden Balkenlage im Innern aus. → Abb. S. 18, 70

Nur noch ein Torso: hoch aufragender Chor der Kirche St. Walburga in BAD STEBEN *mit aufgesetztem Wehr- und Speichergeschoß sowie mächtigem Dachreiter als Turm.*

in Massivbauweise aufgesetzte Geschoß, über dem Langhaus bzw. Chor eher Verteidigungszwecken gedient zu haben, worauf Schießscharten hinweisen. Ein gemauertes Wehrgeschoß finden wir auch auf dem Chor der Kirche (das Langhaus ist nicht erhalten) in Bad Steben im Frankenwald, worüber dort sogar noch ein weiteres, verschiefertes Stockwerk in Fachwerk aufgesetzt ist.

Außer in einem eigenen Stockwerk könnte auch der gebretterte Dachboden im Kirchendach zur Einlagerung des gedroschenen Zehntgetreides dienen – doch dazu gibt es aus dem Bestand heraus nur selten so sichere Anhaltspunkte wie in Ickelheim → S. 195 oder Wettringen, obwohl die Lagerfunktion von Dachböden im Hausbau Frankens ja spätestens seit der Zeit um 1300 allgemein üblich ist.

„Scheune" auf dem Dach: Blick in das aufgesetzte dreischiffige Fachwerkstockwerk der Wettringer Kirche von 1478 d, in der Mitte die doppelten Hängesäulen. Die an dem hinteren Säulenpaar sichtbaren rot aufgemalten Zahlen (?) 45 haben nichts mit einer Bauzeit „1545" zu tun, wie bisher vermutet wurde.

Querschnitt durch das Langhaus mit dem aufgesetzten Speichergeschoß und dem von einem Hängewerk und liegenden Stühlen geprägtem Dachwerk von 1478 d.

2 Wettringen

WETTRINGEN bei Rothenburg, St. Peter und Paul, Blick von Südwesten auf die eindrucksvolle, schlanke Chorturmkirche von 1447 i, mit Fachwerkstock von 1478 d

Das mächtige und mit steilen K-Streben Rothenburger Art außerordentlich qualitätvoll gezimmerte Fachwerkstockwerk wurde dreißig Jahre nach dem Neubau auf das Langhaus aufgesetzt. Es ist über ein Hängewerk und zwei liegende Stühle im Dachwerk verankert und bietet so auch noch im ersten und zweiten Dachgeschoß einen belastbaren Getreideschüttboden. Auf diese Funktion verweisen im Innern Reste von Gipsestrich, eine hölzerne Winde und die Ladetüren an der Südseite des Fachwerkstockes und eine weitere im massiven Westgiebel. Im von einer Spunddecke (ebenfalls von 1478 → *Abb. S. 195*) abgeschlossenen Langhaus sind die unteren Enden der Hängesäulen sichtbar.

Die Kirche besitzt einen reich geschnitzten Flügelalter, vermutlich aus der Riemenschneiderschule → *Abb. S. 275*.

Fachwerktürme

Wesentlich häufiger als auf Langhaus oder Chor aufgesetzte Fachwerkgeschoße finden sich Türme, deren oberstes Geschoß unterhalb des Turmhelms aus Fachwerk gezimmert wurde, ja für große Teile Mittelfrankens stellt dies eine durchaus übliche Lösung dar, wobei gelegentlich sogar zwei Stockwerke übereinander vorkommen. Durchweg bildet dieses Fachwerkteil des Turmes zugleich das Glockengeschoß mit den Schallöffnungen und beherbergt innen den ebenfalls hölzernen Glockenstuhl, wobei Fachwerk und Glockenstuhl gelegentlich auch unmittelbar miteinander verbunden waren, wie offenbar in Laubendorf 1405 (→ Abb. S. 181).

Im Kirchturm von Poppenreuth bei Fürth sind Hölzer eines Fachwerkturms von 1358 d wiederverwendet. Das zur Zeit älteste bekannte Fachwerkturmteil findet sich auf der Kirche in Detwang 7 von 1388 d. Es wurde später außen verputzt und hat steile angeblattete Kopf- und Fußstreben an den Ecken. Ganz ähnliche Konstruktionen finden sich mehrmals aus dem 15. Jahrhundert. Sie zeigen alle noch die typischen spätmittelalterlichen Formen mit angeblatteten, ab der Mitte des 15. Jahrhunderts gerne sich kreuzenden Streben, an den Ecken oft verdoppelt. Die Westseite des Turmes ist zum Wetterschutz hier häufig massiv ausgeführt oder zumindest verputzt.

rechts St. Lorenz in ALLMANNSDORF bei Weißenburg, im Kern romanisch. Der Fachwerkturm wohl zwischen 1450 und 1500 errichtet, aus der gleichen Zeit vermutlich das Dachwerk des Langhauses mit liegendem Stuhl.

rechts außen Fachwerkturm der Kirche in UNTERREICHENBACH bei Schwabach von 1455 d; der Dachstuhl des Langhauses mit Brettertonne ist von 1462 d → Abb. S. 200.

RASCH bei Altdorf, St. Michael. Eine der ältesten und bedeutendsten Dorfkirchen im östlichen Nürnberger Land, steil über dem Tal der Schwarzach im ummauertem Kirchhof gelegen.

Es handelt sich um eine romanische Chorturmkirche, im Kern wohl aus der Zeit um 1100. Das bruchsteingemauerte Langhaus besitzt an der Südseite, tiefer als das heutige Niveau, noch das romanische Stufenportal, ein schlichtes romanisches Rundbogenfries und an der Nordseite drei kleine romanische Rundbogenfensterchen; 1711 wurde es nach Westen erweitert und im Innern barockisiert.

Der mächtige Chorturm besteht aus Quadermauerwerk mit hoher Sockelzone, der auffallend hohe Fachwerkaufsatz mit den verdoppelten angeblatteten Fuß- und Kopfstreben konnte jüngst zusammen mit der kraftvollen Holzkonstruktion des vierseitigen hohen Helms auf 1462 d datiert werden.

Die Kirche war bis ins 19. Jahrhundert von einer hohen Wehrmauer umgeben, der Torturm an der Südseite wurde erst 1884 abgebrochen. Unmittelbar nördlich der Kirche liegt die sog. Schäferkapelle, die im späten 14. Jahrhundert erbaut wurde und noch einen romanischen Taufstein enthält, der aus der Pfarrkirche stammt.

3 Rasch

Grundriss der romanischen Kirche. Jüngere Bauteile grau, ergänzte schraffiert, im Norden die sog. Schäferkapelle.

Die Tradition der Fachwerktürme setzt sich weit über die spätmittelalterliche Zeit hinaus fort, ja erreicht vor allem in Mittelfranken im späten 17. Jahrhundert nochmals einen deutlichen Höhepunkt. Man wird wohl davon ausgehen können, dass nach den Zerstörungen des Dreißigjährigen Krieges viele Türme erneuert werden mussten und man dabei auf die kostengünstige, zugleich sehr dekorative Fachwerktechnik zurückgriff, die wohl in dem einen oder anderen Fall auch schon zuvor angewandt wurde. Dieses Beharren auf Fachwerk verwundert umso mehr, als doch gleichzeitig von herrschaftlicher und kirchlicher Seite her Massivbau stark favorisiert wurde.

links Zwei Turmgeschoße in Fachwerk mit K-Streben an der St. Nikolauskirche in Krassolzheim *bei Bad Windsheim von 1696 d und i.*

von links nach rechts Turmgeschoße in Fachwerk: Dertingen *bei Wertheim, Zierfachwerk von 1550-1600;* Dachsbach *im Aischgrund, St. Marien, Fachwerk um 1700;* Allersberg, *Alte Pfarrkirche Allerheilligen, die beiden Fachwerkgeschoße aus der Zeit um 1700;* Dürrenmungenau *bei Abenberg, St. Jakobus, achtseitger Turm mit Fachwerk nach Zerstörung im Dreißigjährigen Krieg 1689 erneuert.*

Verbreitung der Fachwerktürme in Franken – Versuch eines Überblicks.

Fachwerk als Bauweise des obersten Turmgeschoßes findet sich vom 15. bis in die Zeit um 1700 vor allem in Mittelfranken und den direkt anschließenden ober- und unterfränkischen Regionen (s. obige Karte), weitere ähnliche Beispiele in ebenfalls dichter Verbreitung lassen sich im unmittelbar westlich anschließenden Hohenlohe-Franken, aber auch im übrigen Württemberg feststellen. Wir sehen darin ein Zeichen für die besonders konservative Grundhaltung im Dorfkirchenbau dieser Regionen; überwiegend handelt es sich übrigens um evangelische Kirchen.

Es ist zu vermuten, dass es einst auch in Unterfranken wesentlich mehr Fachwerktürme gegeben hat. Doch sie wurden ein Opfer der großen Neubauwelle der Zeit um 1600 unter Bischof Julius Echter, die auch die Türme erfasste (→ S. 164). In Oberfranken wiederum haben nach 1680 die modischen verschieferten Hauben und Kuppeln ältere Turmformen in großem Umfang ersetzt, wobei sich darunter möglicherweise auch fachwerkähnliche Konstruktionen verbergen.

Die ummauerte Kirche

Zum profanen, ja geradezu „militärischen" Charakter vieler Kirchen gehört, wie schon betont, auch ihre Aufgabe, der Dorfbevölkerung Schutz zu bieten, übrigen auch dadurch, das hier Lebensmittelvorräte gelagert werden konnten.

Der „Schutz" des Dorfes vor Gefahren außerhalb erfolgt, in einem idealtypischen Modell dargestellt, quasi in drei konzentrischen Kreisen. 1. Der innerste Verteidigungsring ist die Kirche selbst, vor allem ihr Turm, mit seinen dicken Mauern, dem hochliegenden, von innen versperrbaren Eingang, den schmalen Schießscharten, ganz so wie wir es von den Burgen kennen. Der Turm dient auch der Beobachtung von Feinden, etwa von den „Scharwachttürmchen" an den vier Ecken aus (→ S. 172-175). Auf die Wehrhaftigkeit der Türme werden wir bei der Behandlung der Chorturmkirchen (→ S. 66-75) noch einmal zu sprechen kommen. 2. Den nächsten Befestigungsring stellt eine hohe Mauer um die Kirche oder vielmehr ihren Kirchhof dar, geschützt an den Ecken von Türmen und mit einem Eingangstor, das durch ein starkes Tor oder gar Fallgatter verschlossen werden konnte, versehen mit Wehrgängen und Schießscharten, davor Graben und Wall. Auch hier drängt sich wieder der Vergleich mit einer Burg auf, aber auch an die Stadt mit ihren Befestigungsanlagen wird man erinnert. 3. Der äußerste Verteidigungsgürtel ist meist der heute am wenigsten sichtbare und wirksamste, er zieht sich um das Dorf mit Wall und Graben, Hecken und Zäunen sowie einfachen Toren an der Dorfgrenze, oft nur in Fachwerk; Dorfmauern und massive Tore sind selten.

Uns interessiert hier der mittlere „Ring", die Befestigung des Kirchhofs mit Mauern, Türmen, Toren und schließlich auch „Kirchhäusern" (Gaden), wofür man gerne auch die Bezeichnung *Kirchenburg* wählt, wenngleich es sich ja um keine „feudale" Burg im strengen Sinn handelt.

Die Variationsbreite der Anlagen und Formen ist hoch, und sehr unterschiedlich ist auch der Erhaltungsgrad. Übermannshohe Mauern (drei Meter und mehr), im Oval oder Rechteck geführt, an den Ecken verstärkt, finden sich noch immer sehr häufig, ja es scheint, dass sie bei fast allen im Kern ins Mittelalter zurückreichenden Kirchenanlagen

links Von der einstigen Wehranlage der Kirche St. Peter und Paul in Detwang *bei Rothenburg 7 hat sich das bereits tief in die Umgebung eingesunkene charaktervolle rundbogige Tor an der Ostseite erhalten, das wohl wie die Kirche um 1150 anzusetzen ist. Das Obergeschoß mit dem Vollwalmdach gehört erst dem 16. Jahrhundert an.*

rechts Hohe, aus Quadern gefügte Mauern umgeben bis heute vollständig (die Ostseite wurde 1951 erneuert) die im Kern aus dem 14. Jahrhundert stammende Kirche St. Xystus in Büchenbach *bei Erlangen.*

Mauern, Tore und Türme

vorhanden sind bzw. waren. Die festungsartige Wirkung der Mauern wird meist noch durch die erhöhte Lage der Kirche, durch Schrägstellung und Strebepfeiler gesteigert.

Einige der Mauerringe um die Kirchen sind noch in der Zeit vor 1300 entstanden, etwa in Kleinlangheim, wo sich in den unteren Steinlagen ein für das 12./13. Jahrhundert typisches Mauerwerk findet (→ Abb. S. 27). Am besten lässt sich das hohe Alter mancher Kirchhofbefestigung an den Torbögen mit den charakteristischen romanischen Kämpferprofilen zeigen, wie etwa an den Tortürmen in Detwang 7 und Dertingen → Abb. S. 40 oder an den Toren in Eichel, Gebsattel, Großwallstadt, Königsfeld, St. Kunigund 14 und Urphar 30.

rechts Im Kern romanisches Kirchhof-Torhaus in DERTINGEN bei Wertheim mit dem kräftig gezimmerten Torflügel *oben*

rechts außen Macht jedem Stadttor alle Ehre: Tordurchfahrt, flankiert von einem hohen Wehrturm, der Kirchenburg in OSTHEIM vor der Rhön.

oben Torturm und Eckturm der Kirchenburg in SERRFELD im Grabfeld, die verschieferten Giebel links gehören zur Kirche mit Chorturm → Abb. S. 169.

rechts Rest der Wehrkirchenanlage im hochgelegenen GRAFENGEHAIG bei Kulmbach → Abb. S. 158, mit Torturm und hohem Mauerabschnitt.

Kirchenburgen

Fünf Kirchen Frankens zeigen sich bis heute im nahezu vollständigen Kranz ihrer Mauern, Türme und Tore. Eine dieser sogenannten *Kirchenburgen*, die nördlichste und größte in Ostheim vor der Rhön, ist zugleich auch eine Gadenkirchenburg → S. 45 ff. mit rund 70 Kellergaden, Die zwischen 1400 und 1450 errichtete Anlage wirkt mit doppelter Ringmauer, Wall und tiefem Graben und den hohen Türmen (→ Abb. S. 40) eher wie eine kleine befestigte Stadt; 1596 wurde Ostheim tatsächlich zur Stadt erhoben, erhielt aber keine Stadtmauer mehr. Einen Sonderfall mit ihren hohen gemauerten und weiß verputzten, mit Treppengiebeln versehenen Türmen stellt auch die südlichste Kirchenburg in Kinding dar.

Zum besonderen Ruhm Frankens als malerisches und romantisches Land tragen die drei Kirchenburgen in Effeltrich, Hannberg und Kraftshof bei, alle relativ nahe beieinander nördlich von Nürnberg gelegen und mit ihren wuchtigen Sandsteinmauern und den eleganten Rundtürmen mit Kegeldach auch in der Erscheinung sehr ähnlich. Man möchte an Nürnberger Baumeister, etwa Hans Behaim, zumindest an direkte Einflussnahme von dort her denken. Nach Ausweis der Bauformen und Baudaten erfolgte der Bau der drei Anlagen in etwa der gleichen Zeitspanne, nämlich vom späten 15. bis ins frühe 16. Jahrhundert hinein.

Damit können sie ihre Entstehung – zumindest in der heutigen Erscheinung – nicht den Hussitenkriegen verdanken, die schon ab 1420 das fränkische Land überzogen. Aber vielleicht waren sie eine Reaktion darauf – oder auf die im Nürnberger Raum besonders stark wütenden Markgrafenkriege, deren erster bereits 1449-1451 stattfand. Ob die Kirchenburgen tatsächlich einmal einem größeren kriegerischen Angriff standhalten oder über sich ergehen lassen mussten, darüber gibt es kaum konkrete Nachrichten. Wenn nicht, wozu dann der Aufwand? Ganz nutzlos waren sie aber trotzdem nicht: sie dienten der Abschreckung potentieller Feinde – das soll ja auch bis heute eine der wichtigsten und wirksamsten Methoden zur Verhinderung militärischer Auseinandersetzungen sein. Außerdem gab es

Einen besonders wehrhaften Charakter weist die am steilen Hang liegende Kirchenburg in KINDING im Altmühltal auf. Drei mächtige Wehrtürme schützen die südliche Seite, ansonsten umziehen hohe Mauern nicht nur die Kirche, sondern auch den südlich anschließenden abgetrennten Kirchhof. Die Kirchenburg dürfte auf das 14. Jahrhundert zurückgehen, Weihedaten sind für 1357 überliefert. Heute stellt die Kindinger Anlage in der Gegend eine große Seltenheit dar; in den beiden nördlich benachbarten Dörfern Röckenhofen und Landerzhofen haben sich zumindest Tortürme vergleichbarer Bauart, also mit Treppengiebeln, erhalten, die im übrigen Franken bei Kirchen nur sehr selten vorkommen.

Ähnlich der Anlage in Kraftshof besitzt die Kirchenburg in EFFELTRICH bei Forchheim einen fünfeckigen Grundriss, drei runde und einen erneuerten quadratischen Eckturm sowie hohe, z. T. noch mit Wehrgängen versehene Mauern. Während die Türme sich auf die 1460 er Jahre, der Westturm genau auf 1473 d datieren ließ⁴, steckt im dem Dorf zugewandten Torbau noch ein älterer Kern aus dem frühen 14. Jahrhundert (zeitgleich dürfte die erste Kirche entstanden sein), die Nischen mit den Heiligenfiguren wurden erst im 18. Jahrhundert eingehauen.

genügend Probleme mit marodierenden umherstreifenden Räuberbanden, auch davor konnten Kirchenburgen einen gewissen Schutz bilden. Wohl die meisten Dörfer Frankens standen im Schnittpunkt unterschiedlichster und strittiger Herrschaftsinteressen, seien es die Bischöfe, die Reichsstädte, die Markgrafen oder die verschiedenen Adelsgeschlechter, auf deren Hilfe man sich nicht unbedingt verlassen konnte.

Nicht zuletzt scheint die befestigte Kirchenburg auch ein Stück Selbstdarstellung der Dorfgemeinschaft zu sein, die in Franken ja vielfach sehr ausgeprägt war. Die „Dorfbewohner" mussten schließlich selbst mit Geld und „Fronen" (Arbeitseinsätzen) den wesentlichsten Teil der Baukosten einer Kirchenburg stemmen.

oben Wehrgänge im Innern des Kirchhofs

rechts KRAFTSHOF *im Knoblauchsland nördlich von Nürnberg. Kirche St. Georg, vollständig mit Mauern, Torhaus und fünf runden Ecktürmen umgeben und befestigt, Blick von Osten, Foto 1979. Eine der bekanntesten, am besten erhaltenen und dokumentierten Kirchenburgen Frankens.⁵*

Die Kirche selbst, eine Chorturmanlage im Quadermauerwerk, stammt im Kern noch aus dem frühen 14. Jahrhundert (1315 von der Patrizierfamilie Kress gestiftet), wurde 1438 bis 1440 umgebaut und erweitert, der Turm besaß bis Mitte des 16. Jahrhunderts einen „Fünfknopfhelm" (→ S. 175), im Langhaus wurden 1711 Emporen und ein hölzernes gekapptes Tonnengewölbe eingebaut.

Die Mauern und Türme der auf einem unregelmäßigen Fünfeck errichteten Kirchenburg scheint in ihrem jetzigen

4 Kraftshof

Umfang erst einer Erneuerungsphase der Zeit um 1500 anzugehören, wie die Datierung der Holzkonstruktion der Wehrgänge auf 1511 d nahelegt; doch ist zu vermuten, dass die Anlage an sich älter ist. 1943 erlitt die Kirchenburg schwere Kriegsschäden, die Kirche brannte völlig aus, ein Teil der Kunstwerke war ausgelagert. Der bis 1950 erfolgte Wiederaufbau orientierte sich so weit wie möglich am Vorkriegsbestand (Foto 1980).

oben Eine der eindrucksvollsten, schon von weitem sich aus der flachhügeligen Landschaft heraushebenden Kirchenburgen befindet sich in HANNBERG bei Erlangen. Die beste Sicht bietet sich von Osten, wo alle drei Rundtürme sowie einer der beiden Vierecktürme zu sehen sind. Die rechteckige Anlage umfasst eine Fläche von etwa 70 mal 50 Metern, die Westseite mit dem Eingangstorhaus wurde z. T. später verändert, in die Nordostecke wurde 1711 das Pfarrhaus mit reichem Fachwerk gesetzt. Während die Befestigungsanlage selbst wohl erst der Zeit um 1500 angehört, geht die mächtige Chorturmkirche im Kern ins 14. Jahrhundert zurück; der obere Turmteil mit den reichen Maßwerkfriesen und dem Fünfknopfhelm wird ins späte 15. Jahrhundert datiert → *Abb. S. 221*.

rechts Die fast vollständig erhaltene Gadenkirchenburg in KLEINLANGHEIM bei Kitzingen gehört zu den am besten erforschten und dokumentierten Anlagen ihrer Art in Franken[6]. Im Bild die abgerundete Südostecke der Anlage mit Mauerwerk des 12./13. Jahrhunderts, die Tore später eingebrochen.

Gadenkirchenburgen

Als mindestens genauso eindrucksvolle kirchliche Wehranlagen wie die im Nürnberger Umland können die mächtigen ummauerten Kirchhöfe der großen und engen mainfränkischen Dörfer gelten, deren Besonderheit die Kirchgaden sind, eine zusätzlich im Innern untergebrachte Vielzahl kleiner, an der Mauer angelehnter Bauten, und die wir vielleicht am treffendsten als *Gadenkirchenburgen* benennen wollen. An ihnen zeigt sich besonders eindrücklich, wie sehr die Dorfkirche und ihr Umgriff Teil des sozialen und wirtschaftlichen Organismus „Dorf" war. Auch wenn die Gaden durch ihr enge Aneinanderreihung und die starken Mauern nach außen wehrhaft wirken, ist ihre Aufgabe doch vor allem ökonomischer Natur. Das ist wohl auch der eigentliche Grund, warum sich sehr viel mehr Kirchgadenburgen erhalten haben als reine Kirchenburgen, da sie auch nachdem längst jede militärische Funktion entfallen war, weiterhin eine wichtige Aufgabe im landwirtschaftlichen Betriebsablauf zu erfüllen hatten.

Das Wort *Gaden* stand in älterer Zeit für Geschoß, Stockwerk (eingädig, zweigädig, Oberer Gaden usw.), wurde aber auch als Bezeichnung für ein eher kleines, einräumiges Gebäude verwendet, wie

Gadenkirchenburg in Herrnsheim *bei Kitzingen von Nordwest. Ein Teil der Gaden mit der Mauer hat nicht mehr die ursprüngliche Höhe.*

im Fall der Kirchgaden, für die aber auch der Begriff *Kirchhaus* üblich war. Die Kirchgaden gehörten meist einzelnen „Bauern" des Dorfes, aber auch Pfarrer, geistliche und weltliche Stiftungen konnten im Besitz einzelner Gaden sein. Bei den Besitzbeschreibungen werden die Kirchgaden als Teil der Hofstelle aufgeführt, manchmal sind es auch nur Anteile (ein halber, ein Viertel Gaden usw.).

Es besteht kein Zweifel, dass die Kirchgaden selbst ein sekundäres Element dieser Kirchenburgen darstellen. Zuerst war die hohe, den Kirchhof einfassende Mauer mit Tor errichtet worden, in deren Schutz man bei Gefahr auch Vorräte verbringen konnte, bevor man daran ging, dafür feste Baulichkeiten vorzusehen. Die ältesten bisher nachweisbaren Gaden haben sich in Hüttenheim und Willanzheim aus dem frühen 14. Jahrhundert gefunden, wenn auch nur noch in Resten, einige weitere gehen ins 15. Jahrhundert zurück (z. B. in Diebach, Thüngersheim, Kleinlangheim, vor allem aber in Hüttenheim); die meisten stammen in ihrer heutigen Bausubstanz erst aus dem 16. und 17. Jahrhundert, ja einige wurden sogar noch im frühen 18. Jahrhundert errichtet. Nach langer Zeit der Vernachlässigung gibt es jetzt viele örtliche Initiativen zur Erhaltung der Gadenanlagen.[7]

Gadenkirchenburg in Oberstreu *bei Mellrichstadt von Nordost. An die ältere Mauer mit gerundetem Eck wurden vorwiegend im 16. Jahrhundeert die Gaden angefügt.*

rechts Blick auf die südliche Außenmauer, im rechten Teil in ursprünglicher Höhe, mit dem lagerhaften, mehrfach ausgebesserten Gipsmauerwerk, unter dem Dach offenbar Schießscharten, das Kellerfenster unten nachträglich. Im Hintergrund die im Kern romanische Kirche.

unten Blick auf die Gadenreihe an der Nordseite, der große linke Gaden von 1519 d, der daneben von 1443 d besaß ursprünglich ein weiteres, vorkragendes Stockwerk (Foto 1979).

5 Hüttenheim

HÜTTENHEIM *bei Iphofen. Die rechteckige, 57 mal 38 Meter große Kirchgadenburg in der Ortsmitte ist wohl die eindrucksvollste Anlage dieser Art in Franken und umfasst immer noch 30 Gaden bzw. Kirchhäuser, größtenteils in Privatbesitz.*

Die Ummauerung geht wohl noch in die gleiche Zeit zurück, in der auch die Kirche gebaut wurde, also um 1200. Die ältesten Gadenreste finden sich in den Giebelwänden ansonsten veränderter Bauten und gehören mit den ermittelten Daten 1313, 1315 und 1319 d zu den ältesten erhaltenen Fachwerkteilen Frankens. Es waren traufseitige, zweigeschoßige, an die ältere Außenmauer angelehnte weitmaschige, mit Gips ausgefachte Fachwerkbauten, zu denen aber offenbar noch kein Keller gehörte. Keller finden sich später bei allen Gaden Hüttenheims, sie sind meist etwa ein halbes Stockwerk in den Boden eingetieft und steingewölbt. Die zugehörigen charakteristischen Kellerhälse vor den Gaden bestimmen bis heute das innere Bild der Gadenburg. Die eigentlichen „Kirchhäuser", wie die Gaden in den Quellen genannt werden, haben über den Kellern ein unteres Geschoß aus Bruchstein und darüber ursprünglich offenbar durchweg zwei weitere Fachwerkgeschoße, von denen aber heute das oberste bei vielen Gaden fehlt.

Kirchenburg Hüttenheim im Urkatasterplan (Bayerisches Landesvermessungsamt)

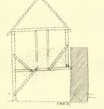 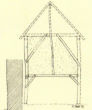

oben *Nach den erhaltenen Spuren rekonstruierte Giebelseiten von zwei frühen, an der älteren Kirchhofmauer angelehnten Kirchgaden,* **links** *von 1315 d,* **rechts** *von 1319 d.*

links *Blick auf die Gadenreihe an der Ostseite, der rechte doppelte Gaden von 1410 d besaß ursprünglich ein weiteres, vorkragendes Stockwerk, die Ausfachung besteht aus Gipssteinen, vermauert mit Gipsmörtel (Foto 1979, vor der leider zum Teil manche originalen Bauspuren verwischenden Sanierung in den Jahren 2000/2001).*

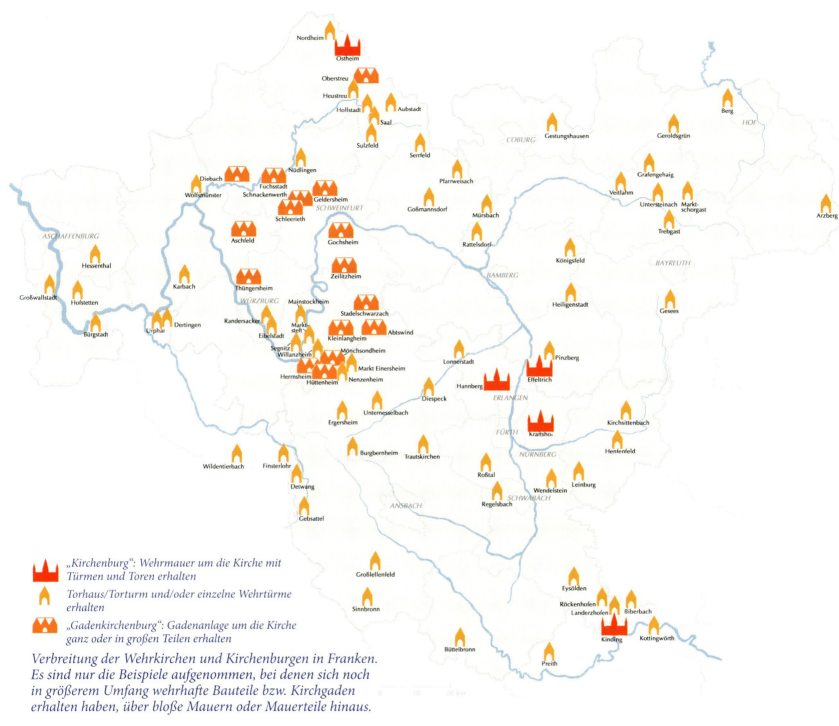

"Kirchenburg": Wehrmauer um die Kirche mit Türmen und Toren erhalten

Torhaus/Torturm und/oder einzelne Wehrtürme erhalten

"Gadenkirchenburg": Gadenanlage um die Kirche ganz oder in großen Teilen erhalten

Verbreitung der Wehrkirchen und Kirchenburgen in Franken. Es sind nur die Beispiele aufgenommen, bei denen sich noch in größerem Umfang wehrhafte Bauteile bzw. Kirchgaden erhalten haben, über bloße Mauern oder Mauerteile hinaus.

In mehr als sechzig Dörfern haben sich, relativ gleichmäßig über ganz Franken verstreut, nicht nur die Mauern, sondern auch ein Torturm, ein Torhaus oder ein einzelner Wehrturm im Bereich um die Kirche erhalten. Wir dürfen gerade bei diesen Beispielen davon ausgehen, das es sich um die Reste einstiger stark befestigter „Kirchenburgen" handelt (s. Karte oben).

Von der Gadenkirchenburg, bei der sich zusätzlich kleine „Kirchhäuser" bzw. „Kirchgaden" wie ein Ring oder besser eine „Wagenburg" der Mauer entlang um die Kirche legen. lassen sich im Bestand über fünfzig Anlagen nachweisen, mehr oder weniger komplett bewahrt. Sie finden sich heute fast ausschließlich in Unterfranken, die auf mittelfränkischer Seite schließen räumlich unmittelbar daran an, wie etwa in Bullenheim. Auf der Karte oben sind nur die sechzehn bedeutendsten und umfangreichsten Gadenkirchenburgen verzeichnet.

Kirchgaden hatten meist eine Doppelfunktion und sind entsprechend mehrgeschoßig: unten ein Keller, darüber Lagerraum für Getreide und andere Feldfrüchte, den man auf mehrere Ebenen übereinander verteilen kann – in Hüttenheim sind es bis zu drei! Die zumeist steingewölbten großen Keller bleiben am längsten in Nutzung; es gibt mehrere Anlagen, bei denen sich nur die Keller, nicht aber die eigentlichen Gaden, die Kirchhäuser darüber erhalten haben. Gaden lassen sich jedenfalls als bäuerliche Speicherbauten außerhalb des eigentlichen Hofes verstehen.

Warum aber haben sich dann gerade und fast nur im Gebiet von Main- und Saale die Gadenkirchenburgen entwickelt? Wir machen dafür vor allem drei Gründe verantwortlich: 1. Die engen Hofstellen in den dicht bebauten großen Dörfer, in denen für eine bauliche Erweiterung kein Platz war, so dass man schon sehr früh auf die Kirchhöfe auswich, wenn man weiteren Raum für Vorräte schaffen wollte, was andernorts mit zusätzlichen Hofhäusern, Körben oder Kästen möglich war, 2. Der Weinbau, der viel Kellerraum erforderte, der aber ebenfalls im Hof nur begrenzt zur Verfügung stand und außerdem dort oft wegen hohen Grundwasserstandes Probleme bereitete; und 3. die in Mainfranken besonders ausgeprägte Selbstverwaltung der Dorfbewohner.

Befestigte Kirchhöfe waren - unabhängig von den Gaden gesehen - in ganz Franken verbreitet, ja wohl ein Stück Normalität bis ins 16. Jahrhundert hinein. In sehr vielen Dörfern sind noch deutliche Spuren davon erhalten. Nimmt man die vielen Kirchhöfe hinzu, die lediglich auffallend hohe und starke Mauern besitzen, so kommen wir wohl auf über 300 nachgewiesene Anlagen in der Art von Kirchenburgen. Damit besitzt Franken ganz sicher eine der dichtesten Bestände in Mitteleuropa, ja wohl ganz Europas. Zwar sind z. B. auch in Thüringen, Sachsen, dem Rheinland und Schwaben befestigte Kirchhöfe zu finden oder nachweisbar, aber offenbar bei weitem nicht in der Dichte wie bei uns; und in Norddeutschland, wo es sicher ebenfalls Wehrkirchen dieser Art geben hat, hat sich kaum etwas erhalten. Noch am ehesten meint man, lässt sich die Situation in Franken mit der in Siebenbürgen vergleichen. Doch die Monumentalität und die Dichte des Erhaltenen dort übertrifft unsere fränkischen Beispiele dann doch erheblich.

ganz links „Kirchhaus" mit Fachwerk von 1459 i im befestigten Kirchhof von GESEES bei Bayreuth – Rest eines einstigen Kirchgadens?

links Die letzten Reste der einstigen Gadenkirchenburg bei der Simultankirche in BULLENHEIM bei Uffenheim.

Kirchhof und Friedhof

Bei dem Fokus auf die militärische und ökonomische Seite des Kirchhofs und seiner Befestigung ist ein im kirchlichen Alltag viel wichtigerer Aspekt übersehen worden: die Rolle des Platzes um die Kirche als Begräbnisstätte. Der Kirchhof erhielt natürlich auch deswegen eine Mauer, um ihn als *Friedhof*, als *Gottesacker* abzugrenzen von der Umgebung, von der Bebauung des Dorfes und der Flur, vielleicht auch als Schutz vor wilden Tieren. „Reine" Friedhofsmauern, wie sie in nachmittelalterlicher Zeit allenthalben entstehen, heben sich durch ihre geringere Höhe und Stärke aber deutlich von den zugleich als Wehrmauer gedachten älteren Ummauerungen ab.

Schon einer der ersten materiellen Kirchennachweise, in Kleinlangheim (→ Abb. S. 26), zeigt diese Kirche als Mittelpunkt eines umfangreichen Gräberfeldes. Dorfkirche und Friedhof bilden all die Jahrhunderte hinweg eine fast untrennbare Einheit. Die Gräber finden sich zunächst gleichmäßig um die Kirche. Eine notwendige Erweiterung fand dann eher an der „Rückseite" der Kirche, meist der Nordseite, statt, was in den Fällen einer Rand- und Hanglage der Kirche zum Dorf leichter möglich ist als bei der Kirchenlage mitten Dorf – vielleicht auch dies ein ganz pragmatischer Grund für die Bevorzugung der randständigen Kirchenanordnung.

Die Belegung der Kirchhöfe mit Gräbern stößt schnell an ihre Grenzen – und im Falle von Wehrmauern kann man diese nicht so einfach erweitern. Man musste daher auch häufiger eine Neubelegung vornehmen und dabei die Gebeine der aufgelassenen Gräber in einem sog. *Beinhaus* oder *Karner* umbetten. Diese andernorts, besonders in Österreich und Altbayern, recht häufig auf dem Kirchhof errichteten Bauten, über denen sich eine Kapelle befindet, können wir in Franken relativ selten nachweisen, wie etwa in Gundelsheim an der Altmühl. Manche zusätzliche Kapelle auf dem Friedhof, wie in Sachsen bei Ansbach oder in Rasch 3 mag ursprünglich zugleich Karner gewesen sein.

In großen Dörfern besonders des Maingebietes verlegt man bereits ab dem frühen 16. Jahrhundert den Friedhof außerhalb des Dorfes und baut zugleich eine eigene Friedhofs- bzw. *Gottesackerkirche*, eine Entwicklung, die in der Stadt gleichzeitig, manchmal auch etwas früher abläuft.

Am Ortsrand und südlich der Alten Pfarrkirche St. Martin in Wettelsheim *an der Altmühl erstreckt sich der große, wohl mehrfach erweiterte Friedhof, der die wohl erst seit dem späten 19. Jahrhundert typische Art der Gestaltung mit steinerner Einfassung und großen stehenden Grabsteinen zeigt.*

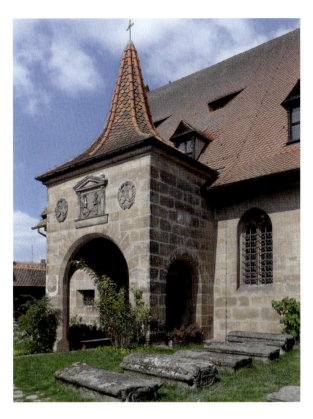

oben Vor allem im Nürnberger Raum war bis ins 18. Jahrhundert auch die tumbaähnliche liegende Grabplatte üblich, die allmählich einwachsen und einsinken konnte, hier in KRAFTSHOF 4.

rechts oben Eine andere, andernorts weitgehend verschwundene Gestaltung der Grabstellen erfolgt mit eisernen Kreuzen, wie hier in SEGRINGEN bei Dinkelsbühl, eine der letzten Orte, wo sie immer noch feste Vorschrift bei der Grabanlage sind.

rechts unten In ABTSWIND am Steigerwald ist der Friedhof schon im 16. Jahrhundert an den westlichen Ortsrand verlegt worden. Offene Arkaden mit einfachen Bänken und eine freie Kanzel weisen auf die große Bedeutung der Leichenpredigten im evangelischen Franken hin. Weitere eindrucksvolle Beispiele gibt es in Mainbernheim, Sommerhausen, Marktbreit, Segnitz u. a.

links unten In den nordwestlichen Strebepfeiler der Kirche in ABTSWIND ist eine Nische eingelassen, die wohl zum Einstellen eines Friedhoflichts diente ...

Seite links ... ganz ähnlich der einst im Kirchhof freistehenden „Totenleuchte" an der Kirche in DETWANG 7, wohl um 1300 – die Toten waren immer dabei.

Pfarrhof und Pfarrhaus

In vielen Fällen, aber natürlich nur dann, wenn es sich um eine Pfarrkirche handelt, steht auch der Pfarrhof mit all seinen Gebäuden (Pfarrhaus und Nebengebäude mit Garten) in enger Beziehung zur Kirche, meist liegt er direkt an der Kirchhofmauer, ja manchmal sogar innerhalb des schützenden Mauerzugs um die Kirche. Ein direkter räumlicher Zusammenhang von Pfarrhof und Kirche scheint jedenfalls auf ein hohes, meist wohl noch mittelalterliches Alter der Pfarrhofanlage hinzudeuten. Im Laufe der Jahrhunderte hat sich freilich häufig aus den verschiedensten Gründen ein Lagewechsel des Pfarrhauses und -hofes vollzogen, doch eine gewisse Nähe zur Kirche bleibt in den allermeisten Fällen gewahrt.

Franken besitzt noch eine große Zahl von alten Pfarrhöfen mit direktem Bezug zur Kirche[8]. Wenn auch die Bauzeit der meisten bestehenden Pfarrhäuser erst im 18. und 19. Jahrhundert liegt und von ihnen einige ein sehr repräsentatives, ja manchmal geradezu palaisartiges Aussehen bekamen, so ist ihre Lage an der Kirche die gleiche geblieben. Aber auch einige spätmittelalterliche und frühneuzeitliche Pfarrhäuser haben sich erhalten, ja sogar manche der zugehörigen Nebengebäude, wie Stadel (Scheune), Stall, Wasch- und Backhaus.

Das Pfarrhaus selbst ist nahezu immer ein zweigeschoßiger Bau, in seinen Bauformen den in der jeweiligen Region üblichen, zeitgleichen großen Bauern- und Bürgerhäusern ganz ähnlich. Bis in die Zeit um 1700 herrscht so im allgemeinen der reich gegliederte Fachwerkbau vor. Im Bereich des Fürstbistums Eichstätt werden im 17. Jahrhundert zahlreiche Pfarrhöfe neu gebaut, und zwar mit dem ortsüblichen Steindach. Seit dem 18. Jahrhundert überwiegt der Massivbau, entweder verputzt

rechts Pfarrhaus in Rosstal bei Fürth, erbaut 1459 d, gelegen am Südwesteck des befestigten Kirchhofs, eines der ältesten und schönsten Pfarrhäuser Frankens, im ummauerten Pfarrgarten im Süden der Pfarrstadel mit Vollwalmdach (abgebrochen). 1685 wurde ein zweites Pfarrhaus mit Stadel an der Ostmauer des Kirchhofs errichtet.

links Ausschnitt aus dem Katasterplan von Roßtal 1825 (Bayerisches Landesvermessungsamt) mit der Einzeichnung (rot) von Kirche, Mauer und Pfarrhofgebäuden.

oder als Sandsteinquaderbau. Die Architekten der Kirchen waren auch im Pfarrhausbau tätig, wie etwa Johann David Steingruber. Pfarrhäuser wurden damit so etwas wie architektonische Vorbilder auf dem Dorf. In der Inneneinteilung entsprechen Pfarrhäuser weitgehend dem ortsüblichen gehobenen Standard, zusätzlich lassen sich eingebaute *Badstüblein*, aber auch *Schreibstüblein* bzw. *Studierstube* nachweisen.

Vom Pfarrhaus aus führt meist eine Türe in der Kirchhofmauer direkt zur Kirche oder genauer gesagt in die Sakristei, die zumindest in nachmittelalterlicher Zeit gerne eine eigene Außentür für den Pfarrer erhält; in wenigen Fällen (z. B. Kalchreuth) lässt sich schon im späten Mittelalter auch ein eigener Eingang in den Chor für den Pfarrer feststellen.

oben rechts Pfarrhaus in POMMERSFELDEN *bei Bamberg, erbaut um 1750 von dem Bamberger Hofbaumeister Johann Michael Küchel.*
unten Pfarrhof in SCHWIMBACH *bei Hilpoltstein →Abb. S. 16, mit Pfarrhaus und Stadel, beide Mitte 17. Jahrhundert.*

1604 wurde, und darauf verweist diese im Friedhof von S<small>EGNITZ</small> eingemauerte Sandsteinplatte, ein neuer Friedhof angelegt:
„Als den Gottsacker ahn die Stett
Ein Erbar Gericht bawen thett
Zue Nutz vnd Trost der gantzen gmein
Dafür sei Gott die Ehr allein."

1 nach Mitteilung von Karl Schnieringer, Regensburg – 2 zur Ausgrabung Kleinlangheim: Christian Peschek, Das fränkische Reihengräberfeld von Kleinlangheim, Lkr. Kitzingen, Nordbayern (Römisch-Germanische Kommission des Deutschen Archäologischen Instituts), Mainz 1996 – 3 nach Altrichter u.a. (→Literatur) – 4 Johannes Zeune in: Effeltrich, S&S Kirchenführer 2008 – 5 Herbert May und Berthold Frhr. von Haller: Zur Geschichte der Kraftshofer Kirchenburg = Die St. Georgskirche in Kraftshof 1315-2015. Geschichte eines Baudenkmals und seiner Ausstattung, Lauf 2015, S. 123-137 – 6 Reinhard Hüßner, Kirchgaden in Kleinlangheim, Magisterarbeit Würzburg 1997 – 7 vgl. Daniela Schedel 2003 (→Literatur) – 8 für 2017 ist eine umfangreiche Publikation zum Pfarrhaus in Bayern bzw. Franken geplant, erarbeitet in Zusammenarnbeit mit der Evangelischen Landeskirche am Fränkischen Freilandmuseum in Bad Windsheim; vgl. auch Herbert May, Pfarrhof und Pfarrgarten zu Katzwang = Rasen, Rosen und Rabatten. Historische Gärten und Parks. Kurzführer zum Tag des offenen Denkmals 2006 in Nürnberg, Nürnberg 2006, S. 18-34

ROMANIK und FRÜHGOTIK

Dorfkirchenbau der Zeit zwischen etwa 1000 bis 1300

Vorhergehende Seite Eine der klarsten romanischen Anlagen: Turm der Kirche in Randersacker *bei Würzburg 12, Zeichnung der Südseite im Kunstdenkmälerinventar von 1912.*

Die von der Kunstgeschichte vorwiegend anhand von großen und bedeutenden Bauwerken, etwa Dom- und Klosterkirchen, entwickelten Stilbegriffe wie Vorromanik, Romanik und Gotik mit ihrer zeitlichen Geltungsdauer lassen sich nur sehr eingeschränkt auf die einfacheren Dorfkirchen übertragen.

Deutliche Reste des dörflichen Kirchenbaus aus der vorromanischen Zeit vor 1000 sind außerordentlich selten und unscheinbar, es haben sich höchstens der Fundamentbereich oder einzelne Mauerwerkspartien erhalten, wie es etwa bei den Kirchen in Gattenhofen, Gollhofen (→ Abb. S. 140) und vor allem Brendlorenzen 9 vermutet wird, wo man zwar nicht das Bauwerk selbst, aber die Idee der Gesamtanlage der Zeit vor 1000 zuschreiben will. Einzig im südlichen Mittelfranken, in der St. Galluskirche Pappenheims und den Überresten der Sola-Basilika Solnhofens, haben sich vermutlich bedeutende Bauteile karolingisch-ottonischen Kirchenbaus erhalten, doch gehen diese Bauten in Anspruch und Bedeutung weit über eine Dorfkirche hinaus. Eine zeitliche Abgrenzung von der Romanik zur karolingischen und ottonischen Kunst ist jedenfalls für uns hier aufgrund des weitgehend fehlenden Bestandes kaum nötig. Dörflicher Kirchenbau vor 1000 ist vor allem eine Aufgabe der Mittelalterarchäologie.

Einer der ältesten kirchlichen Bauteile Frankens findet sich an der einstigen, jetzt nur noch ein Torso bildenden Solabasilika in Solnhofen *im Altmühltal. Durch Grabungen haben sich mindestens fünf Vorgängerbauten feststellen lassen.[1] Die noch aufrecht stehende südliche Arkadenwand wird in die Karolingerzeit (9. Jahrhundert), bemerkenswert sind vor allem die blattwerkartig ornamentierten Säulenkapitelle (vor Ort jetzt Kopien).*

In der Kirche von Grossbirkach *im Steigerwald 13 ist ein Relief eingemauert, dass Johannes den Täufer, dem die Kirche geweiht ist, mit zwei „Täuflingen" links und rechts zeigt. Darüber steht in großen Buchstaben IOHAN NES BABTIS TA und auf dem Rahmen WOLFHERUS ABBAS. Er war von 1034 bis 1046 Abt des Klosters (Münster-)Schwarzach, zu dem Großbirkach gehörte. Die Kirche könnte also im Kern bis in diese Zeit zurückgehen.*

Romanische Bauformen

Unter der Kirche von Rosstal *bei Fürth → Abb. S. 88, 220 findet sich eine kreuzgewölbte hallenartige Krypta, bestehend aus 4 mal 5 gleichhohen Jochen und gemauert über 12 sehr derben Säulen. Diese „Unterkirche" ist offenbar der Rest des Kirchenbaus, der zwischen 1025 und 1042 von der Gräfin Irmingard, eine Schwägerin der Kaiserin Kunigunde, in Roßtal gestiftet wurde. Inwieweit in dem heutigen, nach den Bauformen um 1200 errichteten großen Langhaus noch Teile dieser Kirche stecken, ist unklar.*
Roßtal war schon im 10. Jahrhundert eine befestigte Siedlung, doch wurden die 1328 erworbenen Stadtrechte offenbar nie in Anspruch genommen.

Wie viele Dorfkirchen baulich bis ins 11. Jahrhundert zurückreichen, lässt sich schwer sagen. Bei der auffallend großen Kirche in Roßtal soll zumindest die für eine Dorfkirche nahezu singuläre Krypta um 1050 gebaut worden sein, das Kirchlein in Simmershofen 36 könnte ebenfalls noch vor 1100 entstanden sein, um einige Beispiele zu nennen.

Die meisten romanischen Kirchen dürften, soweit sie überhaupt eine genauere zeitliche Zuordnung zulassen, erst der zweiten Hälfte des 12. und dem frühen 13. Jahrhundert angehören – oder sogar noch später anzusetzen sein. Denn wir tun uns in sehr vielen Fällen außerordentlich schwer bei der Frage, ob ein Bau nun romanisch oder vielleicht doch eher als gotisch einzustufen ist. Zeitlich wird der „Umbruch" im allgemeinen um 1230-1250 angesetzt. Doch eine eindeutige formale Trennung ist innerhalb des 13. Jahrhunderts kaum möglich, ganz besonders nicht bei Dorfkirchen, bei der die klaren, in der romanischen Zeit entwickelten Bauformen weiterhin üblich bleiben, eine Auflösung der Wand, wie sie die vollendete Gotik kennt, findet so gut wie nicht statt.

Der manchmal kaum spürbare „Spitzbogen" bei kleinen Fenstern oder als Blendbogen allein reicht als Unterscheidungskriterium kaum aus, vor allem, weil er in seiner einfachsten Art, ohne schmückendes Beiwerk mit ganz romanisch wirkenden, blockhaften Formen zusammengeht und im Einzelfall auch schon vor 1250 erscheinen kann. Im folgenden werden daher unter den Bauten romanischen Stils auch die Bauten mit ersten Anzeichen von „gotischen" Spitzbögen einbegriffen. Es ist nämlich kaum zu entscheiden, ob sie, wie vermutlich in manchen Fällen, noch dem 13. Jahrhundert, oder erst der Zeit um 1300 und den ersten Jahrzehnten danach angehören. Wenn wir von Romanik sprechen, so beziehen wir also zeitlich gesehen die Frühgotik mit ein, ohne dass dies immer ausdrücklich erwähnt wird. Erst mit dem Aufkommen von Maßwerk, Strebepfeilern und freier Gewölbebildung können wir wirklich vom Stilgebaren her von Gotik sprechen – und diese Merkmale lassen sich eindeutig erst im Laufe des 14. Jahrhunderts im Dorfkirchenbau belegen.

Eine nicht strenge Unterscheidung zwischen Romanik und Frühgotik empfiehlt sich auch deswegen, weil eindeutige, sichere Datierungen im Dorfkirchenbau, unabhängig von stilistischen Fragen, sehr selten sind. Direkte oder indirekte Bauinschriften vor 1300 fehlen fast ganz, die wenigen bekannten Weihedaten von Dorfkirchen bzw. ihren Altären lassen sich nur ausnahmsweise

Romanik und Frühgotik

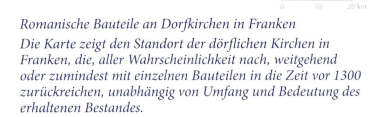

Romanische Bauteile an Dorfkirchen in Franken

Die Karte zeigt den Standort der dörflichen Kirchen in Franken, die, aller Wahrscheinlichkeit nach, weitgehend oder zumindest mit einzelnen Bauteilen in die Zeit vor 1300 zurückreichen, unabhängig von Umfang und Bedeutung des erhaltenen Bestandes.

und mit Vorbehalt bestehenden Bauten zuweisen. Sie sind uns insbesondere aus dem Eichstätter Bistum überliefert: Bischof Gundekar II weihte zwischen 1057 und 1075 über 120 namentlich bekannte Kirchen, Bischof Otto von Eichstätt zwischen 1182 und 1196 weitere 105 Kirchen.[2] Doch inwieweit die damals geweihten Kirchen noch in den heutigen Kirchenbauten stecken, lässt sich schwer beurteilen; bei manchen schlichten Anlagen, wie etwa den Kirchen in Erkertshofen und Landershofen bei Eichstätt oder Röckingen bei Dinkelsbühl, mag es durchaus der Fall sein.

Jahreszahlen am Bau sind in dieser frühen Zeit kaum überliefert, eine fast sensationelle Ausnahme stellt die Zahl 1136 am Kirchenportal in Oberleinach dar. Um das Datierungsnetz trotzdem wesentlich verbessern zu können, bleiben uns nur dendrochronologische Datierungen (Holzaltersbestimmungen), die bisher an Dorfkirchen selten durchgeführt worden. Die aus der Frühzeit der Kirchen meist fehlenden Holzteile, wie Dachwerke, Balkenlagen und Türstürze, setzen dieser Methode enge Grenzen. Der einzige, wenngleich jetzt stark veränderte romanische Dachstuhl auf einer Dorfkirche konnte bisher in Brendlorenzen 9 → Abb. S. 89 auf 1125 bzw. 1189 dendrodatiert (= d) werden, Türsturzdatierungen gibt es von Detwang (um 1150 d) und von Jobstgereuth (um 1250 d), in Urphertshofen konnte ein eingemauerter Turmbalken auf 1216±5 d, in Altheim auf 1219 d bestimmt werden (→Baudatenliste S. 378 ff.). Bezieht man weitere relativ sichere Hinweise (Inschriften, plausible Weihedaten) mit ein, so besitzen wir nur von kaum 20 Kirchen in etwa jahrgenaue Daten zu einer Kernbauzeit vor 1300. Ansonsten müssen wir uns auf die stilistische Einordnung im Vergleich mit anderen Bauten verlassen, wobei ein großer Unsicherheitsfaktor bei den im allgemeinen ziemlich schmucklosen Dorfkirchen bleibt.

Oberleinach bei Würzburg, Inschrift am Portal (→ Abb. S. 102)
V · RECR + MCXXXVI V L

Franken gilt nicht als ein Land der Romanik, es ist keine Region, in der sich besonders viele und besonders „reine" romanische Kirchen erhalten haben, wie auch ein flüchtiger Blick auf den Dorfkirchenbau durchaus bestätigt. Doch wenn man genauer hinschaut, ist man doch überrascht, wie viele Spuren die Romanik auch in Frankens Dorfkirchen hinterlassen hat – auf der nebenstehenden Karte sind rund 375 verzeichnet, das sind knapp 20 Prozent des erhaltenen Bestands an Dorfkirchen der Zeit vor 1800, die tatsächliche Zahl dürfte noch etwas höher sein. Vor allem unter den vielen verputzten und schmucklosen Kirchtürmen, die kaum eine genauere zeitliche Einordnung erlauben, können sich bisher unerkannte romanische Bauteile verbergen.

Deutlich werden bestimmte regionale Schwerpunkte, vor allem das Gebiet zwischen oberer Tauber und Altmühl und dann die Gegend um das Maindreieck weisen eine deutliche Verdichtung auf. In manchen Gebieten sind es gut die Hälfte der vorhandenen Dorfkirchen, die einen romanischen Kern besitzen, wie etwa in den „Altlandkreisen" Uffenheim und Eichstätt (Kreisumfang in der Ausdehnung vor der Gebietsreform 1972). Im Verbreitungsbild spiegelt sich eigenartigerweise in etwa auch die Siedlungsgeschichte wieder, denn bei den Gegenden mit der dichten Verbreitung romanischer Dorfkirchen bzw. Bauteile handelt es sich um die ältesten, bereits lange vor 1000 ständig besiedelten Landstriche, obwohl ja die steinernen Kirchen eigentlich erst nach 1000 anzusetzen sind.

Eine ausführliche, aber schlecht erhaltene Bauinschrift an der Kirche in Pfofeld 10 *lässt uns wissen, dass diese Bischof Otto von Bamberg (gestorben 1139) mit Erlaubnis des zuständigen Eichstätter Bischofs Gebhard II erbaute, der sein Amt von 1125 bis 1149 ausübte. Daraus lässt sich eine Bauzeit zwischen 1125 und 1139 ableiten.*

Einen indirekten Hinweis auf die Baugeschichte der Kirche in Leuzenbronn *bei Rothenburg liefert eine Inschrift am Südosteck, die der 17 hier begrabenen Männer gedenkt, die beim „Einsturz" der Kirche 1241 zu Tote kamen:* [MCC]IXL hIC SEPV LTI ST XVII VIRI CESI dE ECLIA hEL

Kirchen ohne Turm

So selbstverständlich es uns erscheinen mag, dass zu einer Kirche unbedingt auch ein Turm gehört, so wenig ist dies eigentlich aus gottesdienstlichen Gründen erforderlich. Tatsächlich scheinen die ersten Dorfkirchen auch ohne Turm ausgekommen zu sein und bei kleineren Kirchen, vor allem wenn sie nicht zugleich Pfarrkirchen sind, können wir dies über alle Jahrhunderte hinweg beobachten. Dass die älteste Schicht der Dorfkirchen noch auf einen Turm verzichtete, könnte auch damit zusammenhängen, dass erst im Laufe des 12. Jahrhunderts große, schwere und zugleich mehrere Glocken üblich werden, für die es dann auch kräftiger gebaute Türme brauchte. Ein leichteres und kleineres „Geläut" konnte auch in einem Dachreiter untergebracht werden, den wir übrigens, meist nachträglich aufgesetzt, fast immer anstelle eines Turmes finden.

Im einfachsten Fall besteht eine Kirche nur aus einem rechteckigen Raum, einem *Saal*. Langhaus für die Gemeinde und Chor für den Priester sind also nicht voneinander geschieden. Die Lage des Altars an der Ostseite wurde jedoch meistens durch eine halbrunde *Apsis* betont, wodurch wohl auch das Herumschreiten um den Altar möglich und symbolisiert wurde. Saal und Apsis enthielten nur wenige kleine Fenster, der Eingang lag auf einer Langseite, nahe dem Westgiebel – dies werden wir bei den anschließend vorgestellten Chorturmkirchen ganz ähnlich wiederfinden.

Eine solche einfache *Saalkirche mit Apsis*, wie sie auch genannt wird, finden wir vom heutigen Bestand her auffallend selten. Die wenigen und baugeschichtlich kaum genauer untersuchten Beispiele liegen über ganz Franken verstreut. Meist handelt es sich um untergeordnete Filialkirchen, (spätere) Friedhofskirchen und Schloss- bzw. Burgkapellen (wie z. B. in Rieneck).

Doch hat es durchaus den Anschein, als ob der Kirchentyp zunächst nicht auf diesen Kreis beschränkt war. Das legen auch Grabungen in den Kirchen nahe, bei denen Spuren einer halbrunden Apsis aufgedeckt werden konnten. In der frühen romanischen Epoche war demnach die Saalkirche mit Apsis offensichtlich weit verbreitet gewesen, musste aber bald anderen, reicheren und größeren Formen weichen. Mehrfach lässt sich sogar erkennen, dass der ursprünglichen Saalkirche später die Apsis entfernt wurde und an ihre

RIEDENHEIM *im Ochsenfurter Gau, Friedhofskapelle St. Michael. Bruchsteingemauerte Saalkirche mit Apsis, im Kern wohl um 1200, 1617 das Langhaus erhöht und die großen Maßwerkfenster eingebaut.*

OBEREICHSTÄTT *im Altmühltal, Grundriss der ehem. Schlosskapelle St. Lambert. Bruchsteingemauerter Saalbau mit Apsis, um 1200.*

Romanik und Frühgotik

EICHENBÜHL bei Miltenberg, ehemalige Spitalkapelle St. Valentin, im Kern von 1255 d, Bruchsteinbau mit Hausteinkanten, breiter Saal mit Balkendecke und auffallend großer Apsis mit drei tiefliegenden rundbogigen Fensterchen. Im 14. Jahrhundert verändert, der Bau erhält eine spitzbogige Westtür und Fenster im Chor.

NEUKIRCHEN bei Sachsen nahe Ansbach, Filialkirche St. Peter und Paul. Verputzter Bruchsteinbau. Der wohl vor 1300 anzusetzende erste Bau war eine Saalkirche mit später entfernter Apsis, von der sich noch ein Mauerabdruck am Westgiebel abzeichnet. Zu diesem Bau gehört wohl auch das kleine Spitzbogenfensterchen links oberhalb der Türe und auch die ursprünglich niedrigere Dachneigung zeichnet sich im Innern noch deutlich ab. 1367 d erhielt die Kirche einen neuen, steileren Dachstuhl → *Abb. S. 184*, auf diesen Umbau dürften Spitzbogenportal und die größeren Spitzbogenfenster zurückgehen.

Romanik und Frühgotik

Schema einer turmlosen Saalkirche mit Rechteckchor

Stelle ein Rechteckchor, manchmal gleich mit einem Turm verbunden (Chorturm), getreten ist. Diese Änderung erfolgte noch in romanisch-frühgotischer Zeit, oft sogar weit vor 1300.

Als Variante der turmlosen Saalkirche mit Apsis wäre die *Saalkirche mit Rechteckchor* anzusprechen, die im gewissen Sinn schon die Voraussetzungen für die Chorturmkirche schafft, von der sie im Bestand schwer abzugrenzen ist, da nicht immer klar ist, ob die Geschoße über dem Turm später (dann wäre die Kirche ursprünglich turmlos mit Rechteckchor) oder von Anfang an zum Kirchenbau dazugehören.

rechts UNTERREICHENBACH *bei Schwabach, Pfarrkirche, im Kern um 1200. Der Chorturm ist erst durch eine nachträgliche Aufstockung (1455 d) entstanden, zuvor war hier ein Rechteckchor mit Giebeldach, das sich noch im Mauerwerk abzeichnet.*

unten links SECKENDORF *westlich von Fürth, profanierte Kapelle, Quadermauerwerk in zwei Bauabschnitten, der rechte Teil das Langhaus, der linke Teil der wohl etwas jüngere Rechteckchor (1200-1250).*

unten rechts OBERREICHENBACH *bei Langenzenn, St. Bartholomäus. Der schwer datierbare Quaderbau ursprünglich mit Chorquadrat, der zurückspringende Turm mit Fachwerk nachträglich aufgesetzt.*

Romanik und Frühgotik

6
Simmershofen

Grundriss: Saal schwarz, die vermutete Apsis schwarz schraffiert, der Anbau des Rechteckchors (ehem. Chorturm) mit Kreuzrippengewölbe ist grau angelegt.

SIMMERSHOFEN *bei Uffenheim, Heilig-Kreuz-Kirche, freistehend östlich außerhalb des Ortes. Eine der urtümlichsten und vermutlich auch ältesten Dorfkirchen Frankens.*

Der im Kern wohl noch vor 1100 anzusetzende kleine Bau (ehemals Pfarr-, jetzt ungenutzte Filialkirche) bestand zunächst nur aus einem kleinen bruchsteingemauerten, saalartigen Langhaus von gerade einmal rund 7 Metern Länge und 5 Metern Breite. Es ist an den drei kleinen rundbogigen Fensterchen mit tiefen trichterförmigen Laibungen an der Südseite zu erkennen; an der fensterlosen Nordseite gehört dazu eine schmale Rechtecktüre mit leicht giebeligem Steinsturz → Abb. S. 92. An diesen kleinen, flachgedeckten Bau schloss sich im Osten ursprünglich vermutlich eine halbrunde Apsis an, die noch im frühen 14. Jahrhundert (worauf das sehr schmale spitzbogige Ostfenster hindeutet) einem gemauerten Rechteckchor mit Turm darüber weichen musste, der wiederum nach archivalischer Überlieferung 1757 weitgehend abgetragen und das jetzige Zeltdach mit Laterne erhielt.

Das Fachwerkgeschoß über dem Langhaus wurde erst 1691 d aufgeschlagen. Auf beiden Seiten finden sich paarweise angeordnet Ladetüren, so dass man den Raum wohl als Speicher nutzte.

Das weitgehend entleerte Innere, dem inzwischen sogar die Decke zwischen Langhaus und Speicherstock fehlt, zeichnet sich durch umfangreiche, aber schlecht erhaltene Wandmalereien in Chor und Saal aus, die wohl nie übermalt waren. Die ältesten Schichten stammen noch aus der Zeit vor bis um 1400.

Romanik und Frühgotik

Chorturmkirchen

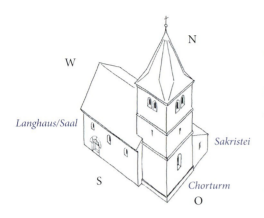

Schema einer Chorturmkirche

Am meisten verbreitet in Franken sind die Chorturmkirchen. Darunter versteht man die Abfolge zweier rechteckiger Räume von West nach Ost in der Abfolge *Langhaus* (meist als Saal) – *Chor*, wobei der Chor zugleich das Untergeschoß des darüber sich erhebenden *Turmes* ist. Der Chor ist etwas kleiner und schmäler als das Langhaus und hat eine etwa quadratische, das Langhaus besitzt eine längsrechteckige Grundfläche. Damit gleicht die Chorturmkirche vom Grundriss her der Saalkirche mit rechteckigem Chorquadrat (→ S. 64).

Für die Zeit vor 1100 sind Kirchen, bei denen über dem Chor tatsächlich ein Turm besteht, nur schwer nachzuweisen. Einer der wenigen Fälle ist nach archäologischer Untersuchung beispielsweise die Kirche in Leuzenbronn bei Rothenburg. Manche Chorturmkirchen entpuppen sich als ursprünglich ohne massiven Turm gebaut, der erst nachträglich auf das Chorquadrat gesetzt wurde – was vielfach aber durchaus schon in romanischer Zeit geschah. Ab der Mitte des 12. Jahrhunderts dürfen wir jedenfalls mit einer weiten Verbreitung von Türmen auch bei Dorfkirchen rechnen.

Der in den meisten Fällen einzige Eingang in die Kirche erfolgt durch ein steingerahmtes *Portal* an der südlichen Traufseite des Langhauses; in den Fällen, wo die Kirche mehr am Südrand des Dorfes liegt, findet sich dieses Portal auch an der Nordseite. Die Tür ist von der Mitte der Langhauswand aus gerne nach Westen zu, manchmal bis an den Rand zum Westgiebel hin, verschoben, liegt also asymmetrisch in der Wand. In einigen Fällen lassen sich an der Süd- und Nordseite je ein Portal genau gegenüber nachweisen, wie etwa bei St. Kunigund 14. Wir vermuten, dass dies mit der Funktion als Wallfahrtskirche zusammenhängen könnte, bei der eine größere Zahl an Menschen als in einer gewöhnlichen Pfarrkirche in den Kirchenraum ein- und austreten musste. Ob in den seltenen Fällen eines romanischen Westportals ebenfalls eine besondere Funktion der Kirche dahinter steht, bleibt unklar.

Langhaus und Chor besitzen in romanisch-frühgotischer Zeit nur wenige und kleine Fenster, im Langhaus liegen sie auffallend hoch in der Wand und befinden sich fast immer nur an der Südseite, auf der West- und Nordseite des Langhauses fehlen sie ursprünglich häufig ganz, d. h. der Kirchensaal war wohl in ein Halbdunkel gehüllt.

Das Langhaus und der schmälere Chor sind innen durch einen breiten rundbogigen *Chorbogen* miteinander verbunden, wobei der Fußboden im Chor gerne ein, zwei Stufen höher liegt. Chor und Langhaus unterscheiden sich nicht nur durch ihre Größe, sondern auch durch den unterschiedlichen Raumabschluss: das Langhaus besitzt zumindest in romanischer Zeit immer eine flache hölzerne

Seite rechts DETWANG *im Taubertal bei Rothenburg, St. Peter und Paul von Südosten. Die malerisch an der Tauber gelegene, relativ große Chorturmkirche gehört zu den eindrucksvollsten Dorfkirchen Frankens. Sie war bis 1258 auch Pfarrkirche von Rothenburg und hat eine komplizierte, noch nicht völlig geklärte Baugeschichte.*

Romanik und Frühgotik

7 Detwang

Chorturmkirche in Detwang, Grundriss
Zustand um 1150: schwarz, ergänzte Bauteile: schraffiert, gotische Bauteile: grau S=Sakristei T=Totenkapelle

Der Chorturm lässt sich auf etwa 1150 → *Abb. S. 68* datieren, in diese Zeit dürfte ein Großteil der Langhausmauern gehören, wobei ein älterer Kern nicht auszuschließen ist. Ursprünglich war vermutlich im Osten an den Chorturm noch eine halbrunde Apsis angefügt, die im 14. Jahrhundert dem Anbau einer eigenen Totenkapelle weichen musste (im Bild ganz rechts). Im frühen 14. und im 15. Jahrhundert werden größere Fenster mit Maßwerk eingebrochen → *Abb. S. 217*, 1388 wurde auf den auffallend hohen massiven Turm ein weiteres Fachwerkstockwerk gesetzt, das 1730 teilweise in Bruchstein erneuert wurde und heute verputzt ist. Das Dachwerk des Langhauses stammt von 1433 und besitzt einen der ältesten liegenden Stühle mit Hängewerk in Franken → *Abb. S. 185*.

Das Innere zeichnet sich durch eine später, wohl 1433 zusammen mit dem damals erneuerten Dachstuhl eingebaute, dreibogige gewölbte Arkade vor dem Chor aus, die wie ein Lettner wirkt.

Zur wertvollen Innenausstattung gehört u. a. ein geschnitzter Flügelaltar Tilman Riemenschneiders, der aber hier nicht immer stand.

Romanik und Frühgotik

Tonnengewölbter Chor in ALLMANNSDORF bei Gunzenhausen (um 1150) und kreuzrippengewölbter Chor in BETTENFELD bei Rothenburg (um 1200).

Balkendecke, der Chor ist in den allermeisten Fällen steingewölbt. Es finden sich Tonnengewölbe, Kreuzgratgewölbe und, am häufigsten, kräftige Kreuzrippengewölbe; nur bedingt lässt sich aus diesen verschiedenen Gewölbeformen auch eine gewisse zeitliche Abfolge ableiten.

Die oberen Geschoße des Chorturms sind nur über eine Treppe im Langhaus auf das darüberliegende Dachgeschoß zu erreichen, der Zugang zum Turm erfolgt von hier aus über eine von innen mit einem Riegel zu verschließende Tür, der Turm konnte also als Zufluchtsort dienen.

rechts Innere Chorturmtüren:

LAUBENDORF *bei Fürth, einfacher Rundbogen, wegen der Zangenlöcher in den Steinen um bis kurz nach 1200 zu datieren und*

DETWANG *bei Rothenburg 7, das Sturzbrett mit Angelloch für eine Bohlentüre hinter dem einfachen Rundbogen konnte auf um 1150 d bestimmt werden.*

Seite rechts OBERMERZBACH *in den Haßbergen, St. Michael, Blick von Westen in das balkengedeckte Langhaus und den abgesetzten, kreuzrippengewölbten Chor. Eine der im Innern am wenigsten veränderten romanischen Dorfkirchen Frankens, erbaut um 1200.*

8 Obermerzbach

Chorturmkirche in Obermerzbach, Grundriss und Längsschnitt, Zustand um 1200.

Es gibt nur wenige Kirchen, deren schlichter Innenraum zumindest eine relativ deutliche romanische Anmutung besitzt, denkt man sich die Nordempore links und das Gestühl weg. Dazu tragen der grob gerundete (z. T. nachgearbeitete?) Chorbogen, die derben Kapitelle am Chorbogen und im gewölbten Chorraum, der einfache Steinaltar ohne Aufsatz, vor allem die offene Balkendecke bei, auch wenn diese nicht mehr aus der Bauzeit der Kirche, sondern wohl erst aus dem 15. Jahrhundert stammt, aber so ähnlich müssen wir sie uns auch zur Bauzeit um 1200 vorstellen.

Aus dieser Zeit ist auch das eindrucksvolle Südportal → *Abb. S. 101* erhalten, während der Fachwerkturmaufsatz erst um 1600 errichtet wurde. Die verbretterte, unbemalte Empore an der Nordseite des Langhauses wurde im späten 17. Jahrhundert eingebaut. Bemerkenswert sind eine Steinkanzel und aus nur einem Balken bestehende Bänke auf der Empore → *Abb. S. 242*.

Detail am Chorbogen und Ecksäule des Chorquadrates, um 1200.

Romanik und Frühgotik

Vereinfachter Grundriss **S** = *Sakristei*

GERACH *an den Haßbergen, nördlich von Bamberg, St. Veit, um 1200. An der Nordseite des Chorturms angefügte Sakristei in ähnlichem Sandsteinquaderwerk wie der Chorturm selbst, vermutlich aber etwas jünger (um 1250?).*

Am Chor ist häufig, aber nicht zwingend nach Norden zu ein weiterer kleiner Raum mit Schleppdach angefügt, die *Sakristei*. Zwar scheint dies vielfach erst nachträglich geschehen zu sein, aber oft nur kurze Zeit nach dem Bau der Kirche. Auch diese anschließende Sakristei ist zumeist gewölbt und durch eine schmale, besonders gesicherte Tür in der Chornordwand zu betreten. Außerdem besitzt sie an der Ostwand gelegentlich einen steinernen Altartisch – für die „private" Messe des Pfarrers/Priesters? Erst in nachmittelalterlicher Zeit erhielt die Sakristei eine Außentür.

Romanische Chorturmkirchen sind im Durchschnitt kleine Bauten, doch gibt es vereinzelt auch größere Anlagen. Die Maße schwanken etwa zwischen 11 mal 6 Meter (wie etwa in Obermerzbach) bis zu 28 mal 12 Meter für das Langhaus (so in Brendlorenzen) und 5 mal 5 Meter bis 8 mal 8 Meter für den Chor, jeweils außen gemessen.

Keine der Kirchen ist unverändert aus der Bauzeit vor 1300 erhalten, alle sind in den folgenden Jahrhunderten mehr oder weniger stark umgebaut worden, der Innenraum stärker noch als der Außenbau. Vielfach, bei rund zwei Dritteln der Beispiele, steht sogar nur der Chorturm noch vom alten romanisch-frühgotischen Bau, und auch der oft nur in seinem unteren Geschoß. Das ursprüngliche romanische Langhaus musste häufig einem zumeist größerem Neubau weichen, doch steckt vermutlich in vielen Fällen darin noch ein Rest des alten Baus.

KIRNBERG *bei Rothenburg* **1**, *Sakristei, mit einer Vierteltonne gewölbt, um 1250.*

Seite rechts **BRENDLORENZEN** *im Saaletal bei Bad Neustadt, St. Johannis. Blick von Nordwesten auf die auffallend große Chorturmkirche des 12. Jahrhunderts, eine der ältesten und bedeutendsten Dorfkirchen in Franken.*

Brendlorenzen und seine Kirche werden bereits 741 genannt. Die immer wieder vermuteten karolingischen Baureste können nicht eindeutig nachgewiesen werden. Die ungewöhnliche T-förmige Anlage mit querschiff-

Romanik und Frühgotik

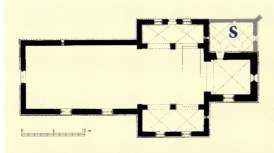

*Brendlorenzen, St. Johannis.
Schwarz: Grundriss zur Bauzeit im 12. Jahrhundert;
Grau = Sakristeianbau von 1423 (S)*

9 Brendlorenzen

artigen seitlichen Erweiterungen vor dem Chorturm (wie sie nur in Diebach bei Hammelburg wiederkehren, dort aber deutlich als Querhaus erkennbar) könnte jedoch auf einen Vorgängerbau der karolingischen Zeit zurückgehen.

Anhand von dendrochronologischen Untersuchungen der Dachhölzer lässt sich das heutige Aussehen der Kirche hauptsächlich in das 12. Jahrhundert datieren (um 1125, 1189 d → *Abb. S. 89*), das obere Turmgeschoß mit dem in Franken seltenen steilen Satteldach stammt von 1262 d. 1423 wurde, wie eine Inschrift in Übereinstimmung mit der Holzuntersuchung sagt, an der Nordseite des Chorturms in Verlängerung des Querarms eine Sakristei angebaut, die ein reiches Netzgewölbe und gut erhaltene Wandmalereien besitzt, gleichzeitig dürften die größeren Maßwerkfenster eingebrochen worden sein.

Das Innere wurde zwischen 1711 und 1720 barockisiert, dabei auch das Langhaus erhöht (unter Wiederverwendung von Hölzern des alten Dachstuhls), die kleinen rundbogigen Fenster an Trauf- und Giebelseite markieren etwa die alte Wandhöhe, die der an den ausladenden Querarmen entsprach. Das rundbogige Westportal dürfte noch romanisch sein → *Abb. S. 95*.

Romanik und Frühgotik

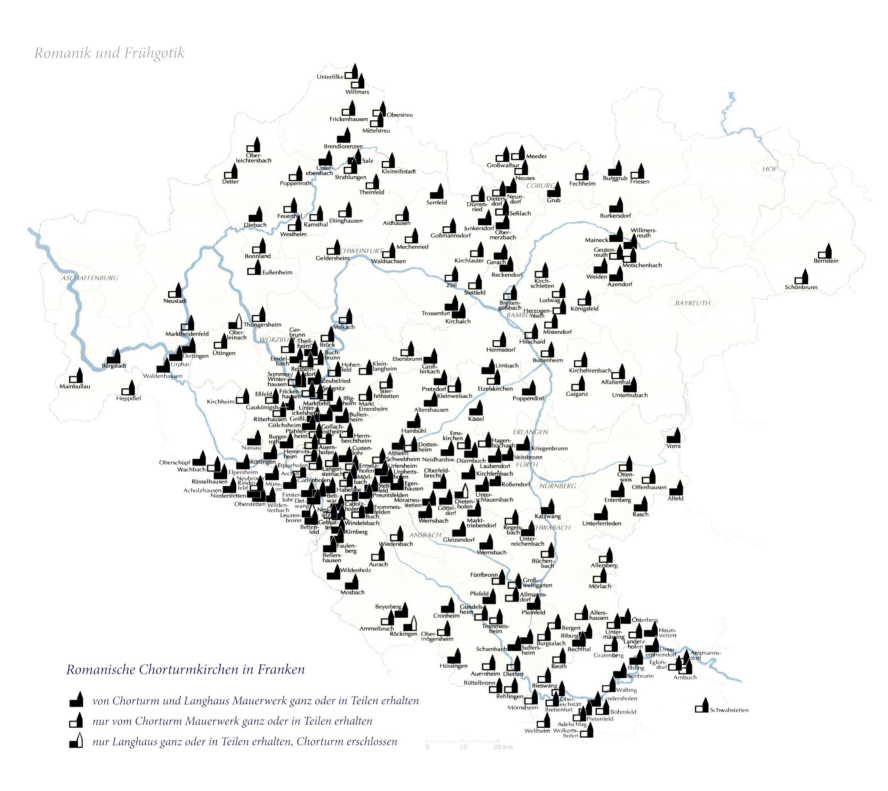

Romanische Chorturmkirchen in Franken

- von Chorturm und Langhaus Mauerwerk ganz oder in Teilen erhalten
- nur vom Chorturm Mauerwerk ganz oder in Teilen erhalten
- nur Langhaus ganz oder in Teilen erhalten, Chorturm erschlossen

In Franken lassen sich derzeit noch knapp 250 Chorturmkirchen aus der Zeit vor etwa 1300 nachweisen, oft ist freilich nur der Chorturm in seinen unteren Teilen erhalten. Von den Dorfkirchen mit romanischen Überresten fallen also rund Zweidrittel auf Chorturmkirchen. Sie verteilen sich wie die obige Karte zeigt, nicht ganz gleichmäßig über das Land, sondern weisen, vielleicht noch deutlicher als bei der Karte der romanischen Bauteile (→ S. 60), eine starke Verdichtung im Gebiet um Ochsenfurt – Uffenheim – Bad Windsheim und Rothenburg auf, etwas abgeschwächt am Obermain und im Altmühlraum, während besonders das östliche Oberfranken und der Spessart nahezu frei von Chorturmkirchen erscheinen.

Warum war die Chorturmkirche so beliebt? Sicher spielt eine Rolle, dass die Anlage des Turms über dem Chor einen geringeren baulichen Aufwand bedeutet als wenn man einen eigenen Turm von Grund auf bauen muss. Daher ist sie eine ideale Bauform für Kirchen kleiner Gemeinden, die in den Altsiedellandschaften Frankens häufig sind und wo andererseits die „Kirchendichte" besonders hoch ist. Doch das allein dürfte kaum entscheidend gewesen sein, hinzu kommt die symbolische „Überhöhung" des Altarraums durch den Turm als „heiligen Ort" auch nach außen. Chortürme wirken durch ihre oft sehr gedrungenen Proportionen gerade im Verhältnis zum Kirchenschiff nach außen wehrhaft, und da ihre Obergeschoße nur über das Kircheninnere zu erreichen sind, mag diesen Türmen eine symbolische wie gelegentlich auch praktische Schutz- bzw. Rückzugsfunktion bei äußeren Gefahren zugekommen sein. Nicht zu vergessen ist aber auch, das Osttürme im süddeutsch-alpenländischen Bereich generell sehr beliebt waren, auch bei den großen mittelalterlichen Kloster- und Stadtkirchen.

Die Chorturmkirche ist aber nicht nur in Franken, sondern auch in anderen süd- und mitteldeutschen Landschaften stark verbreitet. Im unmittelbar anschließenden württembergischen Franken mit Hohenlohe stellt sie, wie sich ja schon aus der Verdichtung im westlichen Mittelfranken

Wehrhafte Chorturmkirchen: oben in Unterebersbach *im Saaletal bei Bad Neustadt und rechts in* Herrnsdorf *bei Bamberg – in beiden Fällen hat sich, wie so oft, nur der Chorturm erhalten und in Unterebersbach ist zu vermuten, dass der Turmaufbau mit dem quergestellten Satteldach erst nachträglich erfolgte.*

Romanik und Frühgotik

Chorturmkirchen:
links IBLING *im Altmühltal bei Kinding, St. Briccius. Der Turm bis zum ersten Gesims vor 1200, ebenso Teile des Langhauses und die im Bild kaum sichtbare halbrunde Apsis, das Langhaus 1884 nach Westen verlängert;*
unten GÖTTELDORF *auf der Frankenhöhe bei Ansbach, St. Leonhard, erhöht über dem Dorf liegend. Geschlämmter Sandsteinquaderbau der Zeit um 1200, mit großem Stufenportal → Abb. S. 98, die Fenster verändert und vergrößert, das zweite Turmgeschoß mit spitzbogigem Doppelfenster wohl erst nach 1250.*

erahnen lässt, ebenfalls den häufigsten Dorfkirchentyp dar, offenbar auch im übrigen Württemberg und Baden. In Thüringen sind sie ebenfalls Standard, wenngleich offenbar nicht ganz so dominant wie bei uns in Franken. Chorturmkirchen in großer Zahl finden sich auch in der westlichen Oberpfalz, im nördlichen Oberbayern und Schwaben so wie auch in Tirol und in der Nordschweiz.

Auffallend ist, dass sowohl im östlichen Oberbayern, der östlichen Oberpfalz und in Sachsen kaum Chorturmkirchen nachweisbar sind, ganz angesehen von den weiten nord- und ostdeutschen Gebieten, in denen sie offenbar völlig unbekannt waren.

Romanik und Frühgotik

Chorturmkirchen:
rechts DÜRRNBUCH *bei Emskirchen, St. Leonhard. Sandsteinquaderbau um 1250, die Fenster wohl 1492 verändert, über dem Chor ein zweistöckiger Fachwerkaufbau der Zeit um 1680 – Nachfolger eines mittelalterlichen Vorgängers oder ursprünglich ohne Turm?*

unten OBERFELDBRECHT *auf der Frankenhöhe bei Neuhof an der Zenn, St. Maria und Georg. Einheitlicher Sandsteinquaderbau der Zeit um 1250 mit älterer (?) Eingangstür an der Südseite des Langhauses* → *Abb. S. 96;*

unten rechts PFLAUMFELD *im Altmühltal bei Gunzenhausen, St. Laurentius. Verputzter Bruchsteinbau ohne charakteristische datierbare Details, im Kern wohl noch um 1300, das Langhaus im 19. Jahrhundert erneuert.*

Romanik und Frühgotik

Chortürme mit Apsis

Die allermeisten fränkischen Chorturmkirchen der Romanik begnügen sich mit dem etwa quadratischen Chorraum, über dem sich der Turm erhebt. Nur in etwa fünfzehn Fällen, bei denen es sich möglicherweise um bedeutendere Kirchen handelt, findet sich, wie auch bei einigen turmlosen Saalkirchen (→ S. 62 f.), eine zusätzliche Ausweitung nach Osten in der Form der halbrunden *Apsis*, wie sie eigentlich als besonders charakteristisch für den Kirchenbau der Zeit vor 1250 gilt.

Es zeigt sich freilich, das einst die Zahl der Chorturmkirchen mit Apsis doch höher war, weil diese manchmal im Zuge eines späteren Choranbaus entfernt wurde (→ S. 142 f.). So häufig wie z. B. in Altbayern und Thüringen scheinen Apsiden in Franken jedoch nie gewesen zu sein.

oben DIEBACH *im Saaletal bei Hammelburg, St. Georg, Chorturm mit Apsis (um 1150). Die aus Bruchsteinen mit Eckquaderung errichtete Kirche hebt sich mit einem Querhaus vor dem Chorturm deutlich vom Durchschnitt der Chorturmkirchen ab.*

rechts MAINECK *bei Lichtenfels, Apsis am Chorturm in Quadertechnik und mit Rundbogenfries (um 1150) – mehr ist von der romanischen Kirche nicht erhalten.*

links KIRCHSCHLETTEN *bei Bamberg (um 1200), kleine Apsis am Chorturm. Einen solchen frei auskragenden „Apsiserker" besitzt auch die Kirche St. Kunigund 14 und die Heidecker Kapelle der Klosterkirche in Heilsbronn.*

Seite rechts PFOFELD *im Altmühltal bei Gunzenhausen, St. Michael von Osten. Die relativ große Chorturmkirche in sorgfältigem Quadermauerwerk lässt sich anhand einer Inschrift → Abb. S. 61 in die Zeit zwischen 1125 und 1139 datieren.*

In Pfofeld steht eine der wenigen fränkischen Dorfkirchen, bei denen sich eine Apsis am Chorturm erhalten hat. Strenggenommen können wir uns aber nicht sicher sein, dass es sich von Anfang an um

Romanik und Frühgotik

10 Pfofeld

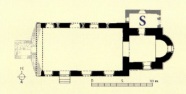

*Pfofeld, vereinfachter Grundriss. Grau: **S**=Sakristeianbau, schraffiert 18. Jahrhundert*

einen Chorturm handelte, denn über der Apsis ist am Turm ein deutlicher Absatz zu erkennen, die Quader darüber besitzen vermehrt Zangenlöcher, die wir im allgemeinen erst ab 1200 beobachten können.

Die Apsis ist mit profilierten Gurtbändern und einem Rundbogenfries verziert, das östliche Apsisfenster wurde erst jüngst vermauert, das gilt auch für die einstigen hochsitzenden Fensterchen im Langhaus. Sie liegen auf einem profilierten Gurtband und in zurückspringenden Blenden mit einem Rundbogenfries als Abschluss. Ausnahmsweise sind diese Fenster nicht nur an der Südseite (dort nur noch schwach ablesbar), sondern auch an der Nordseite vorhanden.

Auch im Innern wartet die Kirche mit einigen Besonderheiten auf: so ist der quadratische Chorraum nicht gewölbt, sondern flach gedeckt; dass dies nicht auf eine spätere Umbaumaßnahme zurückgeht, beweisen die gotischen Malereien im Chor, die bis zur Decke hinauf reichen. Im ebenfalls flachgedeckten Langhaus haben sich weitere bedeutende Reste der einst vollständigen Ausmalung erhalten → *Abb. S. 261*. Im 18. Jahrhundert wurde die Westseite, Dach und Turmoktogon mit Spitzhelm erneuert.

Romanik und Frühgotik

Westturmkirchen

Zwar dominieren die Chorturmkirchen seit der Romanik die fränkische Dorfkirchenlandschaft, doch finden sich daneben auch andere Formen, wie etwa die, bei der der Kirchturm an der Westseite des Langhauses angebaut ist, wie es der üblichen Vorstellung von einer Kirche am nächsten kommt. Es sind dann also dreiteilige Anlagen mit einer deutlichen, gegenüber den Chorturmkirchen umgedrehten Höhenstaffelung von Ost nach West über *Chor* zum *Langhaus* (Saal) schließlich zum hohen *Turm*. Der Westturm ist gewissermaßen *nur* Turm, er ist durchschnittlich schlanker und höher als Chortürme. Schließlich braucht er von seinen Maßen her nicht auf die Bedürfnisse eines angemessenen Chorraums in seinem Unterteil Rücksicht nehmen.

Wozu diente dann der Westturm, über seine zeichenhafte Bedeutung und die Unterbringung der Glocken hinaus? Wir können zwei verschiedene Anlagen unterscheiden: einmal diejenigen, und das scheinen die häufigeren zu sein, bei denen er nur vom Innenraum aus betreten werden kann, der Eingang in die Kirche erfolgt an der Längsseite des Langhauses, wie bei den Chorturmkirchen, eine besondere Funktion des Untergeschoßes ist nicht bekannt. Anspruchsvoller ist die Variante, bei der das Untergeschoß des Turmes als Eingangshalle in die Kirche dient, nun also mit dem Eingangsportal im Westen des Turmes, der Vorraum ist gewölbt, von hier aus öffnet sich ein weiteres Portal in das Langhaus der Kirche.

Ansonsten gelten aber für die Westturmkirchen in der romanischen Zeit die gleichen Grundformen wie bei der Chorturmkirche und turmlosen Saalkirche, also das Nebeneinander von größerem und breiterem flachgedeckten Langhaus und kleinerem und schmälerem gewölbten Chor, die kleinen hoch liegenden Fenster oder die häufig fensterlose Nordwand. Insgesamt wirken Westturmkirchen größer und bedeutender, was im Einzelfall erst zu überprüfen wäre.

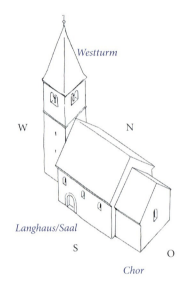

Schema einer Westturmkirche

rechts VEITSHÖCHHEIM *bei Würzburg, St. Veit, Blick auf den reich gegliederten, in mehreren Schritten errichteten Westturm mit zugesetztem Portal (um 1200), im zweiten OG Balken von 1226±5 d. Langhaus und Chor wurden im 17./18. Jahrhundert neu gebaut.*

rechts außen SEGRINGEN *bei Dinkelsbühl, St. Vinzenz, Blick auf den Westturm. Sorgfältiges Quadermauerwerk (um 1200), das westliche Eingangsportal nach Schäden 1910 erneuert.*

Romanik und Frühgotik

*Gnötzheim, vereinfachter Grundriss
Grau: S=Sakristeianbau von 1480,
hellgrau: Unterzüge, Innensäulen 1612*

11 Gnötzheim

GNÖTZHEIM am Maindreieck bei Marktbreit, St. Johannes, Blick von Südosten auf die Kirche mit Westturm und Chorquadrat. Eine der am besten erhaltenen romanischen Kirchen des südlichen Unterfranken.

Es handelt sich um einen verputzten Bruchsteinbau mit Hausteinrahmungen und Eckquaderung, an den beiden Obergeschoßen des Westturms Lisenen und kräftige Rundbogenfriese, im Glockengeschoß Biforien, die Säulchen mit Würfelkapitellen. Das große Eingangsportal an der Südseite des Langhauses ist für eine Dorfkirche aufwändig gestaltet → Abb. S. 100, ansonsten zeigen sich am Außenbau keine romanischen Bauteile mehr. Die Bauzeit darf man zwischen 1150 und 1200 ansetzen.

1480 wurde die an der Nordseite des Chores anfügte Sakristei erneuert. Die auffallend großen rechteckigen Fenster wurden 1612 in nachgotischen Maßwerkformen eingesetzt. Damals erhöhte man auch den Chor und errichtete die dreiseitige hölzerne Emporenanlage mit kräftig profilierten Säulen, die bis zu den beiden stark profilierten Längsunterzügen reichen. An der Westseite neben dem Turm führt eine Tür mit der Jahreszahl 1612 im Eselsrückensturz zu den Emporen führt.

Am hohen romanischen Chorbogen finden sich bedeutende Malereireste der Zeit um 1200 und um 1400, außerdem ein großes Tumbagrabmal der Zeit um 1600.

Der ausdrucksvolle, mehrfach geschweifte Turmhelm mit Laterne gehört erst dem 18. Jahrhundert an.

Romanik und Frühgotik

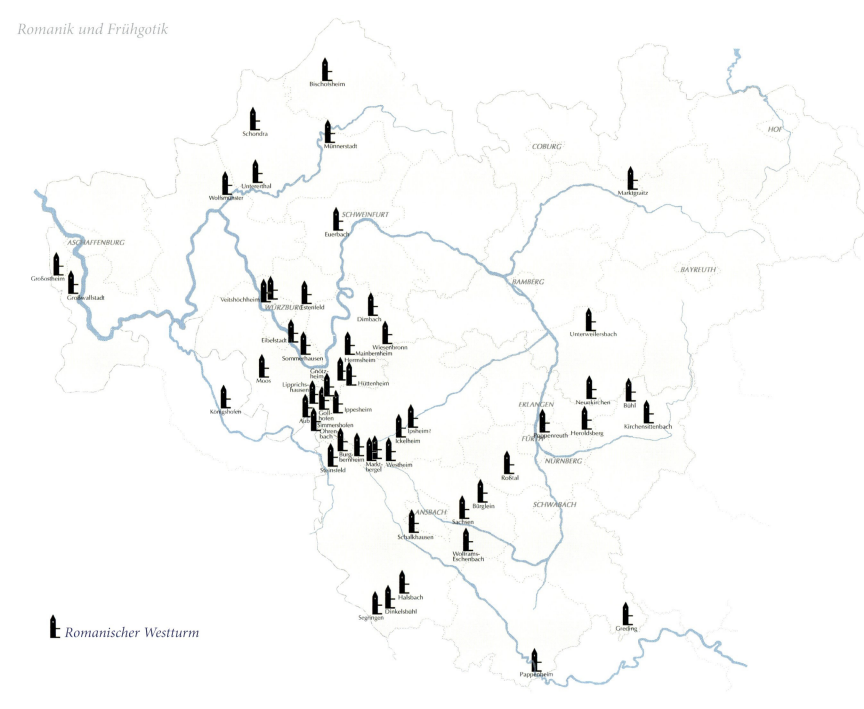

Rund 50 Beispiele von romanisch-frühgotischen Kirchen mit Westtürmen können wir heute noch zählen – also etwa nur ein Fünftel der Zahl der Chorturmkirchen. Auch hier gilt, dass vielfach nur noch der Turm erhalten ist, Langhaus und Chor häufig völlig erneuert sind. Eigenartigerweise zeigt sich ein ähnliches Verbreitungsbild wie bei den Chorturmkirchen. So finden sich wiederum im Steigerwaldvorland, an der nördlichen Frankenhöhe und im südlichen Maindreieck besonders viele Beispiele, beide Formen schließen sich also keineswegs von ihrem Vorkommen her gesehen einander aus.

Es lässt sich aber nicht übersehen, dass viele (aber durchaus nicht alle) Westturmkirchen gerade in den größeren und bedeutenderen, oft verkehrsgünstig und verkehrswichtig gelegenen Orten gebaut wurden, darunter sind viele Marktflecken oder gar (spätere) Kleinststädte, wie etwa Burgbernheim. Diese nicht mehr rein dörflichen Beispiele sind auf der Verbreitungskarte ebenfalls mit eingezeichnet.

Romanik und Frühgotik

BURGBERNHEIM an der Frankenhöhe, St. Johannes der Täufer, Die vier unteren Geschoße des Westturms sind um 1250 anzusetzen, während das Portal an der Südseite des Langhauses von einem älteren Bau, möglicherweise von 1102, stammt → *Abb. S. 103*. Die erhöht über dem Ort liegende Kirche war einst stark befestigt, davon haben sich noch das Tor und ein Turm erhalten.

STEINSFELD bei Rothenburg, St. Maria. Der schlanke, hohe Westturm mit seinen Biforien beherrscht weit herum die Gegend und dürfte wie das beeindruckende Portal → *Abb. S. 102* um 1150 entstanden sein, nur das oberste Geschoß mit dem spitzen Helm wurde erst im 14. Jahrhundert aufgesetzt.

Romanik und Frühgotik

Flankenturmkirchen

Eine dritte Möglichkeit, den Turm an der Kirche anzuordnen, zeigt uns der Flankenturm, der weder an der Kirchenwestseite noch über dem Chor im Osten, sondern seitlich am Chor zu stehen kommt, meist an der Nordseite (nördlicher Flankenturm), seltener an der Südseite. Der Flankenturm greift im gewissen Sinn die Lage der Sakristei auf, über der er sich im allgemeinen erhebt. Es gibt also recht enge Beziehungen zum Chorturm, denn auch die Sakristei ist ja ein „sakraler" Ort, der dadurch turmmäßig betont wird; der Flankenturm steht zwar nicht über, aber am Chor, also letztlich auch im Osten. Diese Anordnung erinnert noch mehr als bei den Chortürmen an die in Süddeutschland so beliebte Stellung der Osttürme, wie sie etwa bei Klosterkirchen zu finden ist.

Vor 1300 sind Flankentürme noch relativ selten, wir können nur rund 20 verzeichnen. Wie bei den Westturmkirchen finden sie sich vorwiegend an Kirchen bedeutender Orte. Und sie scheinen erst gegen Ende der romanisch-frühgotischen Epoche aufzukommen. Ihre eigentliche Zeit ist die Gotik, in der Flankentürme nicht nur bei großen, sondern durchaus auch bei kleinen Kirchen, ja sogar Kapellen vorkommen.

Flankenturm über Sakristei

Langhaus/Saal — Chor

Schema einer Flankenturmkirche

Romanische Flankenturmkirchen in Franken

12 Randersacker

Sinnbronn bei Dinkelsbühl, St. Peter. Von der bis heute mit Mauer, Tor und Türmen umgebenen Kirche hat sich aus der Romanik der mächtige und im abgesetzten Obergeschoß gegliederte Flankenturm an der Nordseite des Chors am besten erhalten (das Oktogon darüber 18. Jahrhundert) → Abb. S. 110.

Randersacker bei Würzburg, St. Stephan. Der südliche Flankenturm gehört zu den schönsten romanischen Kirchtürmen in Franken.

Er ist schon zur Bauzeit in vier, z. T. sehr hohen Geschoßen angelegt und besitzt eine starke plastische Durchgliederung, die nach oben zu immer „reicher" wird, mit Lisenen, Rundbogenfriesen und vorgelegten mittigen Halbsäulen → *Abb. S. 57.* Die Bauzeit des Turmes scheint sich über eine längere Zeit hingezogen zu haben, das letzte Obergeschoß wird erst um 1250 anzusetzen sein, der Chor wird frühes 14. Jahrhundert sein.

Die direkte bauliche Beziehung zum heute basilikalen Langhaus ist unklar, doch wird es sich ursprünglich um einen relativ großen einschiffigen Saal gehandelt haben, dem sich östlich ein etwas schmälerer Rechteckchor anschloss; Mauerteile davon sind im heutigen gotisierten und barockisierten Bau erhalten.

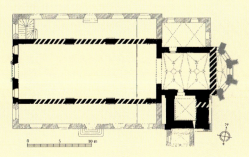

Grundriss schwarz: romanischer Bau, schraffiert: ergänzt, grau: gotischer Chor, grau schraffiert: barocke Erweiterung

Romanik und Frühgotik

Rundkirchen

Eine von den bisherigen Beispielen völlig abweichende Form stellen die Rund- oder Zentralkirchen dar, von denen es freilich aus romanischer Zeit (aber auch aus den späteren Epochen) in Franken nur ganz wenige Beispiele gibt.

Eines davon ist die kleine Rundkirche in Altenfurt bei Nürnberg, die in die Zeit um 1150 datiert wird und deren einstige Bedeutung bis heute rätselhaft ist. Wurde dieser klassische Rundbau mit der kleinen runden Apsis überhaupt als Dorfkirche gebaut oder war er nicht eher als Taufkirche gedacht, oder ist es nur eine Burgkapelle, zumal er ja bis heute beim Altenfurter Herrenhaus steht? Am meisten erinnert die Bauform an Rundbauten in Böhmen und Österreich, wo sie auf dem Kirchhof stehen und häufig als Karner, also als Beinhaus mit Kapelle dienen. Der Altenfurt nächste Bau dieser Art ist der „Rundkarner" in Perschen bei Nabburg. Doch Karner sind zweigeschoßig – die Rundkirche in Altenfurt hat keinen entsprechenden „Unterbau".

Ähnliche Fragen werfen die drei in Seitentälern des Taubertals versteckten, deutlich größeren Zentralbauten auf, die nicht rund, sondern achteckig angelegt sind. Sie stehen in Grünsfeldhausen, Oberwittighausen und Standorf, einst soll auch noch in Gaurettersheim im Ochsenfurter Gau ein vergleichbarer Bau gewesen sein. Alle werden in die Zeit um 1200 oder kurz danach datiert und vor allem Oberwittighausen zeichnet sich durch den ungewöhnlichen Bildschmuck seines Portals aus. Auch hier wurde die Frage nach der Funktion als Taufkapelle gestellt, noch wahrscheinlicher scheint aber, dass sie als Nachbildung der Jerusalemer Grabeskirche errichtet wurden und so im Zusammenhang mit den Kreuzzügen stehen. Das könnte aber auch für die Altenfurter Kapelle zutreffen, steht sie doch an einem alten Pilgerweg nach Süden.

oben Im heutigen Nürnberger Vorort ALTENFURT steht etwas verloren die kleine, Johannes dem Täufer und der Katharina von Alexandrien geweihte Rundkapelle aus roten Burgsandsteinquadern. Das Innere ist steingewölbt und besitzt Malereireste in der Kuppel. Die Kapelle verdankt ihr heutiges Aussehen der Erneuerung nach dem 2. Weltkrieg.

links Die wohl kurz nach 1200 erbaute Kapelle St. Sigismund in OBERWITTIGHAUSEN liegt erhöht am nordwestlichen Dorfrand. Der Turm wurde erst nachträglich, um 1300, aufgeführt, sein durchbrochener kräftiger Unterbau verstellt heute den Innenraum.

Die um 1200 ganz aus Quadern erbaute Kirche St. Achatius in GRÜNSFELDHAUSEN *bei Grünsfeld steckt noch heute fast im Boden, aus dem sie erst bei der durchgreifenden, etwas zu unsensibel ausgefallenen Restaurierung 1906 wieder herausgeholt wurde. Der kleine Chor ist ebenso im Achteck angelegt wie der Hauptbau, der achteckige Turm dazwischen ist etwas jünger.*

Romanik und Frühgotik

Das romanische Dach

Romanische hölzerne Dachwerke haben sich auf fränkischen Dorfkirchen nur in geringen Resten erhalten – oder sind noch nicht entdeckt. Dabei wären gerade sie für eine exakte, sichere Datierung mit Hilfe der Dendrochronologie so wichtig. Trotzdem lassen sich anhand der wenigen Hinweise und im Vergleich mit anderen Regionen und städtischen bzw. klösterlichen Bauten durchaus Hinweise auf romanische Dächer gewinnen.

Eines der auffallendsten Merkmale romanischer Dächer ist die relativ geringe Dachneigung, die sich freilich nur in einigen Fällen zumindest von der Form her erhalten hat. Doch können wir auch die ursprüngliche Neigung der Sparren, auch wenn das eigentliche Dachwerk längst durch ein jüngeres und zumeist steileres ersetzt wurde, anhand von Spuren in den Giebelmauern – Abdrücke, Stein- und Schichtenwechsel – noch relativ deutlich erkennen und nachmessen. Danach schwankt die Dachneigung zwischen etwa 35 und 45 Grad: in der Kirche von Bettenfeld sind es etwa 35 Grad, in der von Laubendorf ungefähr 40 Grad und in der bedeutenden Kirche in Detwang circa 45 Grad.

Aufs Große gesehen geht die Entwicklung im Mittelalter zu immer steileren Dächern, wobei bereits in der Zeit kurz nach 1300 vereinzelt die 60 Grad erreicht werden, die auch später nur selten geringfügig überschritten werden. Ob es aber auch innerhalb der engeren romanischen Epoche, sagen wir zwischen 1000 und 1250, eine ständige Steigerung von flacheren zu immer steileren Dächern gegeben hat, scheint nur bedingt zuzutreffen. Demnach müsste ja das Detwanger Dach mit 45 Grad das jüngste in unserer Reihe sein, aber gerade für Detwang können wir mit einem Datierungsanhalt von 1150 ein relativ frühes Baudatum wahrscheinlich machen, während Laubendorf mit seinen Zangenlochquadern eigentlich erst ab 1200 denkbar ist – aber mit 40 Grad eine flachere Dachneigung besitzt.

URPHERTSHOFEN bei Bad Windsheim → Abb. S. 378, Blick auf den Westgiebel der wohl kurz nach 1200 gebauten Kirche, da ein im Turm vermauertes Auflageholz für eine Balkenlage auf 1216±5 datiert werden konnte – die erste urkundliche Erwähnung des Ortes fällt in das Jahr 1214. Das Dach besitzt eine Neigung von etwa 45 Grad. Die kreuzförmige Lichtöffnung im Giebel könnte bauzeitlich sein. Das heute vorhandene Dachwerk selbst stammt erst aus der Zeit um 1700, nimmt aber die alte Dachneigung wieder auf, ähnlich wie bei der Kirche in Stettberg →Abb. S. 92.

Romanik und Frühgotik

links BETTENFELD bei Rothenburg → *Abb. S. 68, Blick auf den Ostgiebel im Dachraum über dem Langhaus, rechts Tür zum Chorturm. Deutlich zu erkennen ist an der unterschiedlichen Mauerung die Linie der ursprünglich flacheren Dachneigung.*

oben In der zeichnerischen Umsetzung ist diese zur ersten Bauphase gehörende flachgiebelige Ostwand des Langhauses noch deutlicher zu erkennen.

LAUBENDORF *bei Fürth, Blick auf den Westgiebel im Dachraum über dem Langhaus. Deutlich zu erkennen ist der ältere aus großen Quadern mit Zangenlöchern errichtete Giebelteil mit flacher Dachlinie, das Brockenmauerwerk gehört zum erhaltenen, 1405 d datierten steileren Dachstuhl.*

DETWANG *bei Rothenburg 7, Blick auf den Westgiebel im Dachraum über dem Langhaus. Die Kante des ursprünglichen Dachgiebels zeichnet sich deutlich gegenüber dem zurückspringenden jüngeren Mauerwerk ab, das zum steileren, 1432 datierten Dachstuhl gehört →* Abb. S. 185.

87

Romanik und Frühgotik

oben von links nach rechts Romanische Kragsteine am Dachfuß:
Rosstal *bei Fürth, Blick auf den Westgiebel von Südosten mit profiliertem Ortgang und auskragender Traufe* – Frommetsfelden *bei Ansbach → Abb. S. 106, Südwesteck –* Stettberg *bei Rothenburg, St. Nikolaus → Abb. S. 92, Nordwesteck –* Bettenfeld *bei Rothenburg → Abb. S. 87, Nordwesteck.*

Wir können anhand von Abdrücken und Spuren im Giebelmauerwerk aber nicht nur die Dachneigung einstiger romanischer Dächer ermitteln, sondern auch die Traufbildung am Dachfuß. Offenbar liebte man in der Romanik eine deutliche Vorkragung des Daches, denn mehrfach haben sich noch die alten Kragsteine dafür an den Giebelecken erhalten, die außerdem gerne besonders sorgfältig mit Profilen und Rundstäben ausgestaltet sind, ja gelegentlich sogar Tier- oder Menschengestalt annehmen.

oben von links nach rechts Verzierte romanische Kragsteine am Dachfuß:
Beyerberg *bei Dinkelsbühl, St. Walburga und Nikolaus → Abb. S. 107, Nordwesteck mit die Auskragung „haltenden" Armen und Händen sowie Reliefs (Kreuz, Frau?) –* Segringen *bei Dinkelsbühl → Abb. S. 78, Nordosteck des Langhauses, Auskragung in Tierform? –* Gülchsheim *bei Uffenheim, Südosteck und darunter kopfartige Konsole in Langhausmitte an der Nordseite.*

Romanik und Frühgotik

Zumindest in Ansätzen haben wir auch ganz konkrete „hölzerne Relikte" romanischer Kirchendachwerke. Eines der am besten erhaltenen findet sich in Heilsbronn über dem Refektorium des einstigen Zisterzienserklosters – keine Dorfkirche zwar, aber doch in den Formen unserer Meinung nach durchaus auch über Dorfkirchen denkbar. Es kann um 1240 d datiert werden und zeigt die für das 11. bis 13. Jahrhundert typische Konstruktion eines reinen Sparrendaches: jedem Balken ist ein Sparrenpaar zugeordnet, außerdem gehören dazu vom Sparren zum Balken laufende schräge Hölzer (Sparrenstreben) und ein Kehlbalken, alle Verbindungen sind geblattet.

Wesentlich weiter zurück führen uns Hölzer des Dachstuhls über der St. Johanniskirche in Brendlorenzen 9. Darunter sind Dachbalken und Sparren von 1120-25 d bzw. 1188 d. Es fehlt der Kehlbalken, dafür sind die Sparrenstreben steiler angeordnet[3]. In etwa die gleiche Zeit, also das 12. Jahrhundert, könnten auch die wohl an originaler Stelle liegenden Dachbalken der Kirche in Kirnberg zurückgehen, vom übrigen Dachwerk hat sich nichts erhalten. Offenbar besaß es jeweils verdoppelte, sehr steile, fast senkrecht angeordnete Sparrenstreben – ein vergleichbares Dachwerk von etwa 1180 d findet sich auf der Klosterkirche in Billigheim bei Mosbach am Neckar.

Diese einfachen, nur aus gleichen Sparrengebinden bestehenden Dachkonstruktionen bleiben offenbar bis ins frühe 14. Jahrhundert in Anwendung, wie etwa das ansonsten steilere Dachwerk der Kirche in Urphar 35 von 1302 d zeigt. Einen ähnlich steilen Dachstuhl, mit doppelter Kehlbalken, wohl um 1290, besitzt auch die Kirche in Oberfeldbrecht (→ Abb. S. 75).

Keine brauchbaren Hinweise besitzen wir bisher in Franken auf die einstige Dachdeckung der romanischen Dorfkirchen. Strohdeckung erscheint doch eher unwahrscheinlich, an sich sind Hohlziegel oder auch genagelte Schindeln denkbar; in Neckartailfingen bei Tübingen ist sogar schon für 1110 d ein Dach mit flachen Ziegeln (Taschen, Platten, Breitziegel) nachgewiesen[4].

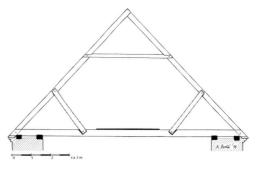

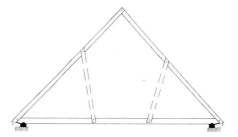

oben Kirnberg *bei Rothenburg* 1, *Blick von oben auf die Dachbalkenlage mit Blattsitzen für doppelte Sparrenstreben, vor 1200?*

rechts oben Heilsbronn, *ehem. Refektorium des Klosters, Querschnittskizze des „klassischen" spätromanischen Dachwerks, um 1240.*

rechts unten Brendlorenzen *bei Bad Neustadt* 9, *Querschnittskizze, Rekonstruktion des Zustandes um 1125 d bzw. 1188 d anhand der zweitverwendeten Hölzer im heutigen Dachstuhl von 1711 d (nach Thomas Eißing 2008³).*

Romanische Portale

Bei dem im allgemeinen schlichten Aussehen romanischer Dorfkirchen bildet das Eingangsportal bereits einen gewissen gestalterischen Höhepunkt. Eine Tür hat nicht nur eine rein praktische, sondern durchaus auch symbolische Bedeutung, mit dem Gang durch eine Tür betritt man eine „andere" Welt.

Eine Tür und auch ein Kirchenportal ist jedenfalls so etwas wie die Visitenkarte eines Gebäudes. Sie erfährt gerade in der älteren Architektur, ganz besonders bei einem Sakralbau eine besonders überlegte und sorgfältige Gestaltung. An ihr finden sich am ehesten zeittypische Stilelemente, die eine Datierung eines sonst ganz einfachen Baus erleichtern können. Doch leider sind die ursprünglichen Portale nur bei gerade einmal jeder sechsten der romanischen Kirchen vorhanden, da verständlicherweise gerade sie bei Erneuerungen der Zeitmode angepasst wurden.

Den meisten Kirchen genügt *ein* Eingang, er findet sich überwiegend auf der dem Dorf zugewandten Längsseite des Langhauses. Dieses Längsseitenportal musste vielfach später einem Westportal weichen, wurde dann vermauert und hat sich so zumindest als Torso erhalten können. Eine zweite, an der westlichen Giebelseite oder der anderen Längsseite gelegene Eingangstür

Romanische Kirchenportale haben schon immer eine besondere Wertschätzung erfahren. Beim Abbruch der alten Pfarrkirche von OTTENHOFEN *bei Bad Windsheim 1911 hat man das einstige Portal der romanischen Chorturmkirche in die alte Kirchhofmauer versetzt, während man die neue Kirche an anderer Stelle im Dorf errichtete. So ist uns ein außerordentlich fein gearbeitetes Architekturstück der Zeit um 1200 erhalten geblieben, das auch einer städtischen Kirche Ehre machen würde.*

Romanik und Frühgotik

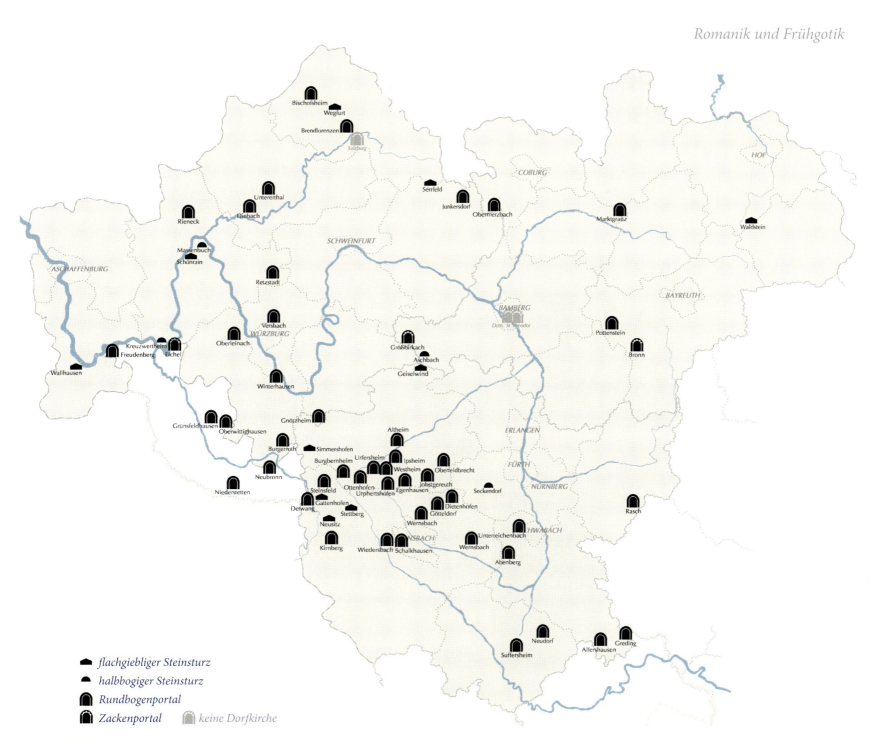

- flachgiebliger Steinsturz
- halbbogiger Steinsturz
- Rundbogenportal
- Zackenportal   keine Dorfkirche

*Verbreitungskarte der romanischen Kirchenportale an Dorfkirchen.
Sie sind über ganz Franken verstreut, aber mit einem deutlichen
Schwerpunkt der Verbreitung im nordwestlichen Mittelfranken.*

findet sich seltener, etwa in Detwang oder St. Kunigund; dort ist auch gegenüber der Südtür an der Nordseite eine weitere Tür vorhanden. Vielleicht ist die zweite oder gar dritte Tür der Größe der Kirche und dem hohen Andrang an Gläubigen und Wallfahrern geschuldet.

Eine gewisse zeitliche Entwicklung lässt sich anhand der überlieferten Türformen nur eingeschränkt aufzeigen, wofür auch die mangelnden exakten Datierungen verantwortlich sind. Insgesamt geht vermutlich die Tendenz von zunächst eher einfachen, ja klobigen Formen zu einer immer stärkeren Verfeinerung und Verzierung der Portale.

Romanik und Frühgotik

Der „Zyklopensturz"

Aus der Frühzeit der europäischen Baukultur, etwa im griechischen Mykene oder im englischen Stonehenge, kennt man das Bauen mit riesigen, zyklopenhaften Steinen. Fast wie eine Erinnerung daran wirken die aus nur einem großen Stein bestehenden Türstürze, die wir bei einigen romanischen Dorfkirchen feststellen können.

Den gewaltigsten Sturz besitzt wohl die Kirche in Stettberg, hoch gelegen an der oberen Altmühl. Er bildet bis heute den oberen Abschluss der südlichen Eingangstür: etwa 2, 20 Meter breit, 90 cm hoch. Der sicher ungewollte antikische Bezug wird noch dadurch verstärkt, dass der Steinsturz einen sehr exakt ausgearbeiteten flachgiebeligen Umriss besitzt, ähnlich einem antiken Tempelgiebel. Diese Form des Sturzes mit der Verstärkung in der Mitte hat jedoch auch eine wichtige statische Funktion: so konnte ein Brechen des Steinsturzes durch die aufliegende Mauerlast darüber verhindert werden.

links Südliches Eingangsportal mit dem mächtigen flachgiebligen Steinsturz in Stettberg *bei Rothenburg. Über der Tür Quadermauerwerk, die Steine ohne Zangenlöcher, das Rundbogenfensterchen wohl gleiche Bauzeit wie der Türsturz → Abb. S. 107.*

unten von links nach rechts Flachgieblige Steinstürze:
Serrfeld *im Grabfeld, Kirche St. Maria → Abb. S. 169, zugesetzte Südtüre (heute eine barocke Westtüre)* – Simmershofen *bei Uffenheim, Kapelle Heilig-Kreuz* 6, *Nordtür mit nur gering überhöhtem Sturz*[5] – Neusitz *bei Rothenburg, Kirche Heilig Kreuz, zugesetzte Tür an der Nordseite.*

Vergleichbare, aber deutlich kleinere und nicht so akkurate flachgiebelige oder halbrunde Steinstürze finden sich an einigen weiteren Kirchen und einstigen Burgkapellen. Sie sind z. T. später vermauert oder als Spolie an anderer Stelle eingemauert. Dies und die sehr einfache Form deuten darauf hin, dass die zyklopenartigen Steinstürze wohl zur Ausstattung der ältesten Dorfkirchen gehören, typologisch also die früheste Schicht der Eingangstüren bilden.

Verlässliche Datierungen fehlen leider. Einige der Steinstürze sind mit Reliefs verziert, die eine Entstehung um 1100 denkbar machen. Wesentlich weiter zurückführen könnte der nur als Torso erhaltene Steinsturz der Kirche in Gattenhofen, der mit seinem linienhaft eingemeißelten Kreuzen in die Zeit vor bis um 1000 gesetzt werden kann.

rechts von oben nach unten Steinstürze

GEISELWIND im Steigerwald, St. Burkard, an der nördlichen Langhauswand eingemauerter Sturz, um 1100? – WEGFURT in der Rhön, St. Peter und Paul, neben dem heutigen Südportal von 1603 eingemauerter Sturz, „frühromanisch", um 1050-1100? – MASSENBUCH bei Gemünden am Main, St. Egidius, über der Westtüre eingesetztes halbrundes Steinrelief mit der Darstellung von zwei Löwen unter einem Baum, frühes 12. Jahrhundert, Buntsandstein. Die Herkunft von dem nahen, einstigen Kloster und späteren Schloss Schönrain (dort ebenfalls ein Zyklopensturz erhalten) ist unbewiesen – KREUZWERTHEIM bei Wertheim, Pfarrkirche, Sturz der Südtür, wohl um 1200.

links und rechts

GATTENHOFEN bei Rothenburg, St. Michael. An der Nordseite des Langhauses sind eine zugesetzte Tür mit einem mächtigen zyklopenhaften Steinsturz, diesmal ohne flachgeblige Verstärkung, und ein Rest eines verzierten gieblichen Steinsturzes zu finden, die auf eine Zeit vor 1000 hindeuten.

Romanik und Frühgotik

Der Rundbogen

Das Stilmittel der Romanik ist der Rundbogen, ihn finden wir auch in der Mehrzahl an den Portalen der Dorfkirchen wieder: als halbkreisförmigen Türabschluss, gesetzt aus drei oder wesentlich mehr exakt bearbeiteten keilförmigen Steinen, im einfachsten Fall glatt und ohne jedes Profil, dann abgestuft in mehreren Ebenen, mit Wulsten und Stäben belegt, mit Zacken versehen, von Säulen begleitet oder in einen Rahmen gestellt. Es lassen sich daran auch schon gewisse regionale Formkreise erkennen, bis hin zu möglichen Abhängigkeiten von den großen Kloster- und Bischofskirchen.

Eine zwar durchweg schlichte, aber dabei trotzdem sehr sorgfältige Ausführung erfahren die untergeordneten, nicht für den Gottesdienstbesucher gedachten Türen. Das gilt beispielsweise für den Zugang zum Turm, der bei wehrhaften Chorturmkirchen versteckt nur über eine Tür im Dachraum zu erreichen ist (→ S. 68), während der Zutritt zum Westturm vom Kirchenschiff aus erfolgen kann.

ganz oben EGENHAUSEN *bei Bad Windsheim, mit Rundstab verziertes Hauptportal am Westgiebel;*

darunter ALTHEIM *bei Bad Windsheim, profiliertes Südportal, um 1220 (Turmbalken von 1219 d)* → *Abb. S. 30.*

UNTERREICHENBACH *bei Schwabach, profiliertes Südportal*

Romanik und Frühgotik

links Die bedeutende Kirche in BRENDLORENZEN 9, besitzt ein breites, mit Schiffskehlen verziertes Westportal, das möglicherweise zur Bauphase 1188 d gehört.

rechts Westtüre der Kirche in DIETENHOFEN, möglicherweise Zugang zu einer einstigen Empore.

oben STEINSFELD *bei Rothenburg → Abb. S. 81,* Tür vom Langhaus in den Westturm, Rundbogen mit Kämpfer.

rechts SEGRINGEN *bei Dinkelsbühl → Abb. S. 78,* Portal von der Vorhalle im Westturm in das Langhaus, Stufengewände mit Säulenbasen.

Romanik und Frühgotik

Das Stufenportal

Eine deutlich repräsentativere Wirkung des Portals ergibt sich durch eine Art zweischalige Bauweise, bei der zusammen mit dem seitlichen Türgewände einem größeren äußeren Bogen ein zurückspringender kleinerer innerer Bogen eingeschrieben wird, so dass sich das Portal gleichsam stufenweise in die Wand einschneidet, noch betont durch die stärkere Schattenbildung.

Rundbogenportale dieser Art sind relativ häufig zu finden. Sie ähneln im gewissen Sinn den großen berühmten und reichverzierten trichterförmigen Kirchenportalen wie des Bamberger Doms, reduziert auf das dahinterstehende gestalterische Grundprinzip.

rechts OBERFELDBRECHT *bei Markt Erlbach, Rundbogenportal an der Südseite mit nur schwach zurückspringendem Türfeld und halbkreisförmigem verzierten Tympanon, um 1150?* → *Abb. S. 119.*

rechts KIRNBERG *bei Rothenburg 1, Rundbogenportal an der Südseite mit stufig zurückspringendem Türfeld, am inneren Sturz ein Kreuz eingemeißelt.*

ganz rechts JOBSTGREUTH *bei Bad Windsheim, St. Jobst, in zwei Stufen zurückspringendes Südportal, seitlich am inneren Gewände schlankes „Radkreuz", die innere Türsturzbohle von 1250 d.*

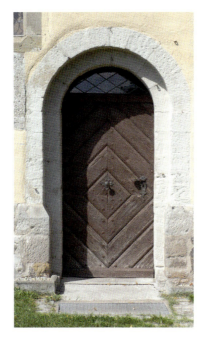

Das Hauptportal in die alte Pfarrkirche von Detwang *bei Rothenburg 7 an der Südseite des Langhauses gehört durch seinen dreistufigen Aufbau, den an den Kanten vorgelegten Stäben mit kleinen Maskenköpfen am oberen Auslauf → Abb. S. 122, den kräftigen Profilen der Basissteine und der Kämpfer zu den qualitätvollsten an fränkischen Dorfkirchen. Es ist anzunehmen, dass es um 1150 errichtet wurde, wie die datierte Hauptbauphase der Kirche.*

Romanik und Frühgotik

Südlich von Bad Windsheim findet sich an vier im Kern romanischen Dorfkirchen eine nahezu identische und auffallend gut erhaltene behäbige Portalform: zweistufiges Gewände, die Kanten mit einem kräftigen Rundstab belegt, keine Kämpfer, nur breite Sockelsteine. Es hat ganz den Anschein, als wären alle vier vom gleichen Steinmetz geschaffen worden, wir vermuten in der Zeit um und kurz nach 1200.

oben links Westheim *bei Bad Windsheim, Nordportal der Westturmkirche; der Sockelbereich des Portals ist gestört;*

oben rechts Urfersheim *bei Bad Windsheim, Nordportal der Chorturmkirche. Der innere Bogen weist statt des Rundstabs eine Kehlung auf;*

unten rechts Götteldorf *auf der Frankenhöhe, Südportal der Chorturmkirche → Abb. S. 74.*

Das am besten erhaltene der vier gleichartig gestalteten Portale findet sich an der Kirche St. Jakobus und Nikolaus in Urphertshofen *bei Bad Windsheim → Abb. S. 378, von der ein Holz im Turm auf 1216±5 datiert werden konnte. Das zeitlich wohl zugehörige Eingangstor der Chorturmkirche liegt auffallenderweise exakt in der Mitte der südlichen Längsseite, während sonst die Tür eher am westlichen Rand einer Längsseite platziert wird. Vielleicht ist dies ein Hinweis auf eine einstige breite Westempore.*

Romanik und Frühgotik

Portal im Rahmen

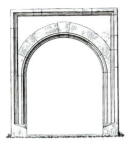

Zweitverwendetes Portal der Kirche in Versbach *bei Würzburg.*

Eine weitere Möglichkeit der gestalterischen Aufwertung für die Eingangstür besteht darin, das Portal mit dem Rundbogen in einen rechteckigen, profilierten Rahmen zu setzen, wie in Versbach bei Würzburg. Der Rahmen kann oben als Rundbogenfries gestaltet sein, wie in Ottenhofen. Dem verwandt erscheint die Lösung in Obermerzbach, wo ein zusätzliches Zierfries zwischen Bogen und Rahmen eingepasst ist.

Stark ornamental verzierte Rahmungen besitzen die Portale der Kirchen in Oberwittighausen → Abb. S. 84 und in Retzstadt bei Würzburg, dort das nahezu einzige sichtbare Überbleibsel der einstigen romanischen Kirche.

oben rechts St. Kunigund *bei Aub* 14, *Südportal der Chorturmkirche. Das zweistufige Portal in der Art von Urphertshofen u. a. → S. 98 f., ist in einem zusätzlichen Rechteckrahmen gestellt, um 1200.*

unten links Gnötzheim *bei Marktbreit* 11, *rundbogiges Südportal der Westturmkirche mit Rundbogenfries am Tympanon. Der umgebende Rahmen ist auf Halbsäulen gestellt.*

unten rechts Ottenhofen *bei Bad Windsheim, ehemaliges Hauptportal, um 1200. Die zweifachen „Wülste" des Rundbogens gehen in Säulen über → Abb. S. 90.*

Romanik und Frühgotik

Das romanische Südportal der kleinen gut erhaltenen Chorturmkirche St. Michael in OBERMERZBACH *am Ostrand der Haßberge 8, ist zwar schlicht, aber mit Rahmung und einem mit einem verschlungenem Seil verzierten Rundbogenfries eines der malerischsten Eingangspforten einer fränkischen Dorfkirche.*

Romanik und Frühgotik

Das Säulenportal

Zur weiteren Steigerung der Repräsentativität tragen Säulen bei, die gleichsam den Rundbogen der Toröffnung „tragen". Verständlicherweise ist diese klassische, schon seit der Antike bekannte Lösung bei Dorfkirchen schon aufgrund des besonderen bildhauerischen Aufwands nur selten anzutreffen. Der Einsatz von Säulen schließt weder eine stufenförmige Anlage noch eine Umrahmung des Portals aus.

Ein einzigartiges Beispiel eines fast monumental wirkenden Säulenportals mit tief eingeschnittener dreifacher Stufung der Säulen findet sich in Burgbernheim, womit die frühe Bedeutung des erst 1954 Stadt gewordenen Ortes unterstrichen wird, denn ein solches Portal kann kaum zu einer „normalen" Dorfkirche gehört haben. Die am inneren Bogen aufgesetzten „Knollen" und ähnlichen Dekorstücke wiederholen sich am Portal der Kirche in Steinsfeld, dessen Stilformen am ehesten in die Zeit um 1150 passen. In diese Zeit, vielleicht auch etwas früher, möchte man auch das ungewöhnlich prächtige Burgbernheimer Portal einordnen; die unsichere Überlieferung spricht immerhin von einer Kirchenweihe in Burgbernheim im Jahr 1102. Aus der ersten Häfte des 12. Jahrhunderts dürfte das sehr reich ornamentierte Oberleinacher Portal sein, wie die (erneuerte?) römische Jahreszahl 1136 am Bogen nahelegt.

oben OBERLEINACH *bei Würzburg, St. Laurentius, Südportal, dreifach gestuft, mit eingestellten Säulchen und Rankenfriesen, am Sturz eingemeißelt* Mcxxxvi → *Abb. S. 61.*

links STEINSFELD *bei Rothenburg* → *Abb. S. 81, Westturmkirche. Zweifach gestuftes Portal der südlichen Langhausseite mit eingestelltem Säulenpaar und Skulpturenschmuck, um 1150. Die Sockelprofile ähneln stark denen des Detwanger Portales* → *Abb. S. 97.*

Romanik und Frühgotik

Südportal von St. Johannis in BURGBERNHEIM *bei Bad Windsheim. Es wurde vom Vorgängerbau in den Langhausneubau von 1876 übernommen, wohl zwischen 1100-1150.*

Romanik und Frühgotik

Das Zackenportal

Die originellste Lösung stellen zweifellos die Portale mit einem rahmenden Zick-Zack-Muster dar. Wir kennen an fränkischen Dorfkirchen nur drei Beispiele und jedes dieser Zackenportale ist formal ganz anders. Das Portal der Kirche in Großbirkach zeigt ein wulstartig um die ganze Türöffnung laufendes Zackenband, wobei die Zacken auffallend unregelmäßig sind, größer am Halbbogen, kleiner an der Vertikalen, mal steiler, mal flacher angelegt. In Eichel beschränkt sich der Zackenfries auf den Halbbogen, die Zacken sind aber ebenfalls in Größe und Form nicht gleich.

Beide Portale wirken bescheiden gegenüber dem der Kirche in Bronn. Es ist geradezu eine Zacken-Orgie, wie hier mit der Wucht von in sechs zurückspringenden Stufen ein ekstatischer Portal-Trichter gebildet wird, der seinesgleichen sucht. Es wechseln sich kantige mit wulstigen Formen ab, letztere entwickeln sich aus eingestellten Dreiviertelsäulen, die erst im Halbbogen zu Zacken werden.

Als Vorbild gilt die normannische Baukunst; in unseren Fällen liegen freilich Vorbilder in Bamberg näher, wie die Adamspforte des Bamberger Doms und das Westportal von St. Theodor in Bamberg, die Zackenfriese besitzen, ebenso wie das Eingangstor der Salzburg bei Bad Neustadt. Aber gegenüber den grob-großartigen Bronner Zacken machen sie ebenfalls kaum etwas her.

 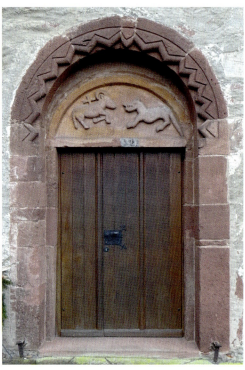

Südportal St. Johannis in Grossbirkach *13, und St. Veit in* Eichel *→ Abb. S. 216.*

rechte Seite *Das großartigste romanische Portal einer Dorfkirche findet sich an St. Katharina und St. Jakobus in* Bronn *bei Pegnitz, einer Gegend, in der sonst kaum romanische Spuren vorhanden sind. Es handelt sich um eine kleine Chorturmkirche, weitgehend ein Neubau des späten 17. und des 18. Jahrhunderts. Das Nordportal wurde offenbar vom Vorgängerbau übernommen und entstand wohl, wie auch die beiden anderen Zackenportale, um bis kurz nach 1200.*

Romanik und Frühgotik

Romanische Fenster

Wie bei den Portalen so überwiegen auch bei den Fenstern die Ausführungen mit halbkreisförmigem Abschluss, also mit Rundbogen. Während sich aber anhand der Größe des Portals kaum eine zeitliche Einordnung vornehmen lässt, deuten sich bei den Fenstern zumindest gewisse Tendenzen an: von kleinen und sehr schlichten Formen zu größeren, vor allem längeren und aufwändiger gestalteten Lichtöffnungen.

Zur Eigenart romanischer Fenster zählen ihr schlitzartiger Charakter, die hohe Lage in der Wand und die schrägen, weit in die starken Mauern eindringenden Fensterlaibungen. Relativ selten sind

die Öffnungen in Bruchstein ausgeführt und geraten dabei grob und unregelmäßig, wie etwa das vermutlich besonders frühe Beispiel in Simmershofen. Ansonsten finden sich meist sorgfältig aus Hausteinen gefügte Fensterlaibungen, selbst wenn die Wände nur in Bruchstein gemauert sein sollten. Der Sturz wird dabei fast immer aus nur einem einzigen, an der Unterseite halbrund ausgeformten Stein gebildet, ist also ein „Monolith", auch die weiteren Steine zur Fensterbildung fallen gerne besonders groß aus, so dass dann nur wenige Steine die Fensterrahmung bilden.

oben Kaum Fenster, nur „Lichtlöcher": drei winzige, in die südliche, aus Bruchsteinen gemauerte Wand eingelassene rundbogige Öffnungen sind die einzige Lichtquelle im Langhaus der Heilig-Kreuzkapelle in SIMMERSHOFEN 6, vielleicht noch vor 1100.

unten von links nach rechts Romanische Chorfensterchen des 12. Jahrhunderts: ALTERSHAUSEN bei Scheinfeld, Bruchstein mit Innenrahmen – UNTERREICHENBACH bei Schwabach – FROMMETSFELDEN bei Ansbach – UNTERSCHLAUERSBACH bei Fürth, die letzteren Sandsteinquader mit monolithen Sturz.

Romanik und Frühgotik

An den Langhauswänden haben sich die romanischen Fensterchen selten unversehrt und vollständig erhalten. Meist wurden sie später vermauert und erst im Zuge von Sanierungsmaßnahmen wieder sichtbar, oft beschränkt sich dies auf eine Spur im Mauerwerk, den monolithen Sturz etwa. Am häufigsten können wir sie als östliches Chorfenster beobachten.

Selten gibt es reichere Ausführungen mit Profilen, Kerbschnittmustern, aufgesetzten „Kugeln", um nur einige Beispiele zu nennen.

oben Von den einst wohl vier Fenstern an der aus Quadern errichteten Langhaussüdseite haben sich in STETTBERG zwei erhalten, um 1150; links im Anschnitt der flachgieblige Sturz der Tür → *Abb. S. 92*.

unten von links nach rechts Romanische Langhausfensterchen mit Verzierung und monolithen Sturz: KLEINLANGHEIM bei Kitzingen, mit Kerbschnittsternen – ST. KUNIGUND bei Aub 14, mit feinen umlaufenden Profilen – DETWANG bei Rothenburg 7, mit aufgesetzten verzierten Kugeln, wohl um 1150 – BEYERBERG bei Dinkelsbühl, der rundbogige Sturz des Chorfensters wird aus acht Keilsteinen gebildet

oben von links nach rechts Einfache Spitzbögen an Fenstern des frühen 13. Jahrhunderts: HALSBACH bei Dinkelsbühl →Abb. S. 25, Südapsis mit spitzbogigem Ostfenster – GRABEN bei Weißenburg, Fenster am Chor – MORATNEUSTETTEN bei Ansbach, Chorfenster – NEUNSTETTEN bei Ansbach, Fenster am Langhaus – NEUKIRCHEN bei Sachsen, Fenster am Langhaus → Abb. S. 63.

links Aus einem Stein herausgehauen: schmales Spitzbogenfenster der Zeit um 1250 an der Sakristei in UNTERESCHENBACH bei Hammelburg → Abb. S. 30.

unten von links nach rechts Schlanke hohe, aber einfache Spitzbogenfenster, alle wohl erst nach 1250 bis kurz vor 1300: NEUSITZ bei Rothenburg, Chorfenster – UNTERALTENBERNHEIM bei Bad Windsheim, vermauertes Fenster am Langhaus – PRETZDORF bei Höchstadt an der Aisch, Chorfenster mit „ausgezogener" Spitze.

Frühestens ab 1220 erfolgt bei den Fenstern ein allmählicher und fast unmerklicher Übergang vom Rundbogen zum Spitzbogen, ansonsten ändert sich zunächst am schlitzartigen Charakter kaum etwas – nur das eben eine kleine „Spitze" eingebaut wird. Es scheint so, dass beide Formen lange nebeneinander herlaufen. Eine weitere allmähliche Entwicklung in Richtung „Gotik" macht sich ab etwa 1250 vermehrt bemerkbar: die Fenster werden immer länger und spitzer, bleiben aber sehr schmal und lanzettförmig, verzichten auf Maßwerk.

Zwillingsfenster / Biforien

Charakteristisch für romanische Türme, und das gilt neben den Stadt- und Klosterkirchen auch für die Dorfkirchen, sind die Zwillingsfenster oder *Biforien*, mit denen vor allem das oberste Geschoß des Turmes, in dem die Glocken hängen, ausgezeichnet wird, d. h. es sind dann nicht nur Licht- sondern auch Schallöffnungen. Und sie sind größer als das was man sonst von romanischen Fenstern an Dorfkirchen gewöhnt ist. Biforien, die auch in weiteren Turmgeschoßen vorkommen können, sind oft der einzige erhaltene auffällige Schmuck der Kirche. Am Chor oder Langhaus wurden sie offenbar nur in wenigen Ausnahmefällen als zierendes Bauglied eingesetzt.

Das Biforium lässt sich als ein verdoppeltes Rund- oder auch Spitzbogenfenster auffassen, wobei die Bögen und Seitenkanten kantig, meist ohne weitere Zier ausgeführt sind. Die konzentriert sich auf die zwischen den beiden Bögen zurückgesetzt in Mauermitte stehende kantige oder runde Mittelsäule und den darüber befindlichen Kragstein, mit dem der Unterschied zwischen der Mauerstärke und der zurückgesetzten Säule ausgeglichen wird. Die Säule besitzt Basis und Kapitell und kann damit am üblichen „Schmuckrepertoire" der Stilkunst teilnehmen.

Eine typologisch ältere, aber sehr seltene Form des Zwillingsfensters ist aus einem einzigen Stein gefertigt, in dem die beiden rundbogigen „Schlitze" herausgearbeitet sind. Wir finden es in Zweitverwendung an der Kirchhofmauer in Detwang eingemauert. Ähnliche Formen gibt es als sog. Plattenfenster mit kreisrunden Öffnungen.

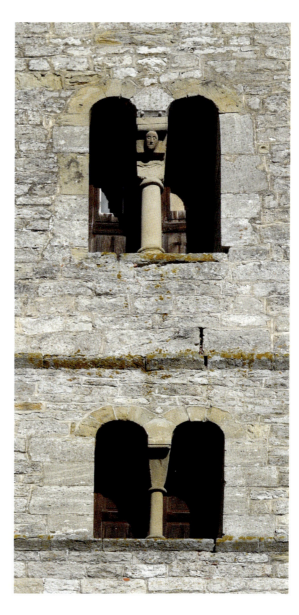

St. Peter und Paul in **Detwang** *7*

rechts *Der um 1150 errichtete mächtige Turm besitzt in zwei Stockwerken unterschiedlich gestaltete Biforien, das untere schlicht, das obere reicher, mit Würfelkapitell und Maskenkopf.*

links *Das monolithe Zwillingsfenster stammt offenbar von einer deutlich älteren Bauphase, vielleicht vor 1100?*

Romanik und Frühgotik

In der vielfältigen Gestaltung von Rundbogen, Säule und vor allem dem zwischen Säule und Mauerwerk vermittelnden Kragstein lassen sich z. T. enge Beziehungen zu großen und bedeutenden romanischen Bauten der Region finden. Eine genaue Analyse aller erhaltenen Biforien ergäbe sicher lokale Formkreise und würde eine genauere zeitliche Schichtung erlauben.

Doppelrundbogen: Biforien an romanischen Kirchtürmen

oben von links nach rechts BRENDLORENZEN 9, *drittes Turmgeschoß an der Nordseite, Biforium mit achtfachem, zweimal „verknoteten" Bündelpfeiler, vermutlich zur Bauphase 1188 d gehörend –* HERRNSHEIM *bei Iphofen, Biforium am Westturm mit Knospenkapitell;*

links Der um 1150 errichtete hohe Turm der Kirche in STEINSFELD *bei Rothenburg → Abb. S. 81 besitzt in zwei Stockwerken unterschiedlich gestaltete Biforien, im unteren Biforium Säule mit Knospenkapitell, im oberen mit Würfelkapitell und Wellenlinien.*

unten von links nach rechts FROMMETSFELDEN *bei Ansbach, St. Erhard → Abb. S. 88, stabgerahmtes Biforium am Chorturm, um 1220 –* SINNBRONN *bei Dinkelsbühl → Abb. S. 83, Biforium am Flankenturm, runde Säule mit stark verwitterten Blattwerk-Kapitell, um 1200 –* WINTERHAUSEN *bei Ochsenfurt, Biforium am dritten Geschoß des Chorturms, achteckige Säule mit Knospenkapitell, von 1196 d (Balken im Turm)?*

Romanik und Frühgotik

Wie bei den einfachen Fenstern scheint es auch bei den Biforien ab etwa 1220 ein Nebeneinander von Rund- und Spitzbogen zu geben, manchmal offenbar zeitgleich an einem Bau. Gleichzeitig wird vielfach die in die Mauermitte zurückgesetzte freie Säule zugunsten eines einfachen Pfeilers in der Wandflucht aufgegeben, so dass ein zumeist gefastes spitzbogiges Doppelfenster entsteht.

Biforien mit Spitzbogen an romanisch-frühgotischen Kirchtürmen

oben von links nach rechts MAINBERNHEIM *bei Iphofen, Biforium am ehemaligen Westturm, Südseite, noch mit zurückgesetzter Säule. –* MEEDER → *Abb. S. 178, Biforium im dritten Turmgeschoß an der Nordseite mit gefaster Säule, gefastem Kapitell und steilen Spitzbögen, um 1230. –* GROSSOSTHEIM *bei Aschaffenburg* 45*, Biforium mit „Okulus" zwischen den Spitzbögen, eine an Dorfkirchen ungewohnte Form, um 1270.*

rechts Der um 1250 errichtete Chorturm der Kirche in SALZ *bei Bad Neustadt → Abb. S. 174 besitzt unterschiedlich gestaltete Biforien übereinander, wobei das untere spitzbogige erst nach 1250 eingesetzt wurde.*

unten von links nach rechts DOTTENHEIM *bei Bad Windsheim, spitzbogiges Doppelfenster am Chorturm, 1250-1300 –* GÖTTELDORF *bei Ansbach, spitzbogiges Doppelfenster am Chorturm, 1250-1300 –* LEERSTETTEN *bei Schwabach, spitzbogiges Doppelfenster mit „Nasen", wohl um 1300, nun ist die Gotik tatsächlich angekommen.*

Dreierfenster

Eine Besonderheit stellt die Abfolge von drei schlanken Lichtöffnungen, also eine Dreier-Fenstergruppe dar, die zwar in der romanischen Zeitepoche auf Burgen, an Stadt- und Klosterkirchen auch in Franken durchaus geläufig ist, aber etwa, im Unterschied zu Norddeutschland, bei Dorfkirchen in Franken fast gar nicht vorkommt.

Drei der wenigen Ausnahmen finden sich auffallenderweise im östlichen Nürnberger Land. Das zweifellos schönste Beispiel besitzt die bedeutende Chorturmkirche in Ottensoos. Es ist wie in den anderen Fällen auch eine gestaffelte Dreiergruppe, jedoch mit sehr stark überhöhtem Fenster in der Mitte, die Laibungen sind in zwei Stufen tief ins sorgfältige, mit Zangenlöchern versehene Sandsteinquaderwerk eingeschnitten. Es handelt sich um schlanke, noch ganz schlitzartige Fenster, bei denen wir aber wegen der schon leicht spitzbogigen Form mit einer Bauzeit so etwa zwischen 1220 bis um 1250 rechnen dürfen.

OTTENSOOS *bei Lauf, St. Veit* 24, *gestaffelte Dreier-Fenstergruppe an der Ostseite des Chorturmes.*

Romanik und Frühgotik

oben Henfenfeld *bei Hersbruck, St. Nikolaus, östliche Chorwand mit Rundbogenfries und Dreierfenstergruppe, das mittlere im 14. Jahrhundert verändert. Die heute in der Sakristei vorhandenen Glasfenster der Zeit um 1230 → Abb. S. 264, dürften hier eingebaut gewesen sein.* – Offenhausen *bei Hersbruck, St. Nikolaus, Dreierfenstergruppe am Turm.*

rechts außen Vorra *bei Hersbruck, St. Lorenz, heute vom barocken Altar verdecktes „Triforium" in der Ostwand des Chores, oben in der Schrägansicht, darunter zum besseren Verständnis als Schnittzeichnung durch den Chor.*

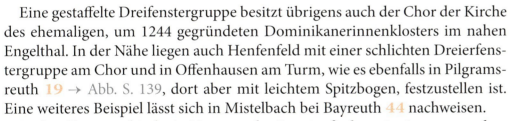

Eine gestaffelte Dreifenstergruppe besitzt übrigens auch der Chor der Kirche des ehemaligen, um 1244 gegründeten Dominikanerinnenklosters im nahen Engelthal. In der Nähe liegen auch Henfenfeld mit einer schlichten Dreierfenstergruppe am Chor und in Offenhausen am Turm, wie es ebenfalls in Pilgramsreuth 19 → Abb. S. 139, dort aber mit leichtem Spitzbogen, festzustellen ist. Eine weiteres Beispiel lässt sich in Mistelbach bei Bayreuth 44 nachweisen.

In der Chorturmkirche in Vorra an der Pegnitz finden wir eine ganz andere Abart einer Dreieröffnung, bei der man an ein *Triforium*, wie es in französischen Kathedralen bekannt ist, denken kann: in einer zum Chor hin geöffneten Nische der Chorrückwand sind zwei freistehende Rundsäulen eingestellt, an den Seiten zwei entsprechende Halbsäulen, darüber wölben sich drei Rundbögen, der mittlere Rundbogen wird durch drei halbrunde Blenden hervorgehoben. Dahinter befindet sich nur ein einfache Rundbogenfenster des Chores, also keine drei wie man anhand der Säulenstellung davor erwarten würde. Diese singuläre Anlage lässt sich auf etwa 1200 datieren.

Völlig anderer Art ist die Dreierfenstergruppe des Chors in Windelsbach, das einzige Beispiel im westlichen Mittelfranken. Drei aus einer Steinplatte herausgearbeitete außerordentlich schmale schlanke Lanzettfenster, das mittlere überhöht, sind in einer Wandnische eingesetzt.

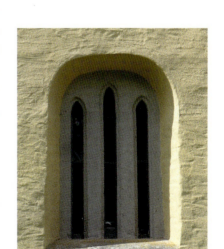

rechts Windelsbach *bei Rothenburg, Dreier-Fenstergruppe an der Ostseite des Chores, wohl um 1250.*

Romanische Bauplastik

Wenn auch die meisten romanische Dorfkirchen nur wenige oder gar keine plastische Bauzier über Portale und Fenster hinaus aufweisen, so lässt sich doch bei einigen (und bei anderen mag das Fehlen auch mit späteren Veränderungen zusammenhängen) eine sehr sorgfältige Durchgestaltung baulicher „Schlüsseldetails" feststellen: Sockel, Kanten, Gesimse, Dachansatz, Ortgang ...

Die schlichteste Form sind wulstartige Profile, die als Gesims unter den Fenstern, als Geschoßtrennung, aber auch in der Sockelzone um den Bau laufen, wobei durch Verdoppelung und Verkröpfung der Aufwand manchmal doch erheblich sein kann.

Die für die Romanik klassische Bauzier stellen freilich die Rundbogenfriese dar, die zumeist als oberer Abschluss von Gesimsteilungen und Wänden eingesetzt werden, am Langhaus, Chor, Turm und an der Apsis.

Die Spannweite reicht von ganz einfachen Bogenreihungen hin zu kräftig plastisch herausgearbeiteten, mit Profilen und Zierbändern oder sogar Ornamenten versehenen Formen, wobei offenbar die reicheren Gestaltungen erst nach 1200 auftreten. Wie bei den Fenstern auch wandelt sich danach allmählich der Rundbogen zum Spitzbogen, wobei beide Ausprägungen durchaus gleichzeitig nebeneinander vorkommen.

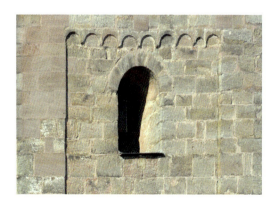

links von oben nach unten

PFOFELD *bei Gunzenhausen* 10, *Langhausgliederung an der Nordseite, mit umlaufendem wulstartigen Profil, zurückgesetzten Blenden und einfachem Rundbogenfries zwischen den hochsitzenden Fenstern, 1125-1139, sowie darunter ähnliche mehrfache waagrechte Profile und Rundbogenfries an der Apsis;*

BÜCHENBACH *bei Roth, St. Willibald, einfache Rundbogenblende am Obergeschoß des Chorturmes, um 1150.*

unten HERRNBERCHTHEIM *bei Uffenheim, Chorturmkirche, umlaufendes, an den Ecklisenen verkröpftes aufwändiges Sockelprofil am Chorturm, um 1250, erneuert 1910.*

Romanik und Frühgotik

Profile und Rundbogenfriese

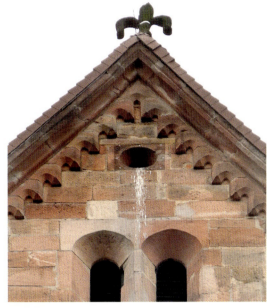

oben Rundbogenfriese:

RASCH bei Altdorf 3, einfaches, nur flach hervortretendes Rundbogenfries am Langhaus, ursprünglich am ganzen Bau einschließlich des Chorturms, um 1100;

EMSKIRCHEN, St. Kilian, kräftiges Rundbogenfries am Chorturm mit abschließendem zarten Zackenband und Profil, um 1220-30;

HERRNSHEIM bei Kitzingen → *Abb. S. 46*, mit zusätzlichen Ornamenten verziertes Rundbogenfries am Westturm, um 1230-50.

rechts oben GROSSOSTHEIM bei Aschaffenburg 45, Spitzbogenfries am Ostgiebel des Rechteck-Chores, um 1250-70;

rechts unten VEITSHÖCHHEIM bei Würzburg, St. Veit, drittes Turmgeschoß, oben mit leicht spitzbogigem Abschlussfries, das ein kräftiges wulstartiges Profil besitzt, wohl 1226±5 d (von Balken im Turmgeschoß), darunter wohl etwas älterer rundbogiges Abschlussfries des zweiten Turmgeschoßes, die Bögen sitzen auf kantigen Konsölchen auf.

unten KIRCHFEMBACH bei Fürth, St. Veit, am Chorturm umlaufendes und mit dem Gelände ansteigendes kräftiges Sockelprofil, um 1250.

Romanik und Frühgotik

Der Chorbogen

Während Bogenfriese vor allem den Außenbau schmücken, ist es im Innern der Chorbogen zwischen Langhaus und Chor oder auch Apsis, an dem sich am ehesten Bauzier festsetzt. Dabei bringt schon der kräftige, ausladende Rundbogen eine gewisse repräsentative Note mit sich. Die wird gesteigert, wenn der Übergang von der Senkrechten zum Rundbogen mit einem sog. *Kämpfer* betont wird, der im einfachsten und häufigen Fall nur aus einer vortretenden, abgeschrägten Platte besteht.

Mit der Mitte des 13. Jahrhunderts wandelt sich wie schon an Portalen und Fenstern der runde zum spitzen Chorbogen, und die Kanten des Bogens werden nun gerne kräftig abgeschrägt (gefast), insgesamt wird er plastischer durchgearbeitet.

oben links PFOFELD *bei Gunzenhausen* 10, *Chorturmkirche, Ostwand des flachgedeckten Chors vor der chorerweiternden Apsis, mit Rundbogen und zart profiliertem Kämpfer, zwischen 1125 und 1139, Malerei 15. Jahrhundert.*

oben rechts ALLMANNSDORF *bei Gunzenhausen, Chorturmkirche → Abb. S. 34, tonnengewölbter Chorraum, davor Chorbogen mit ähnlich wie in Pfofeld profilierten Kämpfern, 1100–1150.*

links DIEBACH *bei Hammelburg, Chorturmkirche → Abb. S. 76. Blick vom Langhaus durch den „ersten" schlichten Chorbogen (erneuert 1681) in den von einem auf laubwerkgeschmückten Eckkonsolen aufsitzenden kreuzrippengewölbten Chorraum zum weiteren, aufwändiger gestalteten Chorbogen vor der Apsis, 1200–1250.*

GROSSBIRKACH bei Ebrach im Steigerwald, St. Johannis der Täufer, Chorturmkirche. Blick durch den doppelten Chorbogen in den Chorraum. Die auf einer Anhöhe über dem Dorf im ummauertem Friedhof liegende Kirche → Abb. S. 22 zählt zu den bedeutendsten romanischen Dorfkirchen Frankens.

Die offenbar komplizierte Baugeschichte ist nicht umfassend geklärt, der älteste Kern könnte in der Zeit um 1050 liegen, wie man anhand einer eingemauerten Reliefs (im Hintergrund, →Abb. S. 58) vermuten kann.

Der ungewöhnlich mächtige und tiefe Chorbogen der Kirche ist zweistufig angelegt. Anders als bei den Portalen geht dies aber offensichtlich auf zwei Bauphasen zurück: der ältere und etwas kleinere, kreisrunde Bogen mit schlichten, abgeschrägten Kämpfern gehört zum Chor, während der direkt anschließende zum Langhaus geöffnete Chorbogen etwas größer ist und einen ganz leichten Spitzbogen sowie einen reich profilierten Kämpfer über einer spitzen Konsole sowie einen vortretenden Sockel besitzt. Vermutlich gehört dieser äußere Chorbogen zur gleichen Bauphase wie die oberen Turmgeschoße, die anhand einer Holzprobe von etwa 1230 d sein könnten.

Damals dürfte also ein neues Langhaus an den älteren, bis dahin turmlosen Chor gebaut worden sein. Dieser könnte zusammen mit dem inneren Chorbogen durchaus auch 100 Jahre älter sein. Das Chorgewölbe wurde in der heutigen Form wohl erst im 15. Jahrhundert eingezogen.

Romanik und Frühgotik

Kämpfer und Kapitelle ...

Der Kämpfer betont die Stelle, an der der Rundbogen beginnt, macht gleichsam die Auflaststelle des Bogens optisch deutlich. Die erwähnte einfache Kämpferform aus Schräge und Platte kann durch Ornamente belebt werden: es lassen sich sich u. a. kreuzende Kreise, Schlingen oder Kerbschnittmuster beobachten.

Säulen mit Basis und Kapitell finden sich vor allem, wie schon vorgestellt, an den Biforien der Türme, im Innenbau sind sie selten. Die wenigen bekannten Beispiele beschränken sich auf kreuzrippengewölbte Räume, also etwa das Chorquadrat wie in Neusitz, oder auch eine Vorhalle, wie in Segringen, in deren Ecken Säulen eingestellt sind, auf denen gleichsam die Rippen über ein reich gearbeitetes Kapitell auflasten. In Katzwang kommt ein in den spitzbogigen Chorbogen eingesetzter, auf seitlichen Säulen mit Kapitell ruhender Bogen hinzu – das Ganze ein Musterbeispiel bereits frühgotischer Proportion und Ornamentik.

rechts Chorbogen-Kämpfer: BELLERSHAUSEN *bei Rothenburg, Chorturmkirche, um 1150 –* HAGENBÜCHACH *bei Neustadt an der Aisch –* OBERMERZBACH *in den Haßbergen* 8, *um 1200.*

links DETWANG *bei Rothenburg, Kirchhoftor → Abb. S. 38, Kämpfer mit einfacher Schräge am Torbogen, um 1150.*

unten SEGRINGEN *bei Dinkelsbühl → Abb. S. 78, kreuzrippengewölbte Vorhalle im Westturm, die ungewöhnlich aufwändig verzierten Kapitelle der vier Ecksäulchen mit unterschiedlichen Motiven. In der Turmvorhalle der Georgskirche in Dinkelsbühl finden sich ganz ähnliche Formen, 1200–1250.*

Romanik und Frühgotik

Portal-Tympanon-Bilder:

ganz oben Eichel *bei Wertheim, Widder (mit Kreuz) als Symbol des Christentums besiegt Wolf als Symbol des Heidentums, um 1200.*

darunter und links Gnötzheim *bei Marktbreit* **11**, *Rundbogenfries, Kreuz und Knotenornamente sowie Kapitell einer das Portal rahmenden Säule, 1150-1200.*

ganz oben Oberfeldbrecht *bei Markt Erlbach → Abb. S. 75, Dreistern, Kreuz und Vierstern, um 1150?*

in der Mitte Steinsfeld *bei Rothenburg → Abb. S. 81, Christus als Weltenrichter zwischen Ranken und Rundbogenfries, darunter die mit Fabelwesen verzierten Würfelkapitelle der das Portal rahmenden Säulen, um 1150.*

Romanik und Frühgotik

... Symbole, Tiere und Fratzen

GEBSATTEL bei Rothenburg, Maskenkopf am Sturz des Kirchhofstors, vermutlich um 1150.

DETWANG bei Rothenburg 7, ausdrucksstarker Kopf im Chor, der als Eckkonsole und Auflager für die kräftigen Kreuzrippen dient, vermutlich um 1150.

rechts

oben **ALTENFURT** bei Nürnberg → Abb. S. 84, Rundbogenfries an der Traufe der Rundkapelle mit zusätzlichen Ornamenten: Schachbrettmuster, Dreiblatt, Knotenmotiv, 1150-1200.

darunter **MAINECK** bei Burgkunstadt, Allerheiligenkirche, Rundbogenfries an der Traufe der Apsis mit zusätzlichen primitiven Ornamenten: Köpfe, Tiere bzw. Bestien, um 1150.

unten **RÖCKINGEN** bei Dinkelsbühl → Abb. S. 227, Eckquader am Langhaus, Bestie bzw. schreitender Löwe, 1150-1200.

links Am Gesims der Apsis drängeln sich vier bestienartige Gestalten, halb Mensch, halb Tier, mit Schuppen und Federn; als Bekrönung des steinernen Apsisrundes ein gelockter Kopf.

rechts Die Säule des Biforiums am Chorturm ist als betende Frauengestalt (?) ausgebildet, man will darin die Heilige Kunigunde sehen.

Romanik und Frühgotik

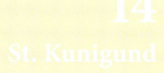

14 St. Kunigund

ST. KUNIGUND *südlich von Aub einsam auf der Hochfläche über dem Gollachtal gelegen →Abb. S. 23, Blick von Südosten. Eine der am wenigsten veränderten und in den Details am aufwändigsten gearbeiteten romanischen Dorfkirchen Frankens, erbaut um 1200-1220.*

Die auf dem sogenannten Altenberg, einer offensichtlich bereits vorgeschichtlichen Befestigungsanlage liegende Kirche St. Kunigund war einst die Pfarrkirche der beiden rund einen Kilometer benachbarten Dörfer Burgerroth und Buch und zugleich Wallfahrtskirche. Die Kaiserin Kunigunde, Gemahlin von Kaiser Heinrich II, ist in Franken eine der beliebtesten Heiligen gewesen. Sie wurde im Jahr 1200 heiliggesprochen, die Wallfahrt wie der Bau der Kirche könnten damit im Zusammenhang stehen.

Der Chorturm wurde wohl erst unter Julius Echter 1614 erniedrigt und durch einen Dachreiter ersetzt, ebenso wurden damals zwei Fenster eingebrochen.

St. Kunigund zeichnet sich durch verzierte Gesimse und Fenster, ein profiliertes Eingangsportal → Abb. S. 100 und einen in Franken sonst kaum vorkommenden plastisch-figürlichen Schmuck an der Ostseite des Chorturms mit der erkerartigen Apsis aus.

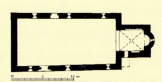

oben Grundriss um 1200
unten Zwei „Bestien" am Fuß des Apsiserkers

121

Romanik und Frühgotik

rechts DETWANG *bei Rothenburg 7, Fratze am Gewände des Südportals, um 1150 –* GROSSBIRKACH *bei Ebrach 13, im Turm eingemauerte Figur, vor 1100?*

darunter GEBSATTEL *bei Rothenburg, Fratze am Kirchhofstor, um 1150 –* OTTENHOFEN *bei Bad Windsheim, blattverziertes Kapitell des einstigen Kirchenportals, um 1200.*

links außen NEUSITZ *bei Rothenburg, kelchartiges Kapitell im Chor, um 1280 –* OBERMERZBACH *bei Ebern 8, als weibliche Figur ausgebildetes Chorbogengewände.*

rechte Seite KATZWANG *bei Nürnberg, St. Maria. Blick durch den Chorbogen in den mit Kreuzrippen gewölbten Chorraum, um 1290. Die für eine Dorfkirche außerordentlich qualitätvollen Bauformen gehören zu den besten Beispielen der Übergangszeit zwischen Romanik und Gotik.*

Die im einst befestigten, bis heute hoch ummauerten Kirchhof an einem alten Rednitzübergang liegende bedeutende Chorturmkirche hat eine sehr komplizierte Baugeschichte, die in den Grundzügen weitgehend geklärt ist, nur noch einige Fragen sind offen.[6]

Immerhin ergänzen sich historische Daten und dendrochronologische Untersuchungen: 1287 wird erstmals eine Kirche in Katzwang genannt, sie geht 1296 in den Besitz des Klosters Ebrach über – 1293 d werden die Balken für die Decke über dem Chorraum gefällt. Dazu passen die stark an die Zisterzienserarchitektur erinnernden Formen des Chorbogens recht gut, so dass man die Beteiligung

15 Katzwang

von Bauleuten aus dem Kloster Ebrach dafür verantwortlich gemacht hat. Dieser Spätzeit des 13. Jahrhunderts gehören neben dem Chorraum auch Teile der Langhauswand mit dem schönen Portal an → *Abb. S. 206*. Doch im Kern scheint der Chorturm noch etwas älter zu sein, wie außen ein schlichtes Rundbogenfries andeutet.

Das dritte Turmgeschoß wurde 1370 d aufgesetzt, der darin in der Art eines Fachwerkgerüsts eingestellte hölzerne Glockenstuhl stammt von 1427 d → *Abb. S. 181*, der vierseitige Turmhelm erst von 1757 d.

Das Langhaus erhielt 1419 d einen neuen, steilen Dachstuhl, damals dürften einige Fenster mit Maßwerk erneuert worden sein. Eine Erweiterung nach Norden erfolgte 1518 d, sie steht im Zusammenhang mit dem Anbau der Sakristei 1510. 1711 wurde dann in das bestehende Dachwerk mit Hilfe eines Hängewerkes eine im Oberteil gekappte Holztonne eingebaut.

Wie bei vielen Kirchen im Nürnberger Umland besitzt auch Katzwang eine hervorragende Ausstattung aus dem späten Mittelalter (Flügelaltäre, Sakramentshaus von 1518, Wandmalereien).

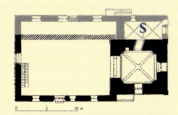

Grundriss schwarz: romanisch-frühgotischer Bau, schraffiert: ergänzt, grau: Erweiterung 1510-18 nach Norden
links Kapitell im Chor

Romanik und Frühgotik

St. Kunigund bei Aub 14, Bogenfeld der Osttür auf die Außenkanzel am Chor, um 1220.

1 Milojčić, Vladimir, Ergebnisse der Grabungen von 1961-1965 in der Fuldaer Propstei Solnhofen an der Altmühl (Mittelfranken), Berlin 1968 – 2 u.a. nach Klaus Kreitmeir, Die Bischöfe von Eichstätt, Eichstätt 1992, S. 23, 32 – 3 erfasst durch eine studentische Masterarbeit im Aufbaustudium Denkmalpflege der Universität Bamberg, unter der Leitung von Manfred Schuller und Thomas Eißing 2004, vgl. auch Thomas Eißing: Neuere Untersuchungen zu Dachwerken im nördlichen Franken = Hausbau im 15. Jahrhundert - Elsass und Oberrhein = Jahrbuch für Hausforschung 58, 2008, S. 473-478 – 4 Hans-Jürgen Bleyer, Ulrich Knapp und Tilmann Marstaller, Die Martinskirche in Neckartailfingen = Südwestdeutsche Beiträge zur historischen Bauforschung Band 4/1999, hsg. vom Arbeitskreis für Hausforschung, Regionalgruppe Baden-Württemberg, Landesdenkmalamt Baden-Württemberg, Stuttgart 1999, S. 19-51 – 5 das zugehörige hölzerne Sturzbrett an der Innenseite der Tür konnte leider dendrochronologisch nicht datiert werden – 6 Herbert May, Eine „Schöne" vom Lande. Neuere bauhistorische Erkenntnisse zur Pfarrkirche Unserer lieben Frauen in Katzwang = St. Lorenz NF 58, 2008 (Georg Stolz 80 Jahre) S. 29-43.

GOTIK und NACHGOTIK

Kirchenbau der Zeit zwischen etwa 1300 bis 1650

Vorhergehende Seite Eine typische (spät-)gotische Anlage: Polygonaler Chor mit schlanken Maßwerkfenstern der Kirche in Pilgramsreuth *bei Hof 19, 15. Jahrhundert. Zeichnung der Ostseite (Turmhelm und Dach 19. Jahrhundert).*

Wenn wir die eigentlich „gotische" Epoche beim Dorfkirchenbau trotz einiger frühgotischer Anzeichen erst spät, mit etwa 1300 beginnen lassen, so hat dies ganz pragmatische Gründe und gründet sich vor allem auf zwei erst jetzt allgemeiner werdende Merkmale: den polygonalen Chor (→ S. 132) und das Maßwerk der Fenster (→ S. 216 ff.). Doch auch hierbei müssen wir im Einzelfall wieder auf die letzten Jahrzehnte vor 1300 zurückgreifen, denn, wie gesagt, eine scharfe Trennung gibt es nicht, das Nebeneinander von für die Kunstgeschichte nacheinanderfolgenden Formen ist der Normalfall.

Die Schwierigkeit, spätes 13. und frühes 14. Jahrhundert voneinander abzugrenzen, ergibt sich schon allein daraus, dass wir weiterhin kaum sicher datierte Bauten kennen und sie so im allgemeinen nur indirekt, anhand von Stilmerkmalen zeitlich eingeordnet werden können - was durchaus Unsicherheiten von 30 bis 50 Jahren beinhalten kann. Es ist sogar so, dass wir aus dem ganzen 14. Jahrhundert nur wenige einigermaßen abgesicherte Daten zu Dorfkirchen in Franken haben, weniger sogar, so scheint es, als aus dem späten 12. und dem 13. Jahrhundert. So fehlen weitgehend inschriftliche Datierungen und die wenigen, die wir besitzen, sind nur schwer mit baulichen Merkmalen zu verbinden. Das gilt zwar nicht für die älteste bekannte, eindrucksvolle Bauinschrift von 1325 der Kirche in Dimbach bei Volkach → Abb. S. 380 – aber dabei handelt es sich offenkundig nicht um eine „normale" Dorfkirche, sondern von Anfang an um eine Wallfahrts- und Klosterkirche, was sich auch in Größe und Form des Baus ausdrückt. Die an der Kirche in Altentrüdingen von 1371 und der in Untermichelbach von 1389 erhaltenen Inschriften dagegen stehen isoliert, der zeitlich zugehörige Kirchenbau ist, wenn überhaupt, so nur noch in unerheblichen Mauerteilen erhalten. Man möchte fast meinen, dass im 14. Jahrhundert der Bau von Dorfkirchen in Franken keine große Bedeutung hatte. Genaueren Aufschluss darüber könnte nur ein verstärktes Einsetzen der Dendrochronologie bei der baugeschichtlichen Untersuchung der Dorfkirchen sein. Bisher sind Daten aus dem 14. Jahrhundert jedoch auffallend selten erhoben worden.

Altentrüdingen, St. Nikolaus und Theobald, Inschrifttafel von 1371 im Langhaus

Das ändert sich freilich für die Zeit kurz vor, um und nach 1400, also die *Spätgotik*, ganz entscheidend. Der Nachweis von Dachstühlen und damit Bauwerken des 15. Jahrhunderts mit Hilfe der Jahrringuntersuchung ist heute schon, trotz selektiver Vorgehensweise, zahlenmäßig hoch (→ S. 183 ff.). Noch viel mehr fällt auf, dass die Zahl der am Bau angebrachten Inschriften und Jahreszahlen im Laufe des 15. Jahrhunderts deutlich ansteigt, und zwar in fast allen fränkischen Regionen. Allein zwischen 1400 und 1500 konnten 130 Bauinschriften bzw. Jahreszahlen am Bau ermittelt werden, die meisten

Diagramm der Jahreszahlen an gotischen Dorfkirchen zwischen 1400 und 1530, in Zehn-Jahres-Schritten dargestellt.

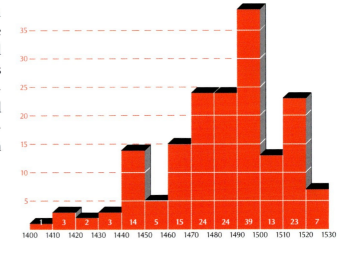

Gotische Bauformen

davon nach 1460; die Zahl steigt im letzten Jahrzehnt des 15. Jahrhunderts auf die „Rekordhöhe" von 39. Sie liegt damit sogar höher als in den drei folgenden Jahrzehnten des 16. Jahrhunderts, die noch als „mittelalterlich-katholisches Zeitalter" gelten können, da die Reformation erst ab 1530 flächendeckend so bedeutend ist, dass dann auch die Bedingungen für den Kirchenbau in Franken grundsätzlich anders geworden sind.

Vorgefundene Jahreszahlen und Bauinschriften sind zwar bei weitem nicht immer gleichzusetzen mit dem Bau einer neuen Kirche, da sie offenbar vielfach auch nur bei Umbauten eingesetzt wurden, aber sie geben trotzdem einen Hinweis auf eine offensichtliche „Bauwut" in der zweiten Hälfte des 15. Jahrhunderts, die kurz vor 1500 ihren Höhepunkt erreicht.

Das Baugeschehen im weiteren 16. Jahrhundert ist bisher wenig untersucht. Zweierlei ist jedoch klar: die Formen im Kirchenbau bleiben, wenn auch reduziert, im Grundsatz weiterhin der Gotik verpflichtet, und das Bauen bricht mit 1530 nicht völlig ab, sondern es werden, wenn auch offenbar in vermindertem Umfang, Kirchen errichtet, erweitert und erneuert. Gegen Ende des Jahrhunderts und in den ersten Jahrzehnten des 17. Jahrhunderts gibt es dann wieder eine deutliche Steigerung baulicher Maßnahmen, sowohl auf evangelischer wie auf katholischer Seite. Im Hochstift Würzburg überrollt zwischen 1598 und 1630 (bevor der 30-jährige Krieg endgültig auf Franken übergreift) eine Neubau- und Umbauwelle das ganze Land und prägt den Dorfkirchenbau umfassend, wie keine Epoche davor und danach - unter bewusstem Rückgriff auf gotische Stilelemente, also der sogenannten *Nachgotik* (→S. 160-165).

Bauinschriften und Jahreszahlen am Bau zwischen 1400 und 1500:

DÖRINGSTADT → Abb. S. 172, 1412 am Turm „m cccc darnach ym xii jar wart der paw am nechsten svtag nach vunsers hn leychas tag angehobe"

oben ERGERSHEIM St. Stefan → Abb. S. 136, 1447 in ungewöhnlichen Ziffern am Turm, bestätigt durch d -

rechts PUSCHENDORF 29, 1489 am Ostgiebel, bestätigt durch d

rechts OTTENSOOS bei Lauf 24, 1471 am Turm mit pfalzbairischem Wappen

oben GOLLHOFEN bei Uffenheim → Abb. S. 140, 1493 am Chor.

rechts VOLSBACH bei Pegnitz 23, m cccc lx x iiii (1474) über Portal

Gotik und Nachgotik

ZUMHAUS bei Feuchtwangen, Filialkirche St. Kilian, bis auf die Spitzbogen noch ganz „romanisch", um 1300? Fachwerkturmgeschoß erneuert. Eine der kleinsten Chorturmkirchen Frankens.

Die Kontinuität von der Epoche der Romanik zur Gotik (und sogar noch darüber hinaus) zeigt sich besonders deutlich an den Chorturmkirchen. Dieser die Dorfkirchen der Romanik bei weitem beherrschende Bautyp (→ S. 66 ff.) bleibt nämlich auch im 14. und 15. Jahrhundert durchaus üblich, wenn auch nicht mehr in dem zahlenmäßigen Umfang wie vor 1300 und mehr als zuvor auf die Kirchen kleiner Dorfgemeinden, wie sie im westlichen Mittelfranken häufig sind, und insbesondere auf Filialkirchen beschränkt.

Man muss aber schon genau hinschauen, um eine Chorturmkirche der Zeit vor 1300 von einer aus der Zeit danach unterscheiden zu können. Die Mauertechnik hilft nicht immer weiter, aber auch die Formen der Fenster und des Chorbogens sind für eine Einordnung nicht zuverlässig, da diese ja auch später verändert worden sein können, so dass manche der bisher nach 1300 eingeordneten Chorturmkirchen doch im Kern auf eine ältere Anlage zurückgehen könnte.

Was auffällt ist, dass offenbar der Chorturm in der Zeit um und nach 1300 besonders gedrungene Proportionen aufweist. Seine Grundfläche im Verhältnis zum Langhaus ist auffallend groß, der Chor mit dem Turm ist gegenüber dem Langhaus nur sehr gering „eingezogen", d. h. schmäler, kann aber sogar mit dem Langhaus in gleicher Flucht liegen. Gegenüber dem massigen Chorturm wirkt so das Langhaus in manchen Beispielen nur wie ein unbedeutenderes Anhängsel.

rechts OBERSCHECKENBACH bei Rothenburg, Filialkirche St. Kilian, Chorturmkirche, Blick von Süden, 1300-1350. Im Innern offene Balkendecke des 17. Jahrhunderts.

unten HAGENAU bei Ansbach, Filialkirche Zu Unserer Lieben Frau, um 1450, der Chorturm ist größer als das Langhaus.

Gotik und Nachgotik

16 Ruffenhofen

RUFFENHOFEN an der Wörnitz, Filialkirche St. Nikolaus von 1485, Chorturmkirche, Blick von Südwesten. Eine der wenigen Dorfkirchen des 15. Jahrhunderts, die außen und innen seit der Bauzeit nur wenig verändert wurden.

Die fast gleichwertige Erscheinung von Saal und Turm wird hier sogar auf der Inschrifttafel über dem Südportal gewürdigt: „Anno · dni · m · cccc · lxxxv · ist · diser · turn · und · capel · gemacht · worden · in · sant · niclas · eren".

Auf dieses Jahr 1485 geht wohl der gesamte Bau (mit Ausnahme des Dachwerks) zurück. Dafür spricht die im Innern des Langhauses eingebaute hölzerne Westempore → Abb. S. 203, die auf die Zeit kurz nach 1485 d datiert werden konnte. Ähnlich alt dürfte das kräftige Balkengestühl im Langhaus sein, das sich selten so unversehrt wie hier erhalten hat. Aus der gleichen Zeit stammen die erhaltenen Wandmalereien: im Chorgewölbe die Evangelistensymbole, an der Nordseite wandhoch der heilige Christophorus.

Der liegende Dachstuhl über dem Langhaus mit dem kräftigen, den Mittelunterzug haltenden Hängewerk hingegen stammt überraschenderweise erst von 1691 d, entspricht aber prinzipiell seinem spätmittelalterlichen Vorgänger. Mit ihm steht die wohlerhaltene offene Balkendecke → Abb. S. 187 in Verbindung. Es ergibt sich zusammen mit dem originalen Backsteinboden ein außerordentlich stimmungsvoller und urtümlich wirkender kleiner Dorfkirchenraum.

Grundriss mit „Inneneinrichtung"

Gotik und Nachgotik

Die Bedeutung des Turms im Gesamtbild der Kirche steigert sich noch gegen Ende des 15. Jahrhunderts, wenn die Türme und vor allem die „Turmspitzen" nachgeradezu in den Himmel wachsen, wie etwa in Kleinschwarzenlohe bei Nürnberg. Der Kirchturm ist nun endgültig der optisch dominante Bauteil, er vertritt und markiert das Dorf nach außen hin (→ S. 166 ff.).

Nicht nur bei den Chorturmkirchen ist die Kontinuität zur Zeit vor 1300 evident, auch die anderen schon in der Romanik festgestellten, aber nicht so häufigen Turmstellungen kommen weiterhin vor, wie der Turm an der Westseite (Westturmkirchen) und vor allem der *Flankenturm*, der meist an der nördlichen und also eher „rückwärtigen" Seite des Chors steht. Der asymmetrisch zum übrigen Kirchenbau angeordnete Flankenturm (und damit gleicht er gewissermaßen den seitlich stehenden Treppentürmen der Schlösser und Herrensitze der Zeit) wird zusammen mit den anschließend vorgestellten polygonalen Chören zum eigentlichen, charakteristischen Bautyp der späten Gotik.

Im östlichen Oberfranken, das ja kaum Chorturmkirchen kennt, taucht im 15. Jahrhundert eine weitere Turmlage auf: der Turm an einer Seite des Langhauses, nicht am Chor (Beispiele in Buchau bei Pegnitz, Kirchgattendorf, Rehau, Schauenstein und Volsbach 23. Man könnte hier auch von einem *Südturm* sprechen, da er sich mittig auf der „Schauseite" der Kirche, die zumeist auch die Südseite ist, befindet (also nicht rückwärtig, wie der Flankenturm). Der also in hervorgehobener Stellung befindliche Turm dient in einigen Fällen zugleich als Eingangshalle in die Kirche (wie wir es auch vom Westturm her kennen). Herkunft und Verbreitung des Südturms sind bisher ungeklärt.

links ERGERSHEIM *bei Bad Windsheim, St. Ursula, Flankenturmkirche, 1443 d / 1459 d, Blick von Westen –* rechts KIRCHGATTENDORF 33, *Kirche mit Turm am Langhaus (Südturm), um 1400.*

Kleinschwarzenlohe

KLEINSCHWARZENLOHE *südlich von Nürnberg, Kirche Allerheiligen, Blick von Südosten auf die Chorturmkirche mit hohem leicht gedrehtem, achtseitigen Spitzhelm. Relativ einheitlicher Bau aus der Mitte des 15. Jahrhunderts.*

Die westlich, ursprünglich abgesetzt vom übrigen Dorf liegende und vollständig aus Burgsandsteinquadern erbaute Kirche mit dem mächtigen und doch zugleich eleganten Chorturm verkörpert im gewissen Sinn das Idealbild einer schlichten spätgotischen Dorfkirche Mittelfrankens.

Sie besitzt eine bemerkenswert vollständig erhaltene Ausstattung. Diese ist wenigstens zum Teil den fast denkmalpflegerisch zu nennenden Ambitionen des Patronatsherrn und Nürnberger Patriziers Hans Rieter in den Jahren 1600 bis 1626 zu verdanken (→ Kalbensteinberg 22). 1605 wurde auch das einstige gotische Holzgewölbe (der zugehörige Dachstuhl hat sich bis auf die Verbretterung erhalten → Abb. S. 200), durch eine niedrigere flache Bretterdecke ersetzt, die von einem Mittelunterzug und einer frei im Langhaus stehenden Säule getragen wird. Aus dem gleichen Jahr stammt die über dem Eingang liegende Herrschaftsempore mit nachgotischen geschnitzten Maßwerkfüllungen.

Mehrere gemalte und geschnitzte spätgotische Figuren, Gemälde und Flügelaltäre bestimmen den stimmungsvollen Innenraum, darunter auch der Tilmann Riemenschneider zugeschriebene Hauptaltar von 1491 mit dem Thema des Apostelabschieds → Abb. S. 274. Das kräftige Langhausgestühl mit den in der Art einer Lilie ausgeschnittenen und geschnitzten Wangen wird etwa aus der gleichen Zeit stammen → Abb. S. 243.

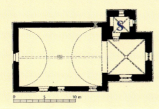

Grundriss, **S**=*Sakristei. Der anstelle der einst verbretterten Brettertonne eingezogene Unterzug mit der Mittelstütze grau dargestellt.*

Gotik und Nachgotik

Kirchen mit polygonalen Chören

Trotz der rund 150 weiteren Beispiele von Chorturmkirchen, die noch in der Zeit zwischen 1300 und 1530 gebaut wurden: das typische Bild einer gotischen Kirche wird viel stärker, sowohl qualitativ wie quantitativ, von den in mehreren Ecken gebrochenen Chorenden, den sogenannten polygonalen Chören bestimmt – rund 200 solcher Choranlagen haben sich aus der Zeit vor 1500 erhalten. Diese sind natürlich keineswegs auf Dorfkirchen beschränkt, sondern bilden den Standard im gotischen Kirchenbau. Das geht zum Teil soweit, dass man sich einen Sakralbau bald nur noch mit einem mehreckig gebrochenen Altarraum vorstellen kann – weit über die Zeitstufe der Gotik hinaus.

Als Vieleck (Polygon) liegt in der weit überwiegenden Mehrheit ein Achteck zugrunde, von dem aber nur fünf Seiten zu Anwendung kommen (5/8-Schluss), aus denen heraus sich vier Ecken ergeben, wobei eine Wandseite als Chorschluss dient und beidseitig davon zwei schräggestellte Seiten zu den Längswänden des Chors vermitteln. Seltener beruht die Abschrägung des Chors auf dem Sechseck, wobei hier dann nur drei Seiten des Chors diesem eingeschrieben werden können, nicht aber die anschließenden Längsseiten, so dass der Winkel hier weniger steil als an den übrigen Ecken ist. Es gibt aber auch dreiseitige Chorlösungen, die sich nicht so exakt auf ein Acht- oder Sechseck beziehen lassen.

Die Gründe für die offensichtliche Beliebtheit der baulich gegenüber einem einfachen Rechteckchor doch deutlich aufwändigeren polygonalen Lösung sind, abgesehen von einer rein „modischen" Beliebtheit, vielfältig. Jedenfalls lässt sich darin eine Steigerung der Bedeutung des Chors und des hier stehenden Altars in liturgischer und künstlerischer Hinsicht sehen. Die im Chor und am Altar gehaltenen oder zu haltenden Messen werden zahlreicher, die Altäre werden offenbar größer und beanspruchen mehr Platz, sie werden künstlerisch und liturgisch anspruchsvoller und wollen mehr gesehen werden – und dazu braucht es mehr Licht, das durch dir schlanken hohen

Röttingen im Taubertal, St. Kilian. Der an den älteren Chorturm angebaute polygonale Chor schließt in fünf Seiten eines Zwölfecks und ähnelt sehr dem Chor der Zisterzienserinnenkirche im nahen Frauental, der auf die Zeit um 1250 datiert wird, während für Röttingen erst 1280-90 angenommen wird. Der Spitzbogen des mittleren Chorfensters ist mit „Knollen" ausgezeichnet, das nordöstliche wurde nachträglich vergrößert.

Gotik und Nachgotik

Fenster des Chorpolygons den Altar besser ausleuchten lässt. Die schon bei den Chorturmkirchen des 14. Jahrhunderts beobachtete Tendenz zum größeren Chorraum hin, findet jedenfalls in den polygonalen Chören ihre Fortsetzung, die, so scheint es, im Laufe des 14. und dann auch 15. Jahrhunderts immer mehr in die Länge, gelegentlich auch in die Breite wachsen.

Polygonale Chöre verbinden sich sowohl mit Westturmkirchen als auch mit solchen, die einen Flankenturm besitzen. Dabei ist der polygonale Chor häufig nachträglich, als Erweiterung, an eine ältere Anlage angebaut worden. Chorturmkirchen erlauben dagegen von vorneherein kaum einen polygonalen Chor, und auch eine nachträgliche Änderung zum polygonalen Chor ist kaum möglich – oder führt zu einer völligen Umwandlung mit „Mittelturm" → S. 142-145.

Die ersten, nur sehr vereinzelten polygonalen Chorlösungen gehen bei Dorfkirchen schon relativ weit zurück, mindestens bis in die zweite Hälfte des 13. Jahrhunderts, also in die Epoche, in der Romanik und Gotik ineinander übergehen, wie etwa bei der Kirche in Röttingen. Die dort einer Apsis ähnliche Chorlösung ist auf den sieben Seiten eines Zwölfecks aufgebaut und so einer Rundung noch wesentlich näher als die ansonsten üblichen 5/8-Anlagen. Das früheste Beispiel könnte sogar noch davor liegen, denn die romanische Kirche in Halsbach bei Dinkelsbühl besitzt neben halbrunden Apsiden an den Seitenschiffen eine außen polygonal abgeschrägte Apside in der Mitte, doch ist der Nachweis der bauzeitlichen Zugehörigkeit bisher nicht erfolgt. Noch kurz vor bis um 1300 sind u. a. die polygonalen Chöre von Neusitz und Königsfeld → Abb. S. 142, 137 anzusetzen.

In Franken kommen polygonale Chöre jedenfalls auch bei Dorfkirchen schon relativ früh, wenn auch nur vereinzelt, und kaum wesentlich später als bei bei Kloster- und Stadtkirchen auf. In Thüringen, dessen Geschichte der Dorfkirchen ansonsten viele Gemeinsamkeiten mit Franken aufweist, werden sie beispielsweise erst in der Mitte des 15. Jahrhunderts üblich.

Einfache Chorpolygone der Zeit um 1300: Graben *bei Weißenburg, St. Kunigund, mit Rundbogenfries (?) –* Steinach *bei Rothenburg, flaches Chorpolygon, die seitlichen, klobigen Strebepfeiler wohl erst nachträglich –* Reichelshofen *bei Rothenburg, das aufgesetzte Obergeschoß mit später verputztem Fachwerk von 1448 d.*

Gotik und Nachgotik

„Glatte" Chorpolygone

Es gibt grundsätzlich zwei unterschiedliche konstruktive und zugleich gestalterisch wirksame Chorabschlüsse: die *mit Strebepfeilern*, was man als das Normal-Gotische ansieht, und die *ohne Strebepfeiler*, also mit „glatten" polygonalen Wänden. Die Strebepfeiler dienen als Widerlager für das Chorgewölbe, demnach müsste ja das Fehlen von Strebepfeilern auch auf fehlende Chorgewölbe hinweisen – das ist aber nicht der Fall. Bereits das frühe Chorpolygon von Röttingen verzichtet auf Strebepfeiler, besitzt aber durchaus ein mehrteiliges Gewölbe im Innern, und auch die weiteren und gar nicht so seltenen strebepfeilerlosen Chorschlüsse weisen trotzdem alle ein steinernes Gewölbe im Innern auf (→ S. 146). Wie das statische Problem im Einzelnen gelöst wurde, ist bisher kaum untersucht; bei der Spitalkirche in Bad Windsheim von 1416-20 übernehmen eiserne Ringanker und Zugeisen die Sicherung, in anderen Fällen scheint auch allein die Mauerstärke die Stabilität zu gewährleisten. Es fällt auf, dass sich im westlichen Mittelfranken diese schlichten Chorpolygone häufen, so dass man fast geneigt ist, eine regionale Eigenheit dahinter zu sehen. Aber auch im westlichen Unterfranken, am Westrand des Spessarts finden sich recht viele Chorpolygone mit glatten Wänden.

Hinter dem Vermeiden der Strebepfeiler scheint ein ästhetisches Bedürfnis zu stehen, nämlich die Chorwände möglichst „ebenmäßig" und gewissermaßen besonders monumental-aufstrebend erscheinen zu lassen, wie es an dem eindrucksvollen Chorhaupt der Kirche in Markt Erlbach aus der Zeit um 1380 abzulesen ist. Strebepfeilerlose, im 5/8-System abgeschrägte Chöre finden sich

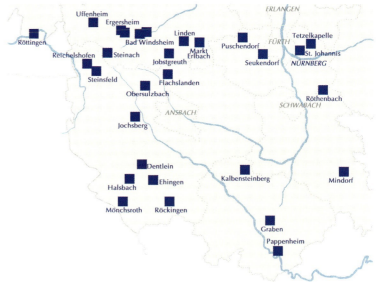

Kirchen mit „glatten" Polygonalchören in Mittelfranken aus der Zeit vor 1530

rechte Seite MARKT ERLBACH *bei Neustadt an der Aisch, St. Kilian, Blick auf den hohen Chor von Osten, um 1380. Eine der elegantesten gotischen Polygonalchöre mit reicher Durchfensterung, aber ohne Strebepfeiler; rechts anschließend der abgesetzte Flankenturm an der Nordseite des Chores.*

Markt Erlbach 18

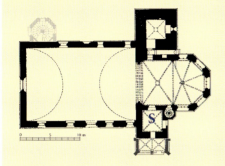

*Grundriss von St. Kilian in Markt Erlbach. **S**=Sakristei, Grau: Ölberghäuschen von 1471, hellgrau: der 1911 angebaute Treppenturm an der Nordseite*

Die Bauzeit der vom Mauerwerk her gesehen weitgehend einheitlich errichteten anspruchsvollen Kirche des Marktortes lässt sich anhand der umfangreichen, qualitätvollen und weitgehend ungestörten Glasmalereien in den fünf Chorfenstern, die stilistisch auf um 1390 datiert werden → Abb. S. 266 f., ebenfalls in das Ende des 14. Jahrhunderts setzen.

Zum steingewölbten, hoch aufragenden Chor gehört ein breites Langhaus mit auffallend niedrigen Längswänden, das von einer Brettertonne überwölbt wird → Abb. S. 306, die zwar erst von 1685 stammt, also nicht mehr aus der Bauzeit um 1390 erhalten ist, aber schon damals ganz ähnlich vorhanden gewesen sein muss. Im Chor findet sich eines der seltenen Heiligen Gräber → Abb. S. 250, an der Südseite wurde 1471 ein Ölberggehäuse angebaut (die Figuren verloren) → Abb. S. 250.

Die Markt Erlbacher Kirche besticht außerdem durch die sehr qualitätvolle und reiche Barockausstattung aus dem Ende des 17. Jahrhunderts, von den Emporen, dem Altar, der Kanzel → Abb. S. 353 bishin zur Taufe.

Gotik und Nachgotik

neben denen mit Streben über das ganze 14. bis 16. Jahrhundert, ja sie leiten eigentlich ohne Bruch in Chorlösungen der Nachgotik → S. 159 ff. und des Barock über. Dass „glatte" Polygonalchöre gerade im späteren 15. Jahrhundert beliebt sind, könnte natürlich auch dem Vorbild der großen Hallenchöre an den großen Bürgerkirchen geschuldet sein, die gerne auf äußere Strebepfeiler verzichten und diese eher nach innen legen, wie etwa bei St. Martin in Amberg, St. Lorenz in Nürnberg, der Oberen Pfarre in Bamberg und bei St. Michael in Hof.

„Glatte" Chorpolygone:
oben OBERSULZBACH *bei Ansbach, St. Maria, um 1400 (?) –* JOBSTGREUTH *bei Bad Windsheim, St. Jobst, das Chordach erst 1431 d.*
rechts PUSCHENDORF *bei Fürth 29, 1489 nach Inschrift und d –* ERGERSHEIM *bei Bad Windsheim, St. Stephan, 1443 d, 1447 (?) Inschrift; der verbretterte Fachwerkaufsatz von 1505 d.*

Gotik und Nachgotik

Chorpolygone mit Strebepfeilern

Bei der „klassischen" gotischen Chorlösung befinden sich an den vier Ecken des dreiseitigen Polygons gemauerte Strebepfeiler, die auch noch die Längsseiten des Chors verstärken. Sie dienen der Stabilisierung von Wand und Gewölbe, haben aber sicher auch, ja vielleicht sogar hauptsächlich eine ästhetische Funktion. Denn die Strebepfeiler weisen zwar im allgemeinen eine schlichte Form auf, werden aber durch abgestufte Absätze (sog. Wasserschläge) und Abschlüsse (als Pultdach oder Giebeldach) gegliedert. Nur an wenigen, offensichtlich wirtschaftlich bedeutenderen Kirchenbauten finden sich an den Strebepfeilern des Chores zusätzliche Profile, Maßwerkblenden, Krabben und Fialen und Wasserspeier.

Die insgesamt wesentlich weiter verbreiteten Chorpolygone *mit* Strebepfeilern reichen wie die ohne Strebepfeiler auch bei Dorfkirchen vereinzelt bis in die Zeit kurz vor bis um 1300 zurück, wie etwa in Birkach und Neusitz in kräftiger, blockhafter Ausführung mit viel Mauerflächen zwischen Strebepfeilern und schmalen Lanzettfenstern. Während wir für

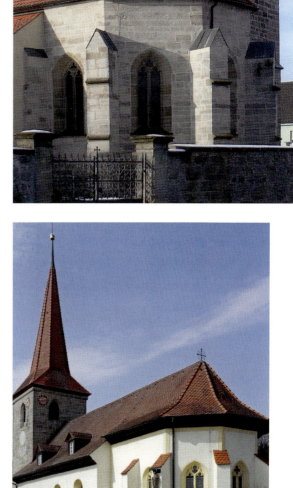

Chorpolygone mit Strebepfeilern:
rechts Neunstetten *bei Ansbach, St. Veit, Ostchor, die Strebepfeiler mit Giebeldachabschluss, um 1400;*
unten von links Birkach *in den Haßbergen, St. Philipp und Jakob, um 1300, abgestufte Strebepfeiler mit Giebeldachabschluss –* Neusitz *bei Rothenburg, Heiligkreuz, kurz vor 1300 –* Rezelsdorf *bei Erlangen, St. Katharina, um 1400.*

137

Gotik und Nachgotik

das 14. Jahrhundert keine deutliche Entwicklung beobachten können, schon wegen der geringen fest datierten Beispiele, lässt sich dies umso besser für das 15. Jahrhundert und vor allem dessen zweiter Hälfte zeigen: die Strebepfeiler werden schmäler, eleganter, die Mauerflächen dazwischen geringer. Die reichsten Formen finden sich offenbar am ehesten bei den Dorf- bzw. Pfarrkirchen, die eine überörtliche Bedeutung besaßen und bei denen ein kleines Kloster angeschlossen war, besonders dann, wenn sie das Ziel von Wallfahrten, Bittgängen und Prozessionen waren, die offensichtlich bis in die Zeit um 1500 immer mehr zunahmen.

oben DORFKEMMATHEN *bei Dinkelsbühl, St. Katharina, Chor, frühes 15. Jahrhundert, das Dachwerk von 1431 d. Bei der Kirche lag ehemals ein kleines Beginenkloster.*

rechts POLLENFELD *bei Eichstätt, St. Sixtus, Chor um 1400. Pollenfeld war im späten Mittelalter ein wichtiger Wallfahrtsort.*

Gotik und Nachgotik

PILGRAMSREUTH *bei Hof, Blick von Südosten auf die Westturmkirche mit den Strebepfeilern an Langhaus und Chor, zweite Hälfte des 15. Jahrhunderts. Eine der schönsten Dorfkirchen Frankens.*

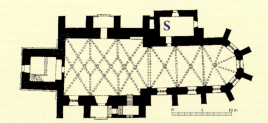

Grundriss der Pilgramsreuther Kirche
S=*Sakristei*

19
Pilgramsreuth

Die für das Dorf überraschend große Kirche mit einem hohen Westturm gehört zu den wenigen in ihrer baulichen Erscheinung nahezu unversehrt erhaltenen und ungewöhnlich aufwändigen gotischen Dorfkirchen im östlichen Oberfranken und war vielleicht im späten Mittelalter mit einer lokalen Wallfahrt verbunden.

Der Turm könnte noch dem 14. Jahrhundert angehören; Langhaus und der steil aufragende und auffallend langgestreckte Chor dürften etwa gleichzeitig erbaut sein und besitzen hohe, dreibahnige Fenster mit reichem, phantasievollem Maßwerk, zu dem die am Portal angebrachte Jahreszahl 1473 als Bauzeit passen könnte. Der Chor ist mit einem schlichten Kreuzrippengewölbe überdeckt, das Langhaus, ursprünglich wohl flachgedeckt, zeichnet ein Netzgewölbe aus, das wohl erst 1507 eingezogen wurde → Abb. S. 150.

Die sehr qualitätvolle Ausstattung der Kirche stammt hauptsächlich aus der Zeit um 1710, darunter die Emporen mit Brüstungsmalereien, das geschnitzte Gestühl, der prachtvolle Hochaltar von Elias Räntz → Abb. S. 362, der auch die etwas ältere Kanzel (1694) geschaffen hat → Abb. S. 353.

Gotik und Nachgotik

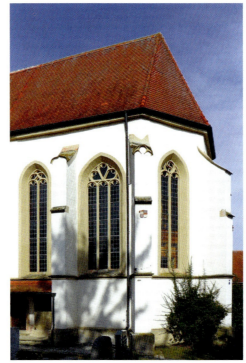

Spätgotische Chorpolygone mit Strebepfeilern:

oben von links nach rechts
SULZFELD *am Main, St. Sebastian, Ostchor von 1482-91, die Strebepfeiler mit Giebeldachabschluss und Fialen –* ECKARTSHAUSEN *bei Schweinfurt, Mariä Heimsuchung, Chor 1467, Strebepfeiler mit Giebelabschluss –* PFARRWEISACH *in den Haßbergen, St. Kilian, von 1499.*

unten von links GOLLHOFEN *bei Uffenheim, St. Johannes, 1493 –* ICKELHEIM *bei Bad Windsheim, St. Georg, das Chordach von 1525 d.*

Gotik und Nachgotik

20
Maria im Weingarten

VOLKACH, St. Maria im Weingarten, Blick von Südosten auf den Chor mit den Strebepfeilern an Langhaus und Chor, zweite Hälfte 15. Jahrhundert. Eine der berühmtesten ländlichen Kirchen Frankens.

Strenggenommen gehört die „auf dem Kirchberg" westlich von Volkach liegende Wallfahrtskirche nicht in die Kategorie der Dorfkirchen, denn sie war zunächst (bis 1411) die Pfarrkirche der kleinen, rund 1100 m entfernten Stadt Volkach, dann Wallfahrtskirche, der ein kleines Beginenkloster angeschlossen war. In der Bauweise entspricht sie aber ganz vergleichbaren Dorfkirchen der Zeit, verzichtet jedoch auf einen Turm (in der Sakristei steckt der Unterbau des einstigen Chorturms von der Vorgängerkirche).

Das breite Langhaus mit seinem schönen Eingangsportal besitzt eine hölzerne Flachdecke (geplant war wohl ein Steingewölbe), die im Dachstuhl des steilen Daches aufgehängt ist, wobei sich die Jahreszahl 1492 an der hölzernen Westempore → Abb. S. 204 wohl auch auf das Dach bezieht. Der schlanke Chor weist ein reiches Netzgewölbe, reiche Maßwerkfenster und außen elegante sehr fein gearbeitete Strebepfeiler auf.

Berühmt ist die Kirche vor allem wegen ihrer Ausstattung, besonders die im Chorbogen aufgehängte „Madonna im Rosenkranz" von Tilman Riemenschneider.

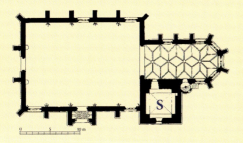

Grundriss der Wallfahrtskirche Maria auf dem Kirchberg
S=Sakristei, wohl ehemaliges Untergeschoß eines Chorturms

Gotik und Nachgotik

Kirchen mit Mittelturm

Einheitliche, in einem „Zug" erbaute gotische Kirchen sind selten. Die meisten Chorpolygone wurden bereits bestehenden, älteren Kirchen angefügt, wobei ein älterer und kleinerer Chor abgebrochen wurde. Das lässt sich bei Westturmkirchen, aber auch bei den Flankenturmkirchen, die vom 14. bis 16. Jahrhundert besonders beliebt sind, ohne große technische Probleme lösen.

Sehr viel schwieriger stellt sich dies bei den Chorturmkirchen dar – denn da müsste ja nicht nur der Chor, sondern auch der Turm darüber abgebrochen werden. In einigen Fällen ist dies auch tatsächlich geschehen, so etwa in Kirnberg l, wo man für den Chorneubau den Turm oberhalb des Erdgeschoßes entfernt und einen neuen im Westen angebaut hat.

Eine andere, weniger radikale Lösung, was die Aufgabe von Bausubstanz anbelangt, stellen die *Mittelturmkirchen* dar, wie wir sie nennen wollen, die aber unseres Wissens alle erst durch Um- oder vielmehr Anbauten entstanden sind. Hierbei wird östlich vom bisherigen Chor der „neue" Polygonalchor angefügt, dabei bleibt der Chorturm selbst erhalten, sein Chor im Untergeschoß wird gewissermaßen zum Vorchor, von dem aus über einen neuen Durchbruch in der Ostwand der Weg (und Blick) in den neuen größeren und lichteren, kurzum „moderneren" Polygonalchor geht. Der alte Chorturm liegt dann nicht mehr am Ostende der Kirche, sondern in der Mitte zwischen Langhaus und Chor. Schon in Röttingen wurde so in der zweiten Hälfte des 13. Jahrhunderts ein neuer Chor

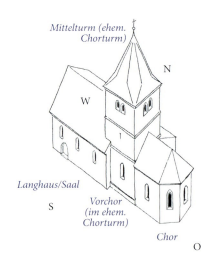

Mittelturm (ehem. Chorturm)

Langhaus/Saal

Vorchor (im ehem. Chorturm)

Chor

rechts
KÖNIGSFELD *bei Bamberg, St. Jakobus und Kilian, Blick von Osten auf den kurz vor bis um 1300 angesetzten glatten Polygonalchor und den im Kern romanischen ehemaligen Chorturm.*

rechts außen
FRÖHSTOCKHEIM *bei Kitzingen, Blick von Südosten auf Chor und Turm, um 1400 (?). Es ist nicht geklärt, ob das nur wenig hervortretende Chorpolygon zeitgleich mit dem Turm oder doch erst nachträglich „herausgewachsen" ist.*

Gotik und Nachgotik

21
Alfeld

ALFELD bei Hersbruck, St. Bartholomäus, Blick von Süden auf die ummauerte Kirche mit Langhaus, Mittelturm und Chor, 12. bis 15. Jahrhundert.

Die beherrschend auf einem steilen Hang in Ortsmitte gelegene Kirche besteht aus mehreren Bauteilen. An die relativ große, im 12. Jahrhundert aus Jura-Bruchsteinen errichtete Chorturmkirche, von der noch der Turm selbst und ein Großteil der Langhausmauern sowie vermutlich auch die tonnengewölbte Sakristei stammen, wurde um 1400 der Polygonalchor angesetzt, dessen doch recht kleine Fenster ihr Maßwerk verloren haben; der Turm erhielt in der zweiten Hälfte des 16. Jahrhunderts seine Spitze, das Langhaus wurde im frühen 18. Jahrhundert barockisiert.

Das Innere wird von der malerischen Abfolge der drei unterschiedlichen Bauteile bestimmt: auf das hohe, holztonnengewölbte Langhaus mit Emporen (von 1707-08) folgt der dunkle niedrige, mit schweren Kreuzrippen gewölbte Vorchor (Unterteil des alten Chorturms) als Durchgangsraum zum wieder höheren und helleren eigentlichen Chor, der ein deutlich zierlicheres Gewölbe besitzt.

Von der Ausstattung sind die Kanzel von 1663 und das noch spätgotische Gestühl im Langhaus bemerkenswert.

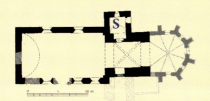

Grundriss **S**=*Sakristei, schwarz: romanisch, schraffiert: ergänzt; dunkelgrau: um 1400, hellgrau: barock*

Gotik und Nachgotik

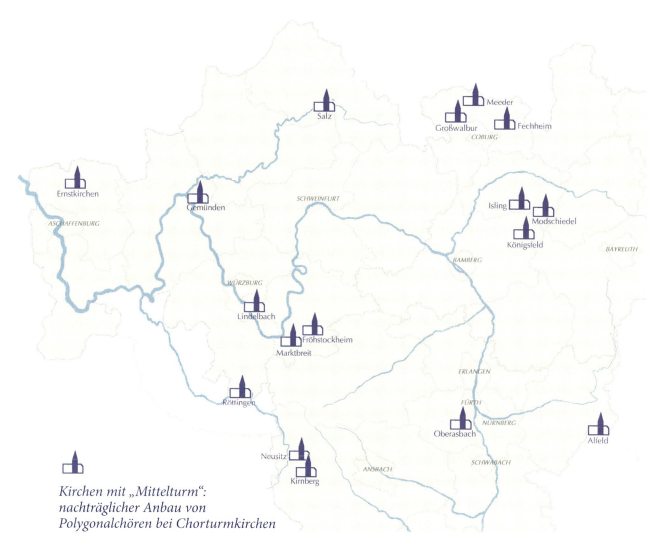

*Kirchen mit „Mittelturm":
nachträglicher Anbau von
Polygonalchören bei Chorturmkirchen*

mit älterem Chorturm verbunden → S. 132. Manchmal treten die angefügten Polygone nur wenig über den Chorturm hervor und ähneln so den älteren halbrunden Apsiden, neben Röttingen gilt dies auch für Fröhstockheim und Oberasbach. Doch ansonsten sind die angesetzten Chöre im Gesamtbau sehr viel dominanter und entsprechend rückt der einstige, am Ostende der Kirche befindliche Chorturm immer mehr in die Mitte der Kirche, deren Silhouette dann vom Auf und Ab der Firstlinien bestimmt wird.

Kirchen mit Mittelturm kommen nicht sehr häufig vor (auf der obigen Karte sind sechzehn ermittelte Beispiele eingetragen) und finden sich über ganz Franken verstreut, was darauf hinweist, dass es sich um keine regionale Eigenheit handelt, sondern um eine allgemein bekannte Methode der Umwandlung von Chorturmkirchen in Kirchen mit polygonalen Chören. Wir finden durchaus vergleichbare Beispiele auch außerhalb Frankens wieder, etwa in Thüringen – ohne sagen zu können oder zu wollen, wo die Idee zuerst aufkam.

Gotik und Nachgotik

oben GROSSWALBUR *bei Coburg, St. Oswald, von Norden her gesehen. Ursprünglich Chorturmkirche, der einstige Chorturm jetzt zwischen Langhaus und 1477 (Inschrift an einem eingemauerten Kreuzigungsrelief) angefügtem neuen polygonalen Chor, der tonnengewölbte alte Chor im Kern romanisch, das Langhaus barock verändert, mit hölzerner Brettertonne.*

rechts FECHHEIM *bei Coburg, St. Kilian / St. Michael, Blick von Südosten auf den um 1200 errichteten ehemaligen Chorturm mit Fünfknopfhelm (17. Jahrhundert?) und dem im späten 15. Jahrhundert angebauten Chorpolygon. Das Langhaus westlich des Turmes ist ein Neubau von 1702-04* → *Abb. S. 336.*

Gotik und Nachgotik

Kreuzgewölbe ...

Schon bei den romanischen Kirchen konnten wir feststellen, dass der Chor nahezu immer ein steinernes Gewölbe besitzt. Das gilt in gleichem Maße für den gotischen Kirchenbau, sei es nun bei den Chorturmkirchen oder erst recht bei den Polygonalchören: ein *Chorgewölbe* gehört dazu, unabhängig davon, ob auch das Langhaus (was relativ selten der Fall ist) eingewölbt ist.

Bis weit ins 15. Jahrhundert hinein herrschen dabei weite Kreuzrippengewölbe mit stark gebusten Gewölbesegeln zwischen den Rippen vor, wie sie bereits in der Spätphase der Romanik üblich wurden. Die Formen der Rippen sind unterschiedlich, kantig-kräftige stehen eher am Anfang, zartere und fein profilierte eher am Ende des 14. Jahrhunderts.

Gegen die Mitte des 15. Jahrhunderts übernehmen die dichteren und dekorativeren *Netzgewölbe* die „Führungsrolle" im Gewölbebau. Grundlage bildet ein Tonnengewölbe mit Stichkappen, an deren Kanten die Rippen verlaufen, weitere zusätzliche sind der Tonne aufgelegt. Es entsteht

Röttingen St. Kilian, gerundete, sternartig zulaufende Rippen des in sieben Zwölfteln gebrochenen Chores, um 1280.

oben *Neunstetten* bei Ansbach, St. Veit, Chorgewölbe um 1350 (?) → Abb. S. 137.
rechts *Markt Erlbach* **18**, Blick in das Kreuzrippengewölbe des Chors, im Schnittpunkt der Rippen des Chorhaupts Figur des Hl. Kilian als Schlussstein, um 1380-90.

Gotik und Nachgotik

... und Netzgewölbe im Chor

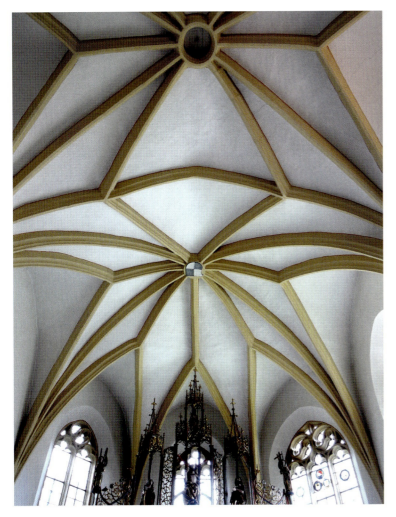

links GUTENSTETTEN bei Neustadt an der Aisch, St. Johannes der Täufer und Laurentius, Blick auf das Netzgewölbe im Chor, mit dem Wappen der Nürnberger Burggrafen (Zollernschild) auf dem Schlusstein, um 1500.

unten DORFKEMMATHEN bei Dinkelsbühl, St. Maria, Netzgewölbe im Chor, um 1430 (der Dachstuhl darüber von 1431 d) → Abb. S. 138.

rechts RÖTHENBACH bei St. Wolfgang, St. Willibald und Kilian, Netzgewölbe im Chor, angeblich 1436[1].

rechts außen DIETENHOFEN östlich von Ansbach 26, Gewölbe im Chorquadrat der Chorturmkirche, mit Maßwerkformen, um 1450.

Gotik und Nachgotik

rechts GROSSLELLENFELD *bei Dinkelsbühl → Abb. S. 223, Netzgewölbe im Chor, um 1460, die Malerei 1907 völlig erneuert.*

unten GRAFENGEHAIG *bei Kulmbach → Abb. S. 158, Gekurvtes Sterngewölbe in der Turmvorhalle, um 1510.*

ein Rippennetz, bei dem neben Dreiecken die Raute vorherrscht, im Gewölbescheitel und zum Chorpolygon hin lassen sich auch Sechssterne u. ä. herauslesen. Wie bei den Kreuzrippengewölben stehen auch hier kräftiger proportionierte Rippenformen neben deutlich flacheren und dünneren, wobei letztere vor allem gegen Ende des 15. Jahrhunderts vorherrschen. Gekurvte und durchgesteckte Rippenformen, wie sie andernorts verbreitet sind, finden sich im Chorpolygon nicht, dafür vereinzelt im Gewölbe einer Sakristei oder Turmvorhalle.

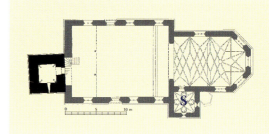

Kalbensteinberg 22

KALBENSTEINBERG *bei Gunzenhausen, St. Maria und Christophorus, Blick in den Chor von 1488 mit seinem dichten Netzgewölbe, an der Südseite die Herrschaftsempore. Die Kalbensteinberger Kirche ist von der Architektur wie von der Ausstattung her eine der eindrucksvollsten spätgotischen Dorfkirchen Frankens.*

Der älteste Teil der Kirche ist der um 1400 errichtete, später erhöhte Westturm. Zwischen 1464 und 1488 wurden Langhaus und Chor erbaut, als Bauherr gilt der Nürnberger Patrizier Paulus Rieter. Das wohl etwas ältere Langhaus (Weihe 1469) könnte ursprünglich mit einer Holztonne überdeckt gewesen sein, 1620 wurde eine für den Chorbogen viel zu niedrige Kassettendecke eingezogen. Der hohe, 1488 geweihte Chor überragt das Langhaus ähnlich wie bei den beiden großen Nürnberger Pfarrkirchen und ist mit den 1610 aufgemalten Wappen Fränkischer Adelsfamilien geschmückt. Die Sakristei besitzt ein reiches Gewölbe mit Maßwerkformen.

Berühmt ist die spät- und nachgotische Ausstattung, die z. T. erst von Hans Rieter 1609-13 zusammengetragen wurde (→ Kleinschwarzenlohe *16*). Dazu gehören die geschnitzten nachgotischen Maßwerkbrüstungen der auskragenden Herrschaftsemporen im Chor und Langhaus, die nur über einen äußeren Treppenturm aus Fachwerk zugänglich sind, der Hauptaltar und zwei umgearbeitete spätgotische Flügelaltäre, das Chorgestühl, ein filigranes Sakramentshäuschen im Chor und schließlich ein fahrbarer „Palmesel" → *Abb. S. 253* und viele andere kleinere Kunstwerke.

links Grundriss **S**=*Sakristei, schwarz: Turm um 1400, dunkelgrau: Kirchenbau 1464-88, hellgrau Treppenturm 1610*

Gotik und Nachgotik

Langhausgewölbe

So selbstverständlich die Wölbung des Chores schon seit der Romanik erscheint, so selten, ja fast ungewöhnlich ist die steinerne Einwölbung des Langhauses in fränkischen Dorfkirchen. Ein triftiger Grund für diese unterschiedliche bauliche Behandlung von Chor und Langhaus in Franken ist schwer zu erkennen. In anderen Landschaften scheint diese Zurückhaltung beim Einwölben des Langhauses nicht so durchgehend zu sein, etwa im östlichen Oberbayern, Österreich, aber auch Norddeutschland. Vielleicht wirkt ja in Franken die „romanische" Tradition besonders stark nach, denn auch aus der Zeit vor 1300 lassen sich in Dorfkirchen so gut wie keine gewölbten Langhäuser feststellen.

Einige Kirchen mit gewölbten Langhäusern gibt es aber doch: sie finden sich vorwiegend im gebirgigen östlichen Teil Frankens (→Verbreitungskarte S. 153), dort, wo ansonsten der Bestand an mittelalterlichen Kirchenbauten deutlich geringer als in anderen Teilen Frankens ist, verkehrte Welt also. Waren dort die Dorfgemeinden reicher, so dass sie sich gewölbte Kirchenräume eher leisten konnten? Das erscheint kaum plausibel, denn das östliche Oberfranken gilt ja eher als arme Region, wobei freilich die Kirchengemeinden ein größeres Gebiet als weiter im Westen und immer mehrere Dörfer umfassten.

PILGRAMSREUTH *bei Hof 19, Blick in das Netzrippengewölbe des Langhauses, wohl von 1473 (Inschrift am Südportal), also praktisch zeitgleich mit den Langhausgewölben in Volsbach →rechte Seite. Das vorderste Gewölbejoch gehört bereits zum älteren Chor und besitzt ein Kreuzrippengewölbe.*

23 Volsbach

VOLSBACH bei Bayreuth, Mariä Geburt, Blick nach Westen auf das Netzgewölbe im Langhaus, wohl von 1474. Eine der am reichsten außen und innen gegliederten spätgotischen Dorfkirchen Frankens.

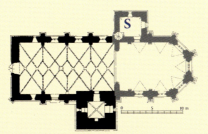

links Grundriss **S**=Sakristei, schwarz: Südturm und Langhaus, dieses von 1474, dunkelgrau: Chor und Sakristei von 1510/11.

Die relativ große, erhöht am Nordrand des Dorfes liegende Kirche ist im wesentlichen in zwei Bauabschnitten entstanden: das Langhaus 1474, wie eine Inschrift über dem Eingangsportal ausweist, Chor und Sakristei um 1510, wie sich aus Rechnungen ergibt. Etwas älter könnte der mächtige Turm sein, der etwa in der Mitte des Kirchenbaus an der Südseite des Langhauses liegt, wie wir es einige Male im östlichen Oberfranken beobachten können → S. 130.

Vergleichbare Langhausgewölbe finden wir ebenfalls fast nur in Oberfranken; im etwas jüngeren Chor war ebenfalls ein Netzgewölbe geplant, kam aber nicht mehr zur Ausführung (das heutige flache Gewölbe 1776). Auffallend ist die ungewöhnlich reiche steinmetzmäßige Durchbildung der Wände innen und außen mit Gesimsen, Rundstäben und Lisenen → Abb. S. 218, 226. Für den Chorbau sind Namen der Steinmetzen überliefert, die offenbar von weit her kamen, wie Benedikt von Prag, Jörg von Passau, Wolfgang von Steyr und Hans von Zwiefalten[2].

Gotik und Nachgotik

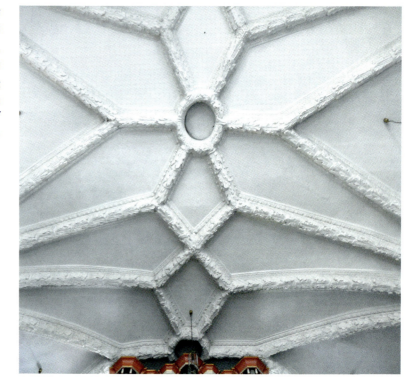

oben Kirchgattendorf *bei Hof* 33, *Blick in das schlichte Kreuzrippengewölbe des Langhauses, um 1450;*

oben rechts Seussling *bei Bamberg, St. Sigismund* 31, *Blick in das Netzgewölbe des Langhauses, um 1470;*

rechts Laubenzedel *bei Gunzenhausen, St. Sixtus, Blick in das sternartige Netzgewölbe des Langhauses, angeblich von 1415, die Rippen wurden bei der Barockisierung 1707 mit Akanthusblattstuck überzogen.*

Gotik und Nachgotik

Mehrschiffige gewölbte Kirchen

„Verkehrte Welt" gilt auch für die *Hallenkirchen*: sie sind bei Dorfkirchen in Franken ganz selten zu finden, und wenn, dann wiederum, wie bei den gewölbten Langhäusern, fast nur im östlichen Franken – also gerade andersherum als man es sonst bei der Verbreitung der mittelalterlichen Kirchen gewöhnt ist. Hallenkirche: das heißt, das Langhaus ist nicht nur „einschiffig", also ein stützenfreier Rechteckraum, wie in allen bisherigen Kirchenbeispielen, sondern das Langhaus ist durch eine oder zwei Stützenreihen („Säulen") in zwei oder drei gleich hohe „Schiffe" in der Längsrichtung unterteilt.

Nicht immer lässt sich bei den ländlichen spätgotischen Hallenkirchen des östlichen Franken, es sind insgesamt nur elf Beispiele (einschließlich der schon einer Basilika ähnlichen Form der Stufenhalle, wie sie in Großlellenfeld und Gesees anzutreffen ist) eine Begründung für die Wahl dieser doch eindeutig besonders aufwändigen Bauform finden. Sicher, sie ist eher in größeren, markt- oder stadtähnlichen Orten anzutreffen, wie Kupferberg, Hallstadt und Pottenstein, und einige davon werden auch „lokale" Wallfahrtskirchen gewesen sein, wie Weißdorf und Grafengehaig – das waren im späten Mittelalter aber viele, ohne dass deswegen die Dreischiffigkeit gewählt wurde.

Bei anderen Hallenkirchen wie in Beerbach, Ottensoos oder Ludwigschorgast lässt sich aber kaum eine stichhaltige Begründung dafür aus einer besonderen Bedeutung heraus finden, sie muss wohl im individuellen Umfeld (Bauherr, Patronatsherr u. ä.) zu suchen sein.

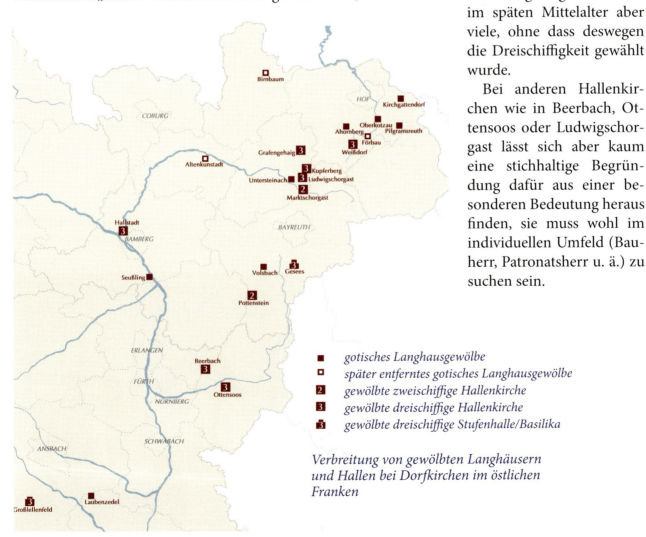

■ gotisches Langhausgewölbe
□ später entferntes gotisches Langhausgewölbe
2 gewölbte zweischiffige Hallenkirche
3 gewölbte dreischiffige Hallenkirche
3 gewölbte dreischiffige Stufenhalle/Basilika

Verbreitung von gewölbten Langhäusern und Hallen bei Dorfkirchen im östlichen Franken

Gotik und Nachgotik

Darüber hinaus ist eine großräumige, aber nicht begründbare Beziehung evident: auch im übrigen Bayern finden sich in der Spätgotik ganz gewölbte oder gar mehrschiffige Dorfkirchen eher im Osten, etwa in Niederbayern, dem östlichen Oberbayern und anschließend in Österreich; aber auch im nordöstlich an Franken anschließenden Sachsen sind sie nicht selten, ganz abgesehen von Norddeutschland mit vielen ganz eingewölbten Dorfkirchen. Eine aufs Große gesehen gegensätzliche räumliche Verbreitung konnten wir bei den Chorturmkirchen beobachten: dort, wo sie vorherrschen, herrschen auch flachgedeckte, einschiffige Langhäuser vor, dort, wo sie eher unbekannt sind, finden sich offenbar gewölbte Kirchenschiffe häufiger.

Die Dreischiffigkeit ist seit der Romanik ein Kennzeichen des gehobenen Kirchenbaus, also der Bischofs-, Kloster-, Stifts- und Stadtkirchen, zunächst in der Form der Basilika, also mit hohem Mittelschiff und begleitenden niedrigeren Seitenschiffen, erst seit dem 14. Jahrhundert, zumindest in Franken, auch in der Form der geschilderten Hallenkirche. Basiliken kommen bei Dorfkirchen in Franken jedoch fast gar nicht vor, die ganz wenigen erhaltenen romanischen Basiliken sind zumindest ursprünglich ungewölbt und lassen sich zumeist mit über eine Dorfkirche hinausweisenden Sonderbedingungen erklären, so etwa die Martinskirche in Greding als Kirche

Dreischiffigkeit ohne Wölbung:
oben SALZ *bei Bad Neustadt, Mariä Himmelfahrt → Abb. S. 174, romanische Basilika von außen;*

oben rechts HALSBACH *bei Dinkelsbühl, St. Petrus und Paulus → Abb. S. 25, Blick in das Langhaus nach Osten, im Kern eine romanische Basilika;*

rechts PFARRWEISACH *in den Haßbergen, St. Kilian. Blick in das Langhaus der flachgedeckten Staffelhalle (überhöhtes Mittelschiff) mit trennenden Bögen, 1519 vollendet.*

Gotik und Nachgotik

eines Königshofs und bald stadtähnlicher Siedlung, ebenso die Kirchen in Solnhofen (→ S. 58) und Salz als jeweils bereits karolingische Mittelpunktsorte; nur bei der Basilika in Halsbach fehlt bisher ein erklärende „Besonderheit". Die einzige ungewölbte dreischiffige Halle, zwar mit ungleich hohen Schiffen (Staffelhalle) aus gotischer Zeit findet sich in Pfarrweisach; diese Anlage entspricht vielen kleinstädtischen Pfarrkirchen in Franken.

Die Wölbungen der erst ab der zweiten Hälfte des 15. Jahrhunderts nachweisbaren dörflichen Hallenkirchen zeigen die typischen spätgotischen Formen, also das Netz- und Sternrippengewölbe, wobei sich die Rippen manchmal richtiggehend durchkreuzen und dann auch stumpf enden. Über-

Weissdorf *bei Hof, St. Maria*
links Blick in den von vier Rundsäulen gegliederten dreijochigen und dreischiffigen Hallenraum mit Netzgewölbe nach Westen und oben in das Langhausgewölbe nach Westen zu. Erbaut um 1483, nach einer an einer Säule zusammen mit einer Kreuzigungsdarstellung aufgemalten Jahreszahl.

Gotik und Nachgotik

BEERBACH *bei Lauf, St. Egidien → Abb. S. 14, Blick in den von sechs Rundsäulen gegliederten vierjochigen und dreischiffigen Hallenraum nach Osten hin, erbaut 1500-1520. Die Verwandtschaft bei der Gewölbebildung zur größeren Halle in Ottensoos* 24 → *Abb. unten ist offensichtlich.*

raschenderweise bleibt man bei den beiden mittelfränkischen Hallenkirchen in Ottensoos und Beerbach auch noch um 1500 bei dem an sich veralteten schlichten, dafür besonders kräftigen Kreuzrippengewölbe. Die Säulen haben hier, aber auch bei den anderen Hallenkirchen, immer einen glatten, runden Querschnitt und die Rippen der Gewölbe entwachsen ohne Profile, Kämpfer o. ä. unmittelbar den Säulen und breiten sich wie Äste in der Gewölbezone aus. Die Betonung der durch die Säulen vorgegebenen Längsachse mit breiteren Gurtbögen und dadurch eine optische Trennung der Schiffe finden wir in Beerbach und Hallstadt, sie unterbleibt aber in Ottensoos, Weißdorf und Grafengehaig, so dass sich eine stärkere Raumvereinheitlichung bildet.

Ottensoos 24

OTTENSOOS *bei Lauf, St. Veit, Blick nach Westen in das vierschiffige (!) Langhaus, erbaut um 1470. Der schönste der wenigen in Franken erhaltenen spätgotischen Hallen auf dem Land.*

Die bis heute von hohen Mauern umgebene, ehemals stark befestigte Chorturmkirche in Ottensoos, einem mittelgroßen Dorf südlich der Pegnitz zwischen Lauf und Hersbruck, weist mehrere Besonderheiten auf, etwa die Dreifenstergruppe im spätromanisch-frühgotischen Ostchor → Abb. S. 112 oder die zweigeschoßige Sakristei an der Südseite des Chors mit eigenem Treppenturm von 1487 → Abb. S. 234. Aber die eigentliche Überraschung stellt der hohe und lichte Hallenraum dar, den man eher in einer städtischen Kirche, aber kaum in einem ganz „normalen" Dorf erwarten würde, wie es Ottensoos ja ist.

Die Halle besteht aus fünf Jochen und vier Schiffen, die von eleganten, runden Säulen getrennt werden und die ohne Kapitell direkt in die kräftigen Rippen des Kreuzgewölbes übergehen. Zur Bauzeit der Halle, die wohl mit der Jahreszahl 1471 am Turm → Abb. S. 127 zusammengeht, waren es nur drei Schiffe, das mittlere etwas breiter als die beiden seitlichen. 1521 wurde nach Norden das ungewöhnliche schmale vierte Schiff so geschickt angefügt, dass man den zeitlichen Unterschied fast nicht erkennt → Abb. links unten; für diese Baumaßnahme ist ein Meister Wolfgang aus Nürnberg überliefert[3].

Weitere Kunstwerke im Innern zeigen den hohen Rang der Ottensooser Kirche: etwa drei spätmittelalterliche Flügelaltäre oder das grandiose Sakramentshaus von 1522 → Abb. S. 231.

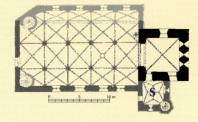

Grundriss S=Sakristei, schwarz: Chorturm, um 1250-1300; dunkelgrau: Langhaus und Sakristei 1470-1484, hellgrau: Erweiterung 1521

Gotik und Nachgotik

GRAFENGEHAIG *im Frankenwald, Hl. Geist, ehem. St. Maria → Abb. S. 40, Blick in das von vier Rundsäulen gegliederte dreijochige und dreischiffige Langhaus mit Netzgewölbe nach Westen hin, fertiggestellt nach Inschrift 1510. Die Emporen erst von 1936, die Gewölbemalereien von 1652.*

Gotik und Nachgotik

GROSSLELLENFELD *bei Dinkelsbühl, Mariä Heimsuchung → Abb. S. 223, Blick vom Seitenschiff in das überhöhte Mittelschiff und den Chor mit Netzgewölben. Die sehr schlanke Staffelhalle wurde von 1446 bis 1500 gebaut, wobei in den Formen deutliche Beziehungen zur großen Dinkelsbühler Hallenkirche bestehen.*

Kirchen der Nachgotik

Es gibt keine Renaissance – zumindest als Leitbild bei Dorfkirchen. Oder auch anders gesagt: Der Begriff Renaissance taugt nicht als Stilbegriff für das, was sich im Kirchenbau Frankens im 16. und frühen 17. Jahrhundert abspielt. Denn letztlich bleiben noch lange nach 1500 die Stilmerkmale der Gotik, sowohl was die Bauformen, aber zum Teil auch was die Dekorationsformen anbelangt, bestimmend. *Nachgotik* ist daher trotz zum Teil italienisch erscheinender Ornamentik der wesentlich stimmigere Stilbegriff als Renaissance. Eine „Wiedergeburt" findet nicht statt, vielmehr bilden Spitzbogen und Maßwerk auf der einen, Chorturmkirche und polygonaler Chor auf der anderen Seite weiterhin die Norm im Kirchenbau.

Was sich aber fundamental ändert ist, dass wir es nun mit einer „geteilten" Kirche (jetzt im geistigen Sinn gemeint) zu tun haben, denn ab etwa 1520-30 spaltet sich in weiten Teilen Frankens die evangelische Konfession ab. Das ist die gleiche Zeit, in der nach verbreiteter Auffassung das Mittelalter und die Gotik eigentlich zu Ende gehen.

Die etwa Mitte des 16. Jahrhunderts vollzogene konfessionelle Spaltung hat natürlich auch Konsequenzen für den Kirchenbau selbst, aber sie sind nicht so gravierend, wie man eigentlich erwarten würde – nachgotische Formen sind sowohl beim katholischen wie beim evangelischen Kirchenbau bis zum Dreißigjährigen Krieg, ja vereinzelt sogar noch nach 1700 üblich, freilich in sehr unterschiedlicher Intensität.

Dieses Festhalten an gotischen Elementen erfolgte keineswegs nur aus purer Bequemlichkeit, künstlerischer Unfähigkeit oder gar Unwissenheit über die ansonsten herrschende Renaissance-Baumode, sondern scheint ein ganz bewusster, ja fast politisch motivierter Akt des Rückgriffs auf die Zeit vor der Kirchenspal-

Katholische nachgotische Kirchen ohne Turm:

oben LAUB *bei Kitzingen, St. Nikolaus, Saalkirche mit Polygonalchor und Maßwerkfenstern von 1590, nach Westen verlängert 1905;*

links ST. ROCHUS *bei Ebrach, kleine Saalkirche von 1613 mit einfachen Spitzbogen-Fenstern und glattem Polygonalchor.*

Gotik und Nachgotik

tung gewesen zu sein – wiederum von beiden Konfessionen aus. Wenn überhaupt, müsste man also von „gotischer Renaissance" sprechen.

Der Höhepunkt dieser gotisch-mittelalterlichen Rückbesinnung liegt in der Zeit um 1600, drei Namen können dafür stehen: erstens, auf evangelischer Seite der Nürnberger Patrizier Hans Rieter, der sich 1603-05 bei der „Neueinrichtung" seine beiden im Markgrafenkrieg 1552-54 verwüsteten Patronatskirchen in Kalbensteinberg 22 und Kleinschwarzenlohe 17 gezielt mit anderswo erworbenen mittelalterlichen Kunstwerken füllen ließ: damit ... *sich darob sowohl catholische allß euangelische, ja jeder meniglich verwundert vnnd herzlich erfreuet ... vnnd alienirn, das gewissen gerürt, die augen geöfnet vnnd ein nachfolgig denckmahl vfgerichtet worden.*[4]

Im Bamberger Raum, also auf katholischer Seite, hat sich der um 1600 wirkende, aus Graubünden stammende Giovanni (Hans) Bonalino (1575-1633) gerne gotischer Elemente beim Kirchenbau bedient.

Aber am meisten denkt man in diesem Zusammenhang an Julius Echter von Mespelbrunn, Bischof von Würzburg 1573-1617. Seine Amtszeit, in der er die Gegenformation und die „Rückholung" zahlreicher, bereits evangelisch gewesener Gebiete und Gemeinden intensiv betrieb, ist durch eine umfangreiche Bautätigkeit geprägt. Anders, als etwa in den Hochstiften Bamberg und Eichstätt sowie in den evangelischen Fürstentümern und Herrschaftsgebieten, wo

Evangelische nachgotische Kirchen:
oben WIESENBRONN *bei Kitzingen, St. Mauritius, ungewöhnliches zweischiffiges Langhaus mit Mittelsäule, getrennt davon durch zwei Rundbögen mit Mittelsäule: der polygonale Chor mit Maßwerkfenstern, erbaut 1603;*
rechts BEROLZHEIM *bei Bad Windsheim, kleine Saalkirche mit Polygonalchor, erbaut vermutlich um 1560.*

Gotik und Nachgotik

sich kirchliches Bauen in der Zeit hauptsächlich auf Umbauten und einzelne, meist nur kleinere Neubauten wie Kapellen und Friedhofskirchen zu beschränken scheint, erfährt der Kirchenbau im Hochstift Würzburg unter Julius Echter einen geradezu flächendeckenden Aufschwung, es werden unter seiner Regentschaft und seiner direkten, nachweisbaren Einflussnahme so viele Kirchen neu- und umgebaut, wie nie zuvor und danach. Aber auch noch nach seinem Tod 1617 hält der Bauboom an, bis etwa 1630, als dann endgültig der Dreißigjährige Krieg auf Franken übergreift.

Die unter Julius Echter gebauten Kirchen stehen voll in der Kontinuität des spätgotischen fränkischen Kirchenbaus. Am häufigsten sind wie schon im 15. und frühen 16. Jahrhundert die Kirchen mit nördlichem oder, etwas seltener, südlichen Flankenturm am Chor gebaut worden. Der Chor selbst besitzt dann fast immer den vertrauten polygonalen Abschluss, meist ohne Strebepfeiler. Daneben entstehen weiterhin Chorturmkirchen, wobei aber zumindest in den unteren Geschoßen auf einen bereits zuvor vorhandenen Chorturm aufgebaut wird. Im Innern zeichnen sich wie schon zuvor die Langhäuser durch flache und wohl auch einst überwiegend hölzerne Decken aus (→ S. 197), während der Chor ein Rippengewölbe besitzt – also auch hier keine umstürzlerischen Neuigkeiten.

Bei vielen seiner Baumaßnahmen wurden wesentliche und offenbar „brauchbare" Teile des Vorgängerbaus übernommen bzw. in den Neubau einbezogen, zum Teil werden unter Julius Echter

links ERLENBACH *bei Marktheidenfeld, St. Burkardus von 1614, mit Flankenturm und Chorpolygon.*

links außen ESCHERNDORF *am Main, Johannis der Täufer, 1600-1616, mit Chorturm und Polygon.*

Gotik und Nachgotik

auch im frühen 16. Jahrhundert „liegengebliebene" Baumaßnahmen zu Ende geführt, und zwar weitgehend im Geist der ursprünglichen Planung. So erhalten die 1414 begonnene Stadtpfarrkirche von Iphofen erst ab 1581 und auch die Hallenkirche in Frickenhausen erst von 1613-16 ihr Rippengewölbe und den gesamten Chor.

Es handelt sich also beim Kirchenbau Julius Echters um eine bewusste und durchaus politisch-religiös motivierte Wahl gotischer Bau- und Stilformen. Zurück zur „Alten Kirche" war das Motto – im übertragenem wie im konkreten Sinn. Letztlich drücken dies auch die zahlreichen „Gedichte", die Julius Echter an fast allen damals erneuerten Kirchen auf eingesetzten Sandsteintafeln anbringen ließ, aus, wie etwa an St. Kunigund bei Aub **14**:

> *Bischoff Julius hat Regirt*
> *Vierzig Jahr Kirch restaurirt*
> *Gotteshaus baut auch ganz neu*
> *und volget mehr auß Vatters treu*
> *führt ein die alt Religion*
> *Dies erkhandt frei sein underthan*
> *Solches alles zu glickh u. segen*
> *Der treue Fürst thut Gott ergeben 1614*

oben und links BÜTTHARDT *bei Ochsenfurt, Frauenkapelle von 1620, Austattung barock.*

rechts FRICKENHAUSEN *am Main, St. Gallus, dreischiffige Staffelhallenkirche von 1514-21, Gewölbe 1613-16.*

Gotik und Nachgotik

„Julius-Echter"-Türme

Nach den zeitgenössischen Verzeichnissen wurden von Julius Echter bis 1613 im Fürstbistum Würzburg fünfzig Kirchen neu gebaut, dreißig „renoviert" (wobei dies wohl mehr umfasst, als wir heute darunter verstehen, also völlige Überarbeitung, Umbau und Neuausstattung), 26 mal wurden nur die Kirchtürme neu errichtet. Da aber auch noch nach 1613 kräftig weiter gebaut wurde, liegt die Zahl der unter Bischof Julius Echter und seinem Nachfolger Johann Gottfried von Aschhausen neu gebauten bzw. erneuerten Kirchen noch deutlich höher.

Während sich bei kaum einer „Echter-Kirche" bis heute die zeittypische innere Ausstattung mit Altären, Decken, Kanzeln, Farbigkeit usw. erhalten hat – die Innenräume sind fast überall in der Barockzeit völlig überarbeitet worden – prägt ihre äußere Erscheinung bis heute das Bild sehr vieler Dörfer um den Main und der fränkischen Saale entscheidend mit – und das gilt ganz besonders für ihre Türme, die eine auffallend einheitliche Form haben. Es sind dezidiert „gotische" Türme, die mit ihren schlanken Spitzen sogar die ansonsten durchaus vergleichbaren und allenthalben in Franken verbreiteten gotischen Turmhelme an Steilheit und Eleganz noch übertreffen wollen.

Es hat ganz den Anschein, als sollte gerade mit diesen aus der Landschaft herausragenden nadelspitzen Türmen bzw. Turmhelmen die Rückkehr zur „Alten Kirche" nach außen zeichenhaft sichtbar gemacht werden. Noch heute finden sich rund 140 solcher, wie man sie schon seit dem 19. Jahrhundert treffend nennt, „Echtertürme" bzw. „Juliustürme", in ihrer Verbreitung zeigt sich noch immer das einstige hochstiftisch-würzburgische Territorium. Das Vorbild war offenbar so wirkmächtig, dass auch einzelne evangelische Kirchen die Turmform übernahmen.

Formal bringen diese zwischen 1575 und 1630 errichteten Echtertürme eigentlich nichts Neues gegenüber älteren oder auch jüngeren spitzen Turmhelmen (→ S. 166 f.). Charakteristisch ist der sehr starke Knick zwischen dem flach ansetzenden und vom Viereck zum Achteck vermittelnden unteren Helmbereich und dem achtseitigen sehr hohen und sehr steilen Helm selbst, der immer mit Schiefer eingedeckt ist; das oberste Turmgeschoß besitzt große, mit Maßwerk verzierte spitzbogige Schallfenster, die unteren Turmgeschoße, wenn sie nicht, wie so oft, vom Vorgängerbau stammen, haben querovale Öffnungen.

Verbreitung der zwischen 1575 und 1630 errichteten „Echtertürme" im westlichen Franken
▲ *an katholischen Kirchen*
▲ *an evangelischen Kirchen*

Gotik und Nachgotik

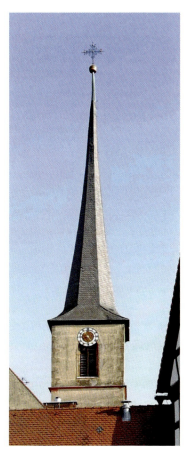
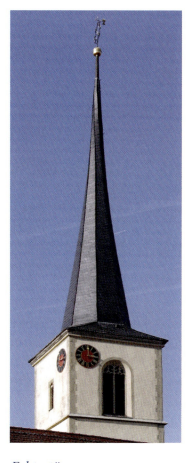

Echtertürme:

oben links MARKT BIBART *bei Scheinfeld, Darstellung Mariä, von 1614-16;*

oben SOMMERACH *am Main, St. Eucharius, Turm von vermutlich 1583;*

links ZEUZLEBEN *bei Schweinfurt, St. Bartholomäus, Turm erhöht 1600;*

rechts MITTELSTREU *bei Mellrichstadt, St. Johannis, ehem. Chorturmunterbau spätes 13. Jahrhundert, viertes Turmgeschoß und Helm von 1607, Chor und Langhaus 1715 verändert.*

Gotische Kirchtürme

Eine Kirche ohne Turm – fast nicht denkbar. Die oberen Abschlüsse der Kirchtürme – Helme, Spitzen, Hauben, Kuppeln, Satteldächer – prägen mehr als alle anderen Bauteile einer Kirche ihr Bild nach außen, stehen zeichenhaft nicht nur für den sakralen Ort „Kirche", sondern für die ganze zugehörige Siedlung, sei es Dorf, Markt oder Stadt, sind insofern auch weltliches Identifikationsmerkmal. Ja man hat gerade seit der Gotik durchaus den Eindruck, dass die weithin sichtbaren Abschlüsse der Kirchtürme und „weltlichen" Türme – Stadttürme, Rathaustürme, Burgtürme – in einer Art Wettbewerb zueinander stehen und sich gegenseitig als Vorbild dienen. Damit werden sie aber auch Teil regionaler Bautradition und Baumoden.

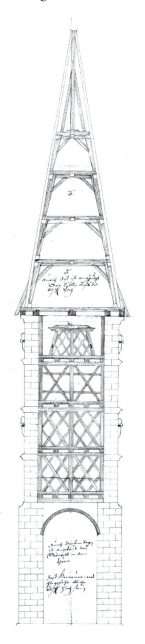

Der klassische gotische Kirchturm hat einen hohen spitzen Helm, so wie er sich noch an den Julius-Echter-Kirchen der Zeit um 1600 als Standard feststellen lässt (→ S. 164). Die Zeit der schlanken Spitzhelme ist aber damit noch längst nicht vorbei, sondern reicht in vielen Regionen Frankens durchaus noch über 1630 bis ins 18. Jahrhundert hinein, auch wenn dann die Kuppeln und Hauben mehr in Mode sind (→ S. 298 ff.), ja erlebt im 19. Jahrhundert im Zuge der Neugotik eine erneute Bevorzugung.

Die lange Zeitdauer spitzer Turmhelme erschwert ganz wesentlich ihre Datierung: bei weitem nicht alle sind spätmittelalterlich. Von der äußeren Form her lässt sich die Bauzeit nur sehr eingeschränkt abschätzen. Was allein sicher helfen würde, wäre die Kenntnis der manchmal ja durchaus kühnen Holzkonstruktion des Helms und dann eine entsprechende dendrochronologische Untersuchung. Doch bisher sind nur sehr wenige Helme gefügekundlich dokumentiert und datiert worden. Die ältesten sicher nachgewiesenen spitzen Kirchenturmdachwerke stammen danach zwar erst aus dem 15. Jahrhundert, doch dürfte es noch mehrere bisher unerkannte Beispiele aus dem 14. Jahrhundert geben.

Es lassen sich formal drei verschiedene Ausführungen spitzer Kirchtürme unterscheiden: 1. der vierseitige Helm auf vierseitigem Turmunterbau, 2. der achtseitige Helm, ebenfalls auf vierseitigem Turmunterbau (wie bei den Echtertürmen), wobei der Übergang durch diagonale Aufschieblinge im unteren Teil des Helms erfolgt, und 3. der achtseitige Helm auf einem achtseitigem Obergeschoß des Turms, den sog. „Achtort", hier wird also der Übergang in den Turmkörper verlegt, dessen oberes Ge-

OTTENSOOS bei Lauf 24, Querschnitt durch den Turm der Kirche mit den stockwerksweise eingebauten inneren „Fachwerkwänden" und dem geplanten Turmhelm. Bauplan von 1651/52 (Staatsarchiv Amberg, Fürstentum Obere Pfalz, Regierung, Beziehungen zu Rothenberg 581). Die Konstruktion des Turmhelms erfolgt durch vierfaches Übereinanderstellen von liegenden Stühlen, also der traditionellen Art, Dachwerke zu errichten.

Gotik und Nachgotik

Turmhelme

1. Vierseitiger Turmhelm:
URPHAR bei Wertheim 30, erst Saalkirche, nach 1200 Chorturmkirche, der Turmhelm von 1447 d, Hohlziegeldeckung 1980 völlig erneuert;

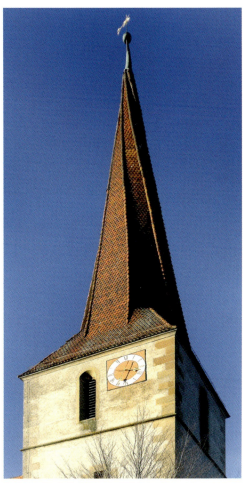

2. Achtseitiger Helm auf vierseitiger Basis:
WETTRINGEN bei Rothenburg 2, erbaut 1447 ff., aus dieser Zeit wohl auch der elegante, gedrehte und ziegelgedeckte spitze Turmhelm;

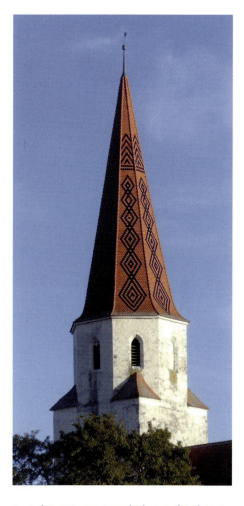

3. Achtseitiger Turmhelm auf Achtort:
OBERMÖGERSHEIM bei Dinkelsbühl, St. Martin, wohl von 1471, Muster-Ziegeldeckung mit glasierten Ziegeln.

schoß (es können auch mehrere sein) bereits achteckig ausgebildet ist, wobei der Übergang zum vierseitigen Turmunterbau über diagonale Eckdächlein ausgeglichen wird. Der schwere vierseitige Helm kommt verstreut überall, aber nicht sehr häufig vor, noch am meisten im Altmühlgebiet und im östlichen Nürnberger Land, er passt eigentlich nur zu kleinen Turmquerschnitten, sonst wirkt er meist etwas plump. Der Helm auf dem Achtort findet sich besonders häufig im südlichen Franken. Am meisten verbreitet und am typischsten für Franken ist die Form, bei der der Übergang von vier zu acht Seiten im Helm selber gelöst wird, sicher die eleganteste Lösung.

Konstruktiv entsprechen die, wie schon erwähnt, bisher wenig baugeschichtlich untersuchten Turmdachwerke offenbar den vom Langhaus her bekannten Formen, wir finden also stehende und liegende Stühle in mehreren Stockwerken übereinander und Kreuzverstrebungen in den steilen

Gotik und Nachgotik

JOBSTGREUTH *bei Bad Windsheim, Blick ins Turmdachwerk, um 1680,* und

KLEINSCHWARZENLOHE *bei Nürnberg* 17, *Blick auf die sternförmige Turmbalkenlage, um 1450.*

Schrägen. Die Geschoßebenen besitzen enge, strahlenförmig ausgreifende Balkengitter und werden – freilich nicht immer – in der Mitte durch einen hohen „Kaiserstiel" zusammengehalten, der bis in die Spitze reichen kann und dort Knopf, Kreuz, Stern, Hahn oder Fahne als Bekrönung aufnimmt.

Eine völlig andere Konstruktionsform stellen die gemauerten, völlig steinernen Turmhelme dar, von denen es auf der bayerischen Seite des Untermains nur noch zwei Beispiele gibt (in Hörstein und Schöllkrippen → Abb. S. 27). Sie sind dort vereinzelt in gleicher Art auch auf Türmen der Ortsbefestigung und der Burgen aufgesetzt; das Kerngebiet der wehrhaften steinernen Turmhelme ist die westlich anschließende Wetterau. Der wenn auch vielleicht manchmal nur symbolische Einfluss der Wehrarchitektur auf den Kirchenbau ist ja schon deswegen nicht überraschend, weil die Kirchen und insbesondere die Türme in spätmittelalterlich-gotischer Zeit durchaus auch als wehrhafte Bauwerke gedacht waren, die im gewissen Sinn auch der Abschreckung dienten (→ S. 38 ff.).

Eine recht einfache, aber in Franken sehr seltene Form stellen die Türme mit Satteldachabschluss dar, einem aufgesetztem Hausdach ähnlich. Zur Gruppe der Satteldachtürme gehört der früheste gesicherte Turmabschluss überhaupt, der sich für 1261 in Brendlorenzen 9 (→Abb. S. 71) feststellen ließ, ein weiterer im nahen Unterebersbach (→ Abb. S. 73) unbekannten Alters. Völlig anderer Art und jüngeren Datums sind die auf ein Fachwerkgeschoß aufgesetzten Satteldächer – gerade am Beispiel Serrfelds möchte man

HÖRSTEIN *bei Aschaffenburg, Mariä Himmelfahrt, wehrhaft wirkender steinerner Turmhelm hinter Zinnenkranz, vermutlich von 1453 (Inschrift am Turm).*

Gotik und Nachgotik

Satteldachtürme

RÖMERSHOFEN bei Königsberg, Chorturmkirche, Fachwerk-Turmaufsatz mit Satteldach, um 1700 und

SERRFELD bei Bad Königshofen, Chorturmkirche, Turm mit „Fachwerkhaus", um 1700.

tatsächlich von einem Hausturm sprechen. Vergleichbare Beispiele kennt das anschließende, ehemals hennebergische Südthüringen.

Der hausartige Turmabschluss kann auch als Vollwalmdach ausgebildet sein, ganz in der Art, wie es vom mittelfränkischen Hausbau her bekannt ist, also mit einem kleinen Walmknick am First, wie bei den zwei Beispielen in Kirchfembach bei Fürth und in Untergailnau.

Weitere einzelne Beispiele für Satteldachtürme aus gotischer Zeit finden sich ganz im Süden Frankens, im Altmühltal, wie in Pappenheim, St. Gallus von etwa 1500, in Hirnstetten mit Treppengiebeln und in Pfünz mit aufgesetzten steinernen Fialen. Im südlich anschließendem Nieder- und Oberbayern sind sie dagegen stark verbreitet, aber auch in Schwaben bis ins Elsaß und die Nordschweiz hinein.

links KIRCHFEMBACH bei Fürth, St. Veit, Chorturmkirche, Vollwalmdach des Chorturms spätmittelalterlicher Art, vermutlich von 1519 (Inschrift am Turm).

rechts PFÜNZ bei Eichstätt, St. Nikolaus, Chorturmkirche, Kern um 1500, steiles Satteldach des Turms, die Fialen aus Backstein.

Gotik und Nachgotik

Viergiebeltürme

GROSSOSTHEIM *bei Aschaffenburg 45, um 1260, Turm mit vier Giebeln und hoher Helmspitze*

Neben den bereits geschilderten drei Grundformen spitzer gotischer Turmhelme gibt es weitere Varianten. Eine davon ist die mit jeweils einem in der Mauerflucht hochgezogenen Spitzgiebel an den vier Turmseiten und darüber der achtseitige Helm. Damit lässt sich auch der Übergang von den vier Seiten des Turms zu acht Seiten des Helms recht geschickt lösen.

In Franken finden sich mittelalterliche Viergiebeltürme dieser Art (die dann in der Neugotik wieder sehr beliebt sind) recht selten, fast alle liegen ganz im Südosten. Sie gehören damit offenbar zu den nördlichsten Ausläufern einer im alpin-voralpinen Raum weit verbreiteten Turmform, vielleicht hat hier aber auch das Vorbild der gleichartigen Eichstätter Domtürme gewirkt.

Anders ist der Viergiebelturm in Großostheim, am nordwestlichen Rand Frankens, zu werten. Aufgrund der Fensterformen in den Giebeln lässt er sich auf etwa 1260 datieren, bei ihm dürfte die rheinische Spätromanik Pate gestanden haben, in der Viergiebeltürme

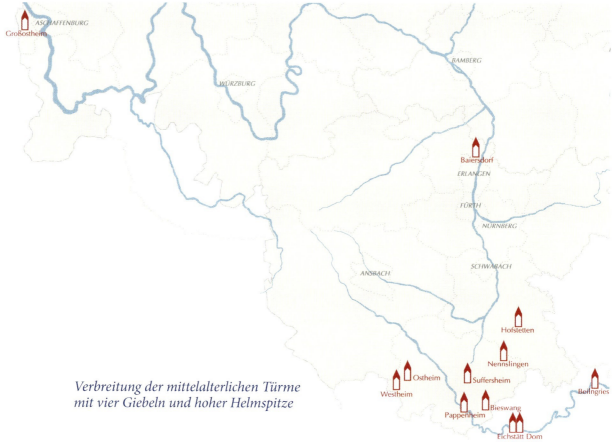

Verbreitung der mittelalterlichen Türme mit vier Giebeln und hoher Helmspitze

Gotik und Nachgotik

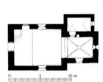

oben HOFSTETTEN *bei Hilpoltstein, Mariä Verkündigung, kleine Chorturmkirche, um 1350 - auch der Turmhelm?*
rechts SUFFERSHEIM *bei Weißenburg, St. Michael, Chorturmkirche, Kern mittelalterlich, Alter des Turmhelms unbekannt.*

ebenfalls an großen Domen beliebt waren. Jedenfalls ist der Turmhelm von Großostheim einer der wenigen, die sicher in die Zeit vor 1300 zurückgehen.

So wiederholt sich bei den Viergiebeltürmen das bei den Satteldächern festgestellte Vorkommen am Nord- wie am Südrand Frankens, die Mitte bleibt nahezu frei. Ob beide Turmabschlüsse einst weiter verbreitet waren, bleibt ungeklärt.

Gotik und Nachgotik

Fünfknopftürme

Eine besonders originelle und sehr gotische Turmhelmform ist die, bei der an den vier Turmecken weitere kleine Türmchen mit kleinen Fenstern aufsitzen, so dass sich mit dem großen Mittelhelm fünf Helme ergeben – da diese alle auch einen vergoldeten Knopf auf der Spitze besitzen, spricht man auch von Fünfknopftürmen. Es besteht kein Zweifel, dass die vier Ecktürmchen in der Wehrarchitektur der Burgen und befestigten Städte ihr Vorbild haben, als Ausguck nach Feind oder Feuer. Doch schon bald wird der Ziergedanke überwogen haben.

Der älteste Turm dieser Art steht in Döringstadt und ist 1412 inschriftlich datiert. Die kantige Form der aus Sandsteinquadern errichteten diagonal gestellten Eckerker mit Giebeldächern hat ihr direktes Pendant in den beiden Stadttürmen von Herzogenaurach, einer dort ist 1386 d datiert[6]. Sehr viel eleganter und reicher durchgearbeitet sind die Fünfknopftürme mit sandsteingemauerten Ecktürmchen, die im 15. Jahrhundert im Nürnberger Umland üblich waren, viele davon sind nur

links DÖRINGSTADT *bei Staffelstein, St. Martin, Chorturm nach Inschrift einheitlich von 1412 → Abb. S. 127, dazu wird auch noch „hanns linwardt in Aewing [=Ebing]" genannt, wohl der Baumeister.*

oben HANNBERG *bei Erlangen, Mariä Geburt und St. Katharina → Abb. S. 44, Chorturmkirche, der Turm von 1486, vielleicht von Hans Behaim d. Ä.*

rechts BURGFARRNBACH *bei Fürth, St. Johannes, Chorturmkirche, Turm um 1490, von dem Nürnberger Stadtbaumeister Hans Behaim d. Ä.*

Heroldsberg

HEROLDSBERG *bei Erlangen, St. Margarete, Blick auf den Westturm mit den vier Ecktürmchen, vermutlich 1435 zusammen mit dem obersten Turmgeschoß aufgesetzt (Foto 1979, noch mit der alten Rautenziegeldeckung).*

Die aus Sandsteinquadern gebaute Heroldsberger Kirche wurde schon 1510 von Albrecht Dürer gezeichnet – eine der ältesten konkreten Dorfkirchendarstellungen, die wir überhaupt kennen → Abb. S. 2 – und hat sich in ihrer charakteristischen Form seitdem nicht wesentlich verändert: der hohe Turm mit den fünf achteckigen Ecktürmchen im Westen, ein das Langhaus überragender polygonaler Chor im Osten, dazwischen das zu Dürers Zeiten noch etwas niedrigere Langhaus.

Es ist der einzige Bauteil, der später, und zwar erst 1821 wesentlich umgebaut wurde, denn damals wurde die Südwand erhöht und erhielt größere Fenster. Ansonsten haben die drei Bauteile der Kirche auch unterschiedliche Bauzeiten: der Westturm dürfte im unteren Teil noch aus dem späten 13. Jahrhundert stammen, der Chor wurde um 1440 errichtet, das Langhaus in seiner ursprünglichen Form (die Nordwand erhalten) kurz danach; in etwa die gleiche Zeit fällt die Errichtung der charakteristischen Fünfknopf-Turmspitze.

Im gewölbten Untergeschoß des Turmes haben sich Wandfresken des 14. Jahrhunderts erhalten, der Hauptaltar enthält ein fast lebensgroßes Kruzifix der Riemenschneiderschule, auf die Patronatsherren, die Nürnberger Patrizierfamilie Geuder, weisen farbige Wappenscheiben in der Verglasung des Chores hin.

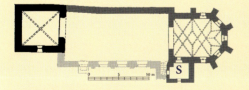

Grundriss: schwarz: Westturm, vor 1300; dunkelgrau: Chor, Langhaus und Sakristei (S) um 1450; hellgrau: Umbau 1821

Gotik und Nachgotik

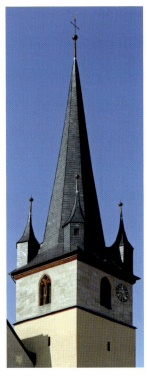  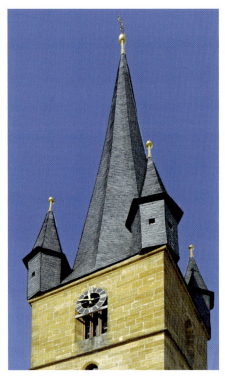 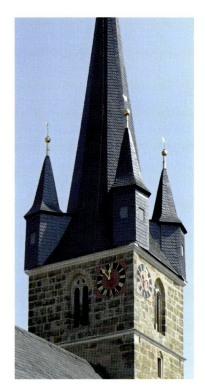

Verschieferte „Bamberger" Fünfknopftürme:

obere Reihe

GEISFELD, St. Magdalena, 17. Jahrhundert – STETTFELD, Mariä Himmelfahrt, nach 1700? – LITZENDORF, St. Wenzeslaus *37*, 1467 ?– MEMMELSDORF, Mariä Himmelfahrt, 1609.

untere Reihe

UNTERLEITERBACH, St. Maria Magdalena, 1491? – ALTENKUNSTADT, Mariä Geburt, 1525–37 – und außerhalb des Bamberger Umlandes: SALZ bei Bad Neustadt, Mariä Himmelfahrt, 16. Jahrhundert? - der Dachstuhl über Langhaus von 1413 d.

 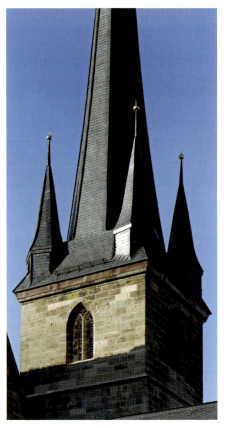 

Gotik und Nachgotik

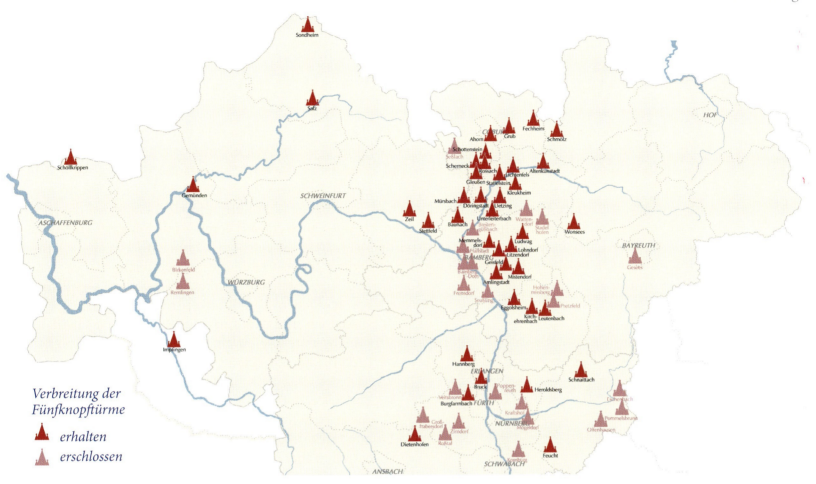

Verbreitung der Fünfknopftürme
▲ erhalten
▲ erschlossen

durch alte Abbildungen belegt. Vorbild mögen die vielen Fünfknopftürme sein, die im Zuge der Nürnberger Stadtmauer und Burg vorhanden waren. In Rothenburg besitzt z. B. der Stöberleinsturm ebenfalls vier solche „Scharwachttürmchen", wie die Ecktürmchen auch heißen.

Der bis heute bedeutendere regionale Schwerpunkt für Fünfknopftürme ist der Bamberger Raum bis hinauf nach Coburg. Die vier Ecktürmchen sind hier zumeist als verschieferte Holzkonstruktion ausgeführt und setzen ganz unterschiedlich an: manchmal leicht vorkragend über das Turmgesims, manchmal dahinter zurücktretend. Zwar fehlt vielfach eine genaue Datierung, doch deutet sich an, dass die Fünfknopftürme im westlichen Oberfranken noch weit bis ins 16., ja 17. Jahrhundert hinein in Mode geblieben sind, also wiederum ein Stück gotischer Reminiszenz darstellen. Vielleicht spielt für ihre Beliebtheit im alten Hochstift Bamberg auch eine Rolle, dass die Westtürme des Bamberger Doms bis ins 18. Jahrhundert ebenfalls jeweils vier kleine Ecktürmchen besaßen.

In Unterfranken haben sich nur vereinzelt Fünfknopftürme erhalten, doch ist zu vermuten, dass sie einst häufiger waren und erst durch die Neubauwelle unter Julius Echter verschwunden sind.

Zwar finden sich in Franken mit den erhaltenen 42 Beispielen (und weiteren 25 ermittelten, aber nicht mehr vorhandenen) im großräumigen Vergleich außerordentlich viele Fünfknopftürme – es ist vielleicht die dichteste Verbreitung bei Kirchtürmen –, aber sie waren in der Gotik nahezu überall in Europa verbreitet, z. B. weiter im Osten, wie in Böhmen und Mähren oder gar Siebenbürgen. Doch auch nördlich von Franken, in Thüringen, aber selbst im Rheinland gibt es einige wenige Belege für diese vielspitzige, sehr gotische Turmform.

Michael Wohlgemut: Hl. Anna Selbdritt 1509 (Germanisches Nationalmuseum), Ausschnitt Hintergrund mit fünfspitzigem Kirchturm.

Gotik und Nachgotik

Bunte Türme

Eine Besonderheit Mittelfrankens stellen die Kirchtürme dar, deren Helme mit farbig glasierten Ziegeln gedeckt sind. Das Hauptverbreitungsgebiet liegt um Weißenburg, dass nördlichste Beispiel findet sich am Turm der Seekapelle in Bad Windsheim. Dieser, schon städtische Beleg, lässt sich in die Mitte des 15. Jahrhunderts setzen, ebenso Beispiele in den kleinen Städten Wolframs-Eschenbach und Pappenheim. Die dörflichen Turmhelme mit bunter Ziegeldeckung sind dagegen im allgemeinen nicht sicher datiert, manche stammen auch erst aus dem 19. Jahrhundert. Trotzdem dürfen wir davon ausgehen, dass es sich bei der in Mustern verlegten mehrfarbigen Ziegeleindeckung um eine mittelalterliche Tradition handelt, die wie so oft bis weit in die Neuzeit reicht.

Kirchtürme mit farbig glasierten Dachziegeln

Warum sie sich freilich gerade im westlichen und südlichen Mittelfranken so lange gehalten hat, wissen wir nicht. Es dürfte in Mitteleuropa jedenfalls keine weitere Region mit einer so hohen Zahl bunter Kirchtürme auf relativ kleinem Raum geben. Die nächsten Beispiele liegen im Südwesten, etwa am Bodensee, dort finden sie sich auch auf Stadttürmen, wie etwa in Lindau und Ravensburg, oder in Südtirol und im Elsaß. Die berühmtesten bunten Ziegeldächer betreffen aber nicht die Türme, sondern das Dach des Kirchenschiffes, wie bei St. Stefan in Wien oder dem Hospital in Beaune in Burgund.

„Bunte" Türme: untere Reihe WEISSENKIRCHBERG *bei Feuchtwangen, St. Wenzel, 15. Jahrhundert? -* MEINHEIM *bei Gunzenhausen, St. Wunibald, angeblich 1840 -* BIESWANG *bei Pappenheim, St. Martin, 1674.*

Dietenhofen 26

DIETENHOFEN bei Fürth, St. Andreas, Blick auf den Chorturm mit dem hohen Mittelhelm und den vier Ecktürmchen, in Rautengitter und Rosen gemusterte, mit roten, weißen und grünen Ziegeln gedeckte Helme – einer der schönsten Kirchtürme Frankens.

Das Zusammentreffen ist einmalig: vielgliedriger hoher Fünfknopfhelm und heitere bunte Ziegeldeckung. Zu den verschieferten fünfseitigen hölzernen Ecktürmchen gesellt sich außerdem auf der Südseite noch ein Glocken- und Uhrerker. Turm und Kirche wurden bisher leider noch nicht genauer baugeschichtlich untersucht. Es ist lediglich eine Turmreparatur mit Aufsetzen von Knöpfen für 1580 überliefert.

Im Kern handelt es sich jedenfalls um eine romanische Kirche, von der noch ein Portal an der Westseite und an der Südseite erhalten sind, während der mächtige Chorturm in seiner jetzigen Gestalt erst aus der Zeit um 1450 stammt – ob dazu auch schon der Fünfknopfhelm gehörte, ist ungewiss. Das Langhaus erhält um 1696 doppelte Emporen an der West- und Nordseite und etwa gleichzeitig eine korbbogig gewölbte und gelattete Holzdecke.

Im höherliegenden Chor mit seinem mit Nasen verziertem Kreuzgewölbe steht ein wertvoller Flügelaltar mit gemalten und geschnitzten Teilen aus der Zeit um 1510, der wohl in einer Nürnberger Werkstatt entstand und dessen Gehäuse neugotisch überarbeitet wurde. Weitere spätgotische Heiligenfiguren stammen von einem aufgelassenem Seitenaltar. Epitaphien und Totenschilde vervollständigen die qualitätsvolle Ausstattung der Kirche

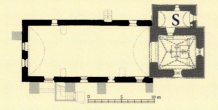

Grundriss: schwarz: das im Kern romanische Langhaus; dunkelgrau: Chor und Sakristei (S) um 1450; hellgrau: Umbauten 17./18. Jahrhundert.

Gotik und Nachgotik

Doppeltürme

Die Dorfkirchen Frankens verzichten auf Doppeltürme an der Westseite oder im Osten am Chor, die bei Kloster- und Stadtkirchen seit der Romanik üblich sind. Dabei tauchen in anderen Landschaften zwei Türme nebeneinander vereinzelt auch bei Dorfkirchen auf, etwa in Brandenburg, in Thüringen oder auch in Altbayern. Bei uns gibt es nur eine Ausnahme: die romanische Doppelturmanlage von Meeder, bei der aber doch eine zusätzlicher Aufgabe, eventuell ein ehemaliges Stift, vermutet werden darf.

Die drei anderen Kirchen, die zwei etwa gleichwertige Türme besitzen, sind eher als Kuriosum zu werten, die sich wohl nur durch eine individuelle, aber bisher nicht genauer untersuchte Baugeschichte erklären lassen.

Das eine Beispiel, Nemmersdorf, vereinigt gewissermaßen Westturmkirche und Chorturmkirche in einem; da der Chorturm älter ist (frühes 14. Jahrhundert?) als der Westturm (15. Jahrhundert) sollte er vielleicht einem zeitgemäßen Polygonalchor weichen, und an seine Stelle sollte dafür ein Westturm treten, der auch gebaut wurde – der Bau eines neuen Chors unterblieb, der alte Chorturm blieb stehen, da waren es eben zwei Türme. In Neunkirchen am Sand liegen die beiden Türme ebenfalls an den entgegengesetzten Enden der Kirche, dem Westturm steht aber hier im Nordosten ein Chorflankenturm gegenüber. Auch diesmal könnte die Geschichte ähnlich, aber im gewissen Sinn umgekehrt abgelaufen sein: der ältere Westturm sollte eigentlich durch den neu gebauten modischeren Flankenturm ersetzt werden, was aber dann doch nicht geschah. Ähnlich ist wohl in Köttingwörth bei Beilngries 34 die Doppelturmanlage entstanden: zum schlankeren und älteren Westturm gesellt sich noch im 14. Jahrhundert ein etwas jüngerer und breiterer Chorturm, doch wird dies durch den gedrehten Langhausneubau des 18. Jahrhunderts verunklärt.

oben MEEDER *bei Coburg → Abb. S. 111, Doppeltürme im Osten, um 1230, dazwischen ehemals der Chor, rechts der neue gotische Chor.*

rechts NEUNKIRCHEN *am Sand bei Lauf, St. Maria, Blick von Osten auf die ursprüngliche Westturmkirche des 14. Jahrhunderts, Bau des Flankenturms an der Nordseite des Chors im 15. Jahrhundert.*

Gotik und Nachgotik

Nemmersdorf *bei Bayreuth, Unsere liebe Frau, Blick von Süden auf die Kirche mit den zwei gotischen Türmen, dazwischen ein 1753-54 neugebautes Langhaus aus Sandstein mit anspruchsvoller barocker Gliederung.*

Gotik und Nachgotik

Glocken und Glockenstuhl

Man hört sie nur und sieht sie kaum, trotzdem sind die Glocken kleine Kunstwerke. Versteckt in den Türmen finden sich noch sehr viele Glocken aus dem hohen und späten Mittelalter, dagegen sind Glocken aus jüngerer Zeit eher unterrepräsentiert. Das ist aber weiter nicht verwunderlich, mussten doch die Glocken wegen ihres Metallwertes in den beiden Weltkriegen zum Einschmelzen abgeliefert werden – aber historisch „bedeutende", vor allem eben mittelalterliche Glocken davon weitgehend ausgenommen waren.

Glocken sind häufig mit Inschriften und Jahreszahl versehen, lassen sich daher relativ gut datieren. Könnten von den Glocken ausgehend, nicht auch gerade frühe Kirchenbauten zeitlich sicherer eingeordnet werden? Das ist leider nur mit allergrößter Vorsicht möglich, denn Glocken sind wegen ihres Wertes nicht nur immer wieder, auch in jüngeren Nachfolgebauten, wiederverwendet worden, sondern auch von Ort zu Ort gewandert.

Der Bestand an mittelalterlichen Glocken ist, wie so oft, wenn es um Zeugnisse aus der Zeit vor 1530 geht, in Mittelfranken am höchsten.[6] Wenn auch Glocken aus der Zeit vor 1200 in den Dorfkirchen Frankens kaum vertreten sind – ab dem späteren 13. Jahrhundert sind sie zahlreich erhalten. Immer wieder stoßen wir dabei auf Nürnberger Gießerfamilien, besonders die mit dem sprechenden Namen *Glockengießer*, die sich mit ihrem Namen vom 15. bis zum 17. Jahrhundert auf den Glocken zu erkennen geben.

Während die Entwicklung, die Formen und die Meister der Glocken großes Interesse in der Forschung gefunden haben, gilt dies nicht für den *Glockenstuhl*, das vom Zimmermann erbaute hölzerne Gestell, in dem die Glocken beweglich aufgehängt sind und das wegen der Glockenschwingungen besonderer Stabilität bedarf[7]. Daher wurden sie wohl auch immer ganz aus Eichenholz gefertigt, auch wenn bei den anderen Bauaufgaben wie etwa dem Dachstuhl Nadelholz die übliche Holzart war.

ganz links **JOBSTGREUTH** *bei Bad Windsheim, Glocke von Christoph Glockengießer mit Zierfries in gotischer Manier, um 1600.*

links **GROSSHASLACH** *bei Ansbach, Öffnungen im Turmboden für die Glockenseile.*

Zeichnung links außen Glocke in **KLEINBARDORF** *bei Bad Neustadt, 14. Jahrhundert.*

Gotik und Nachgotik

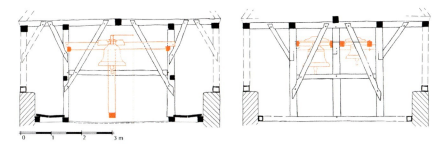

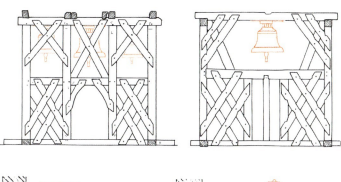

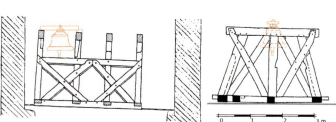

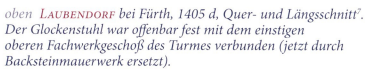

Hölzerne spätmittelalterliche Glockenstühle:

oben LAUBENDORF *bei Fürth, 1405 d, Quer- und Längsschnitt*.[7] *Der Glockenstuhl war offenbar fest mit dem einstigen oberen Fachwerkgeschoß des Turmes verbunden (jetzt durch Backsteinmauerwerk ersetzt).*

links KATZWANG *bei Nürnberg* 15, *1423 d, Ansichten des „Glockenhauses" im oberen Turmgeschoß mit dichtem Holzgerüst.*[7]

darunter WEILTINGEN *bei Dinkelsbühl, um 1430 d, Ansichten des unteren Glockenstuhls in der Art eines Bockgerüsts.*[7]

unten RUFFENHOFEN *bei Dinkelsbühl* 16, *Glockenstuhl im Chorturm der Kirche, mehrfach geändert, im Kern wohl 16. Jahrhundert.*

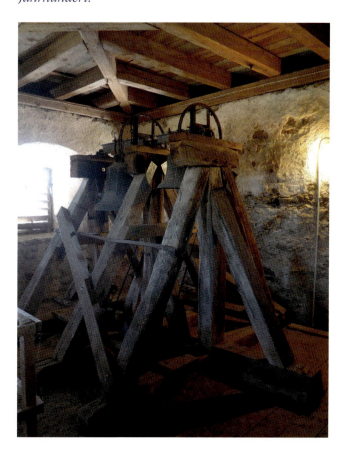

Die ältesten Glockenstühle sind kunstvoll gezimmerte Einbauten in der Art von kleinen Fachwerkbauten, nur ohne Ausfachung. Nur wenige sind davon bisher bekannt und untersucht, so der besonders aufwändige, mit vielen Streben gezimmerte „Kasten" im Turm der Katzwanger Kirche von 1423 d, der an frei stehende Glockentürme in Norddeutschland erinnert, ein ähnlicher steht im Turm der Kirche von Bettwar bei Rothenburg von 1432 d.

Es scheint so, als wären es zunächst eher Gerüste dieser aufwändigen Konstruktionsart, bevor bereits ab der Mitte des 15. Jahrhunderts Bockgerüste in der Art wie in Weiltingen üblich werden, die noch bis ins 19. Jahrhundert die verbreitetste Form der Glockenstühle sind. Durch die Umstellung vom Hand- auf mechanischen Betrieb wurden leider viele Glockenstühle verändert oder ganz erneuert.

Gotischer Holzbau

Im Unterschied zur romanischen Epoche, aus der kaum ein originales hölzernes Dachwerk einer Dorfkirche bekannt ist (→S. 86), sind aus der Gotik und Nachgotik sehr viele Dächer über Langhaus oder Chor erhalten – wie viele genau, wissen wir bisher nicht einmal annähernd, es werden aber sicher einige Hundert sein. Während das 14. Jahrhundert noch sehr gering vertreten ist, was vermutlich auch auf den bisherigen mangelhaften Forschungsstand zurückzuführen ist, häufen sich ab dem frühen 15. Jahrhundert, besonders natürlich aber aus der, wie wir gesehen haben, baufreudigen Zeit um 1500 die Belege originaler Kirchendachwerke.

Charakteristisches äußeres Merkmal gotischer Dächer ist ihre Steilheit und damit ihre beträchtliche Höhe, die dem Dach in der Gesamtwirkung selbst noch bei geringer Gebäudebreite zur optischen Dominanz verhilft. Die Entwicklung vom flacher geneigten Dach der romanischen Zeit zum gotischen Steildach findet offenbar zwischen 1250 und 1300 statt, wofür aber noch entsprechende, dendrochronologisch abgesicherte Belege im Dorfkirchenbau Frankens fehlen. Vielfach lässt sich erkennen, dass einst flacher geneigte ältere Dächer in gotischer Zeit „aufgesteilt" wurden. Das übliche Maß liegt nun zwischen 52 und 60 Grad (am Dachfuß gemessen), doch kommen daneben immer wieder sowohl steilere (bis 65 Grad) als auch etwas flacher geneigte (um 50 Grad) Dächer nebeneinander vor, so dass aus der Dachneigung allein keine verbindliche Aussage zum Alter zu treffen ist.

Was aber kaum mehr zu finden ist, sind originale Dachdeckungen aus der Zeit vor 1600. Das dürfte vor gut einem halben Jahrhundert noch anders gewesen sein, aber im Zuge an sich lobenswerter Sanierungen vieler Dorfkirchen sind oft als erstes die „schadhaften" Dachdeckungen

ROSSENDORF bei Fürth, St. Martin, im steilen Westgiebel das flachere romanische Dach sichtbar.

oben JOBSTGREUTH bei Bad Windsheim, St. Jobst, Steilgiebel der Westseite mit zwei Bauphasen: ein niedriger Giebel zeichnet sich im Mauerwerk ab, wohl um 1250, die heutige steile Dachneigung wohl von 1436 d. - rechts MÜRSBACH bei Bamberg, Dreifaltigkeitskapelle von 1516 mit steilem Satteldach.

Gotik und Nachgotik

Dach und Dachwerke

entfernt worden – ohne Beachtung, ja Rücksicht darauf, ob nicht noch jahrhundertealte Dachziegel vorhanden sind. Unter dem Vorwand der Denkmalpflege wurde hier meist ganze Arbeit geleistet! Der Bestand an mittelalterlicher, ja selbst frühneuzeitlicher Dachdeckung ist daher gerade auf Kirchen besonders gering.

Prinzipiell scheinen sich aber die Verhältnisse auf dem Kirchendach nicht von denen im „besseren" Profanbau zu unterscheiden, d. h. wir haben wohl spätestens seit dem 13. Jahrhundert mit Hartdeckung, also wohl überwiegend Ziegeldächern zu rechnen, Schindeldächer gab es wohl eher in den nördlichen und vor allem östlichen Teilen Frankens, wo seit dem 15. Jahrhundert vermehrt dann auch Schieferdeckung nachweisbar ist, nicht nur auf den Turmspitzen (wo es sie überall gibt), sondern auch für Langhaus- und Chordach.

Beim Ziegeldach müssen wir Hohlziegel und Flachziegel, meist als Biberschwanzziegel bezeichnet, unterscheiden. Letztere bestimmen heute das Kirchendach im Großteil Frankens, doch im allgemeinen sind es moderne Fabrikziegel, „Biberschwanz naturrot". Doch dürften Flachziegel auch schon vor 1500 auf Dorfkirchen allgemein verbreitet gewesen sein, meist allerdings wohl in der Form als sog. „Kirchenbiber", also in Spitzform. Beim Verlegen ergibt sich so ein rautenförmiges Muster, wie es noch heute auf dem Langhausdach der Marienkapelle auf dem Weinberg bei Volkach zu sehen ist. Spitzziegel bleiben insbesondere im Nürnberger Umland noch weit über 1500 hinaus üblich. Daneben gibt (bzw. gab) es den abgerundeten Flachziegel, manchmal mit ausgezogener Spitze, sowie Hohlziegel, vermörtelt als Mönch und Nonne bzw. Hacken und Breis (Beispiele in Goßmannsdorf, Urphar und Zeil) oder als pfannenartige Rinnenziegel (z. B. Obermerzbach).

VOLKACH, Maria im Weingarten 20, Langhaus mit hohem Satteldach, wohl 1492, in Teilen noch mit der spätmittelalterlichen Rautendeckung.

oben von links nach rechts VOLKACH, Maria im Weingarten, Rautendeckung aus Spitzziegeln - KIRNBERG bei Rothenburg 1, Biberschwanzdeckung auf dem Langhaus, unbekannte Zeitstellung - ZEIL am Main, Dach der Annakapelle von um 1430 d, vermörtelte Hohlziegeldeckung aus Unter- und Oberziegel, möglicherweise Reste aus der Bauzeit.

Gotik und Nachgotik

Die Entwicklung des hölzernen Dachwerks auf Kirchen folgt weitgehend der auf profanen Bauwerken. Dabei ist bisher nicht zu erkennen, ob bei den Dachkonstruktionen der Profanbau das Vorbild für den Sakralbau abgibt oder umgekehrt. Während in der romanischen Epoche die binderlosen Dachstühle üblich sind, bei der Sparrengebinde für Sparrengebinde in gleicher Ausprägung aufeinanderfolgen (→ S. 89), setzt sich offenbar im Laufe des 14. Jahrhunderts der alle drei bis vier Gebinde zusätzlich eingestellte *stehende Stuhl* durch, ein an die Seiten des Dachs gerücktes, etwa stockwerkhohes Gerüst aus stehenden Säulen, Streben, Pfetten, mit dem die einzelnen Gebinde miteinander verbunden und so gegen Verschiebung gesichert werden (sog. *Windverband*). Der stehende Dachstuhl bleibt bis weit ins 15. Jahrhundert die charakteristische Grundform.

Er wird ab etwa 1430 allmählich durch den *liegenden Stuhl* ersetzt, der dann nach 1480 nahezu allein bestimmend wird. Bei ihm sind die Säulen parallel zu den Sparren, also schrägliegend eingebaut und auch

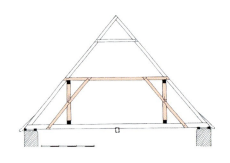
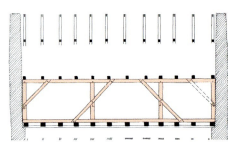

oben von links nach rechts BETTWAR *bei Rothenburg, stehender Stuhl, 1393 d –* NEUKIRCHEN *östlich Ansbach, Dachwerk mit stehendem Stuhl (hellbraun) von 1367 d, Querschnitt und Längsschnitt 1:200.*

links ALLMANNSDORF *bei Weißenburg, liegender Stuhl –* PUSCHENDORF *bei Fürth 29, Querschnitt im Chordach 1:200, liegender Stuhl (hellbraun) von 1488 d.*

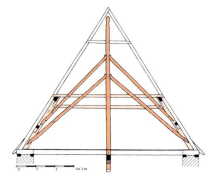
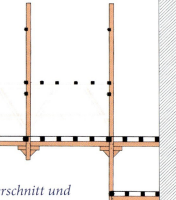

oben FAULENBERG *bei Rothenburg: gemauerter Steilgiebel der Westseite, Querschnitt und Teillängsschnitt im Dachbereich 1:200, doppelt verstrebtes Hängewerk (braun), an dem auch die Westempore aufgehängt ist, und zusätzlicher liegender Stuhl (hellbraun), 1447 d.*

Gotik und Nachgotik

der Windverband ist entsprechend in die Sparrenebene gerückt. Der liegende Stuhl bringt statische Vorteile und erleichtert vor allem die Nutzung der Dachböden bis in die unteren Dachwinkel hinein.

Bei einer Gebäudebreite über sechs Meter benötigt die Balkenlage des Daches eine zusätzliche Unterstützung, um nicht „durchzuhängen" oder gar zu brechen. Um den Kirchenraum freizuhalten, ist hierfür ein *Hängewerk* die eleganteste, aber auch konstruktiv aufwändigste Lösung. Die bereits im hochgotischen Kirchenbau entwickelte Konstruktion mit mittlerer Hängesäule und Sprengstreben findet spätestens im 15. Jahrhundert auch Eingang in den Dorfkirchenbau Frankens, und zwar immer in Verbindung mit stehenden und liegenden Stühlen. Ein besonders eindrucksvolles Beispiel dafür findet sich auf der Kirche in Detwang von 1432, zugleich der bisher älteste bekannte liegende Stuhl der Gegend. Die Hängesäule muss einen Längsunterzug tragen, dazu greift sie über die Balkenlage hinunter in den Kirchenraum und endet hier in einem „hängendem" Kopfstück.

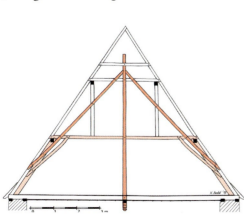

DETWANG bei Rothenburg 7, Dachwerk über Langhaus von 1432 d
oben Blick in den weiten Dachraum mit Hängesäule und liegendem Stuhl

Querschnitt 1:200, Hängewerk braun, liegender Stuhl hellbraun – Knauf der Hängesäule im Langhaus – rechts außen liegender Stuhl mit angeblatteten Streben.

Gotik und Nachgotik

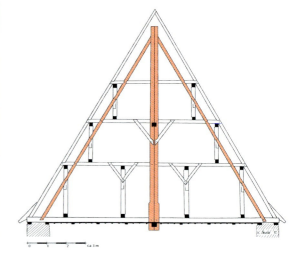
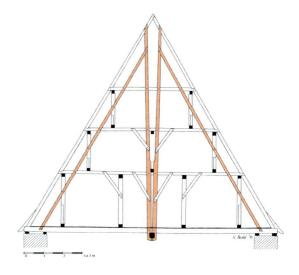

oben MINDORF *bei Hilpoltstein 27, Dachwerk von 1444 d: von links das hohe Dach des Langhauses von außen – stehende Stuhlsäule mit angeblatteten Kopfbügen und rot aufgemalten Zimmermannszeichen – Querschnitt 1:200 durch das viergeschoßige Dachwerk im Bereich des Hängewerks (braun) mit doppelter Hängesäule und in drei Ebenen übereinander stehenden Stühlen sowie zusätzlichen Stühlen im ersten Dachgeschoß.*

rechts WENDELSTEIN *bei Nürnberg, Dachwerk von 1450 d, Querschnitt 1:200 durch das viergeschoßige Dachwerk im Bereich des Hängewerks (braun) mit doppelter auseinandergespreizter Hängesäule und in drei Ebenen übereinander stehenden Stühlen sowie zusätzlichen Stühlen im ersten Dachgeschoß.*

Die Variationsbreite der Hängewerke ist groß. Bei größeren Gebäudebreiten, ab etwa zwölf Metern, wie sie im 15. Jahrhundert häufiger werden, wachsen auch die steilen Dächer immer mehr in die Höhe und damit wird auch die konstruktive Aufgabe für den Zimmermann anspruchsvoller. Waren es z. B. in den Dachwerken von Detwang und Faulenberg (→ S. 184 f.) noch einfache Hängesäulen, so sind es bei den deutlich größeren Dächern aus der Mitte des 15. Jahrhunderts wie in Mindorf von 1444 und Wendelstein von 1450 doppelte Hängesäulen, die den kräftigen Längsunterzug gleichsam umklammern und die mit Hilfe von langen sparrenparallelen Streben, die zugleich die dreifach übereinander sich aufbauenden stehenden Stühle überkreuzen, abgestützt werden.

Das erinnert sehr stark an den etwa dreißig Jahre älteren Dachstuhl der Spitalkirche in Bad Windsheim von 1417-21 und beweist damit zugleich, dass es kaum einen Unterschied macht, ob wir es mit einem städtischen oder ländlichen, sakralen oder profanen Bauwerk zu tun haben, denn vergleichbare Dachwerke besitzen auch der große Bauhofstadel in Bad Windsheim von 1444 und

Gotik und Nachgotik

das Rathaus in Rothenburg, über dessen großem „Kaisersaal" ein Hängewerk von 1501 errichtet ist, dort wieder wie in Detwang mit einem zusätzlichen liegenden Stuhl verbunden.

Das Hängewerk der Wendelsteiner Kirche weist eine raffinierte Besonderheit auf: die beiden Hängesäulen laufen nach oben zu leicht auseinander – damit wird es möglich, sie nicht nur über die seitlichen Streben nach oben zu halten, sondern sie noch zusätzlich an den Sparren nahe dem Firstpunkt anzuhängen. Diese „Spreizung" der doppelten Hängesäule konnten wir bisher nur noch einmal, jedoch fast 250 Jahre später beobachten, im Dachwerk der Kirche von Jobstgreuth von 1690, das aber wesentlich kleiner ist und damit weniger raffiniert wirkt.

WETTRINGEN *bei Rothenburg* 2, *Blick in das erste Dachgeschoß mit Hängesäule links und liegendem Stuhl rechts, der Gipsestrich des Bodens deutet auf die Nutzung als Getreidelagerraum hin.*

Die im 14. und 15. Jahrhundert entwickelten Dachgerüste wie stehender und liegender Stuhl sowie das Hängewerk mit zangenartiger Umklammerung des Längsunterzugs bleiben jedenfalls weit über das Jahr 1500 hinaus in Anwendung. Sieht man einmal von den seit etwa 1550 weitgehend verzapften Holzverbindungen (im Unterschied zu den zuvor gebräuchlicheren geblatteten Verbindungen) ab, ändert sich an der Grundkonstruktion auch im 17. und 18. Jahrhundert wenig, nur dass die ins Langhaus ragenden und den Unterzug tragenden hölzernen Endungen durch kaum sichtbare Eisen ersetzt werden (was durchaus auch schon einmal im 16. Jahrhundert möglich ist) oder anstelle des Unterzugs nun ein im Langhaus unsichtbarer, über die Balken gelegter und mit ihnen über Eisen verbundener Überzug die Stabilität herstellt (→ S. 303).

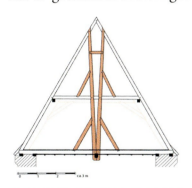

links JOBSTGREUTH *bei Bad Windsheim → Abb. S. 136, Querschnitt 1:200 Langhausdach 1690 d, die Hängekonstruktion braun – darunter der in das Langhaus ragende Kopf der doppelten Hängesäule mit profiliertem Unterzug.*

rechts RUFFENHOFEN *bei Dinkelsbühl* 16, *Blick auf den Längsunterzug der Balkendecke mit den Enden der Hängesäulen, die ins Dach weiterlaufen, erst von 1674 d.*

darunter VOLKACH *Maria im Weingarten* 20, *in fünf geschnitzten Knöpfen auslaufendes Ende der Hängesäule, wohl 1492.*

Gotik und Nachgotik

Holzdecken

Gleichgültig ob es nun Chorturm-, Westturm- oder Flankenturmkirchen ohne oder mit polygonalem Chor sind, das saalartige Langhaus fränkischer gotischer Dorfkirchen wird, bis auf die insgesamt gesehen wenigen, bereits vorgestellten steingewölbten Beispiele (→ S. 150-152), von einer hölzernen Decke überspannt, und das sicher schon seit der romanischen Zeit – und selbst in nachmittelalterlicher Zeit bleiben hölzerne Deckenkonstruktionen durchaus üblich.

Trotz dieser nahezu durchgehenden Verbreitung hölzerner Langhausabschlüsse während der gotischen und nachgotischen Zeit (wir schätzen circa 95 Prozent des einstigen Bestandes) haben sich nur wenige bis heute sichtbare Beispiele erhalten, da viele der ursprünglichen hölzernen Decken später zerstört, entfernt, erneuert oder überputzt und stuckiert wurden. Die meisten Holzdecken finden sich im westlichen Mittelfranken, einem Gebiet, in dem die barocken Neubauwellen des 18. Jahrhunderts relativ moderat ausfallen, währenddessen andernorts gerade auch die innere Ausstattung der Kirchen durchgreifend „modernisiert" wurde.

Die Langhausdecken aus Holz sind überwiegend flach, also ganz waagrecht ausgeführt. An ihnen lässt sich deutlich der enge Zusammenhang zwischen profanem und sakralem Bauen aufzeigen. Offenbar begriff man insbesondere das Langhaus, in dem die Gemeinde, also die kirchlichen Laien, zusammenkamen, fast als so etwas wie eine große Wohnstube. Zumindest drängt sich einem dieser Gedanke auf, wenn man feststellt, dass die Deckenkonstruktionen und Deckengestaltungen, die man in der Region üblicherweise von der Stube her kennt, alle auch im Kirchenraum wieder vorkommen: die einfache, offene Balkendecke, die verbretterte Leistendecke, die holzaufwändige Spunddecke und sogar die prächtige Kassettendecke.

Einfache flache *Balkendecken*, bei denen drei Seiten der Balken von unten „offen", also sichtbar und von oben gebrettert sind, dürften

links FAULENBERG *bei Rothenburg, Blick im Langhaus nach Westen, einfache Balkendecke auf Längsunterzug mit Hängewerk → Abb. S. 185, 1447 d, ungefasst, die gerahmte Marmorierung an den Unterseiten wohl erst im 17. Jahrhundert aufgemalt.*

wie beim Wohnhaus vor allem in der romanisch-frühgotischen Zeit die üblichste Deckenart gewesen sein, auch wenn sich nach bisherigem Kenntnisstand keine so alte Decke in einer Kirche vollständig erhalten hat. Die wenigen bewahrten offenen Balkendecken (z. B. in Obermerzbach 8 und in Oberscheckenbach → S. 128) stammen offenbar erst aus dem 15. bis 17. Jahrhundert, dürften sich aber formal kaum von denen der Zeit davor unterscheiden. Die Balken bleiben meist ohne Zierde und Profil, selbst Fasen (abgeschrägte Kanten) fehlen. Selten und erst seit dem späten 16. Jahrhundert lassen sich Decken mit Lehmfüllungen zwischen den Balken feststellen, so dass sich ein Wechsel von Balken und Putzfeld ergibt, der Standard im Wohnhaus ebenfalls seit dieser Zeit. Die häufigere Variante stellen die Decken mit verbretterter Unterseite und zusätzlichen Leisten auf den Fugen dar (*Leistendecke*).

Die Balken ruhen an der Wandseite entweder auf Streichbalken auf, die wiederum auf Steinkonsolen liegen, oder auf bündig mit der Wand verlegten Mauerlatten. Bei größerer Breite des Langhauses, ab etwa sechs Meter, muss ein weiteres Auflager für die Balken in Raummitte geschaffen werden, damit sie sich nicht durchbiegen. Dazu dient ein Längsunterzug („Durchzug"), der aber selbst wieder einer Unterstützung bedarf: entweder im Raum selbst durch eine oder zwei

oben PFAHLENHEIM *bei Uffenheim, St. Ursula und Wendelin, Blick im Langhaus nach Westen, Balkendecke auf Längsunterzug, vielleicht erst von 1667 oder Reparatur (Inschrift an einem Balken).*
rechts KLEINSCHWARZENLOHE *südlich von Nürnberg* 17, *Langhaus mit gebretterter Leistendecke und freistehender Säule in Langhausmitte für den Unterzug, Umbau 1605.*

freistehende Säulen im Langhaus, oder, die elegantere, häufigere und offenbar sogar ältere Lösung, durch ein zimmermannstechnisch aufwändiges Hängewerk im Dach (→ S. 185-188).

Die gotischen Holzdecken dürften in vielen Fällen zur Bauzeit nicht so schlicht gestaltet gewesen sein, wie man es anhand der wenigen erhaltenen Beispiele zunächst vermuten würde. Profilierungen, Schnitzereien, Ziernägel und vor allem Bemalung dürfen wir zumindest bei bedeutenderen Kirchen voraussetzen. Erhalten hat sich davon in Franken freilich wenig, manchmal bemalte Bretterreste, wie in Irmelshausen (→ Abb. S. 192) und in Urphar 30. Umso wertvoller ist daher die durch Malerei kassettenartig wirkende Holzleistendecke der Kirche in Mindorf, die, wenn auch in Teilen stark restauriert, durch die Fülle und den Reichtum des farbigen und applizierten Schmucks überrascht: gemaltes Maßwerk, Laubwerk, Schrägbänderung, Kielbogenabschluss, aufgesetzte Goldsterne.

rechts REDNITZHEMBACH *bei Roth, St. Antonius und Laurentius, Bretterdecke mit Leisten und Kielbogenabschluss, ausnahmsweise im Chor, 15. Jahrhundert.*

MINDORF *bei Hilpoltstein, St. Stephan, Blick im Langhaus nach Westen auf die Empore und die verzierte Bretterdecke mit Leisten, das einzige erhaltene Beispiel seiner Art in Franken, wohl wie der Dachstuhl von 1445[8].*

Der Innenraum der kleinen gotischen Kirche wird ganz vom Baustoff Holz geprägt. Die den Raum beherrschende Bretterdecke des Langhauses ruht auf einem Längsunterzug, der einmal von einer Säule etwa in Langhausmitte (im Bild) und dann von einer doppelten Hängesäule im Dach unterstützt wird, deren untere Enden im Langhaus sichtbar sind → Abb. S. 186. Diese und der Unterzug sind mit gemaltem Maßwerk geschmückt, die Malerei der Decke ist offenbar z. T. schabloniert, wobei Süd- und Nordhälfte unterschiedliche Gestaltung aufweisen.

Zum spätgotischen Bau von 1445 gehört wohl auch noch die Westempore, die auf einem Querunterzug und in der Mitte auf einer Säule mit angeblatteten Kopfbügen aufsitzt (im Bild hinter der Säule für den Unterzug), ihre verbretterte Brüstung ist mit Leisten und Spitzbogenblenden gegliedert; später wurde die Empore in ihrem mittleren Teil über zwei Säulen vorgezogen und bemalt. Auf der Empore hat sich ein kräftig gezimmertes Gestühl, das wohl ebenfalls aus der Bauzeit stammt, erhalten → Abb. S. 242, das an den Wangen mit Kerbschnittmustern verzierte Gestühl im Langhaus ist etwas jünger. In der Sakristei steht noch einer der wenigen spätgotischen Sakristeischränke Frankens.

Die kleine Mindorfer Kirche weist eine schwer durchschaubare Baugeschichte auf. Ältester Teil ist der an der Südseite des Chors stehende Turm (mit Wandmalereien des 14. Jahrhunderts), der einst als Chorturm zu einer wohl noch frühgotischen Kirche gehörte, deren Langhaus abgebrochen und in der Mitte des 15. Jahrhunderts von einem Neubau nördlich davon abgelöst wurde, zu dem auch der unregelmäßig dreiseitig gebrochene auffallend breite Polygonalchor gehört, der keine Wölbung (mehr?) besitzt.

27
Mindorf

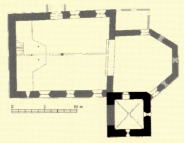

Grundriss:
schwarz der ehem. Chorturm,
dunkelgrau: Langhaus und
Chor von 1445

Gotik und Nachgotik

Erst aus der Zeit um 1600 finden sich dann wieder, und zwar sowohl in evangelischen wie in katholischen Kirchen, bemalte Holzdecken – eine Zeit, aus der auch im Profanbau die reichsten und häufigsten bemalten Decken erhalten sind.

Ein reiches und zugleich ungewöhnliches Beispiel stellt dabei die Langhausdecke der Martinskapelle in Bürgstadt dar, auf der neben locker-leicht gemalten Ornamenten und floralen Motiven auch figürliche Malereien in Medaillons vorkommen. Gemalt hat die Decke wie auch die zugehörigen Wandbilder Andreas Herrneisen 1589, ein Nürnberger, also evangelischer Künstler, was offenbar weder für ihn noch für seine katholischen Auftraggeber ein Problem darstellte.

Ganz profan dagegen, ganz der Selbstdarstellung des adligen Patronatsherrn derer von Crailsheim dienend, zeigt sich die Malerei auf den Deckenbrettern in der Kirche in Altenschönbach.

oben BÜRGSTADT *bei Miltenberg, Martinskapelle, Bretterdecke im Langhaus, bemalt 1589 von Andreas Herrneisen aus Nürnberg.*

rechts IRMELSHAUSEN *bei Bad Königshofen, aufgefundene bemalte Deckenbretter von 1470 d⁹.*

192

Gotik und Nachgotik

28 Altenschönbach

ALTENSCHÖNBACH *bei Gerolzhofen, Blick nach Westen im Langhaus auf die bemalte Decke und die Empore von 1604. Einer der stimmungsvollsten Innenräume einer evangelischen Kirche der Zeit um 1600.*

Die Kirche wurde größtenteils 1496 erbaut, wie eine Inschrift am Turm aussagt, doch könnte der Turm in seinem Untergeschoß auch älter sein. Das Aussehen der Kirche wird aber von den Umbau- und „Verschönerungsmaßnahmen" in der Zeit um 1600 bestimmt, die unter dem Schloss- und Patronatsherren, dem örtlichen Freiherrn Hans Sigmund von Crailsheim erfolgte. Er hat 64 Wappen fränkischer Adelsgeschlechter, alles seine Ahnen, auf die Decke malen lassen, gleichzeitig, 1604, wurden die Emporen eingebaut. Der Längsunterzug der Bretterdecke wird im Dach von einem Hängewerk getragen, dessen Enden als verzierte Knöpfe aus der Decke ragen *links*.

In der Kirche findet sich seitlich vom Chor das monumentale Grabmal für Georg Wolfgang von Crailsheim von 1595 → Abb. S. 257, das dem Altar Konkurrenz macht.

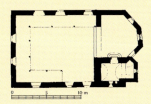

Grundriss

Gotik und Nachgotik

Spunddecken

Die Verwendung der *Spunddecke* im Kirchenraum beschränkt sich weitgehend auf das westliche Mittelfranken und hier wiederum vor allem auf den Rothenburger Raum. Spunddecken sind eigentlich, spätestens seit etwa 1300, die typische Deckenform für Wohnstuben im Bauern- und Bürgerhaus, und kommen vor 1500 meist im Zusammenhang mit hölzernen Bohlenwänden vor (sog. „Bohlenstube"), gleichsam einem hölzernem Gehäuse innerhalb des Hauses. Es überrascht doch etwas, dass Spunddecken auch ihren Weg in die Kirche gefunden haben. Sie kommen im sakralen Bereich nach gegenwärtigem Kenntnisstand frühestens gegen Ende des 15. Jahrhunderts auf, wie etwa in Wettringen, die meisten lassen sich aber erst für das 16. Jahrhundert bis in die Zeit um 1600 belegen. Offenbar war die dichte hölzerne, warmhaltende Decke der Stube so selbstverständlich, dass man sie auch in der Kirche nicht missen wollte. Der Kirchenraum nähert sich damit gewissermaßen in seiner Gestalt dem vertrauten Wohnraum an.

Die bevorzugte Verbreitung im Gebiet der Rothenburger Landhege (dem einstigen Rothenburger Territorium) dürfte mit der Tradition des Holzbaus in dieser Stadt selbst zusammenhängen, wo wir seit dem 15. Jahrhundert großflächige, eine ganze Geschoßebene überdeckende Spunddecken kennen – das größte Beispiel ist die Decke des Kaisersaals im Rathaus von 1502. Selbst im kirchlichen Bereich, wenn auch spät, ist sie in dieser einstigen Reichsstadt nachweisbar: die Johanniskirche erhielt 1604 eine große Spunddecke, zu der vier freistehende Säulen im Kirchenraum gehören.

links oben WINDELSBACH *bei Rothenburg, Spunddecke im Langhaus, vermutlich 16. Jahrhundert;*

oben ERZBERG *bei Rothenburg, Spunddecke mit kräftig profilierten Balken, der Unterzug mit Eisen im Dach aufgehängt, frühes 16. Jahrhundert?*

Seite rechts WETTRINGEN *bei Rothenburg 2, Spunddecke im Langhaus mit Hängewerk von 1478 d. Die Zierknöpfe an den Enden der den Unterzug „umklammernden" Hängesäulen vermutlich erst später, um 1600, angebracht.*

Gotik und Nachgotik

Das Charakteristikum der Spunddecke – auch als *Bohlen-Balken-Decke* bekannt – ist die enge Balkenlage. Der Abstand entspricht etwa einer Balkenbreite, also 20 bis 30 cm, der Zwischenraum wird durch längs mit den Balken laufende, in Nuten eingeschobene Bretter geschlossen, zur Dämmung kommt darauf noch eine Lehm- oder Mörtelpackung. Mit der typischen Schattenwirkung aus hoch und tief und den Fasen oder reicheren Profilen an den Kanten entsteht eine repräsentative Wirkung. Zugleich ist es eine sehr dichte und schwere Decke, die man auch belasten kann, wenn der Dachstuhl entsprechend ausgelegt ist. Dazu tragen bei entsprechender Breite wie bei den einfachen Balkendecken Längsunterzug und Hängewerk bei.

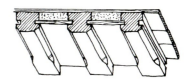

oben ROTHENBURG, *Spunddecke von 1604 der Johanniskirche. Anstatt eines Hängewerkes werden die beiden Unterzüge durch eingestellte steinerne Rundsäulen gestützt. Das 1705 innen völlig erneuerte Langhaus der St. Georgskirche in Ickelheim bei Bad Windsheim → Abb. S. 324 dürfte bereits 1535 d eine ganz ähnliche Deckenkonstruktion besessen haben, die Spunddecke ist dort unter der Stuckierung erhalten, ebenso die Säulen. Dort lässt sich außerdem nachweisen, dass der Dachboden über der Spunddecke als Lagerraum diente.*

Kassettendecken

Die Verwendung von flachen, hölzernen *Kassettendecken* ist vor allem ein Kennzeichen des nachgotischen Kirchenbaus, wie an den unter Julius Echter erneuerten Kirchen im Gebiet des Hochstifts Würzburg zu erkennen ist, doch haben sich aufgrund der umfassenden Erneuerungswelle im 18. Jahrhundert nur sehr wenige Beispiele erhalten. Mit den Kassettendecken kommt doch noch etwas „zeitstilige" Renaissance in den Kirchenbau. Sie sind ähnlich wie die Spunddecken zunächst ein Merkmal des Profanbaus, und zwar eines mit gehobenen Ansprüchen. Besonders in Nürnberg, aber auch in Bad Windsheim und Rothenburg (z. B. im sog. Schäfersaal des Spitals) werden sie ab der Mitte des 16. bis zum frühen 17. Jahrhundert bei repräsentativen Bauaufgaben eingesetzt.

Bei den Kassettendecken gilt es zu unterscheiden, ob die Unterteilung durch aufgesetzte profilierte Leisten gebildet wird und so strenggenommen die Kassetten nur vorgetäuscht werden, oder die einzelnen Kassetten tatsächlich aus einer aufwändige Brettkonstruktion von breiten Stegen mit tieferliegenden Füllungen bestehen, die in strengen Mustern aneinander gereiht eine starke Wirkung entfalten, die auf dem dunkel gebeizten Holzton und der starken Licht-Schattenwirkung beruht. Elemente dieser schweren Kassettendecken sind nicht nur rechteckige Felder, sondern Achtecke, Rhomben, Kreuze und andere geometrische Formen. Diese geometrischen Grundmuster zeigen auch noch die ersten um 1600 aufkommenden Stuckdecken.

oben Escherndorf *bei Volkach, St. Johannis, Stuck-Felderdecke im Langhaus, um 1616.*

links Markt Einersheim *bei Kitzingen, Bretterdecke von 1626 mit Leistenkassettierung aus Rechtecken und Rauten, im Achteck Wappen der evangelischen Patronatsherrn, Farbfassung erneuert.*

Gotik und Nachgotik

SOMMERACH *bei Volkach, St. Eucharius, Blick zum 1756 stuckiertem Chor und auf die dunkle Kassettendecke im Langhaus von vermutlich 1608, verziert mit vergoldeten Zierknöpfen am Unterzug (Lage der Hängesäulen im Dach) und Engelsköpfen in den Feldern. Eine ähnliche Decke gibt es auch im benachbarten Dipbach von 1609.*

Gotik und Nachgotik

Hölzerne Tonnengewölbe

In der Kunstgeschichte fast nie ein Thema und weitgehend ausgeklammert, dabei sind sie doch eine der eindrucksvollsten Raumlösungen gotischer Kirchen: die hölzernen Brettertonnen über dem Langhaus. Sie dürfen gerade in Franken als echte Konkurrenz zu steinernen Gewölben gelten, nicht nur als „billigere" Alternative. Denn sie finden sich sowohl bei kleinen Dorfkirchen, als auch bei Stadt- und Klosterkirchen: etwa in Herzogenaurach von 1341 d, in Dimbach bei Volkach von 1345 d[10] oder wohl auch in Maidbronn, dort möglicherweise bereits aus dem späten 13. Jahrhundert. In Nürnberg besaßen Klara- und Marthakirche (beide 14. Jahrhundert) eine Holztonne, die größte wölbte sich über dem alten

rechts MAIDBRONN, *ehemalige Zisterzienserinnenkirche, Holztonne im ehem. Laienteil des Langhauses, Ende 13. Jahrhundert?, die Rankenmalereien später.*

unten HERZOGENAURACH, *St. Magdalena, 1341 d, eine der größten mittelalterlichen Holztonnen überhaupt, 17,5 Meter werden überspannt. Die Bemalung im frühen 20. Jahrhundert erneuert und stark überarbeitet, Holzwerk original.*

Gotik und Nachgotik

CREGLINGEN *im oberen Taubertal, sog. Herrgottskirche, Blick in die verbretterte Holztonne des Langhauses, das 1389 fertiggestellt war, der Chor mit dem Hauptaltar wurde erst 1396 geweiht. Der rückwärtige Ankerbalken vermutlich mit der Inschrift zusammen erneuert, der vordere wahrscheinlich noch aus der Bauzeit.*

Rathaussaal, der um 1340 entstand. Die frühesten Holztonnen in Dorfkirchen stammen nach dem gegenwärtigen Kenntnisstand erst aus dem 15. Jahrhundert, wenn man die der Creglinger Herrgottskirche nicht mitrechnet, da dies ja keine Pfarrkirche, sondern eine reine Wallfahrtskirche darstellt.

Gotik und Nachgotik

Nicht immer sind es vollständige Halbkreise, die die Tonne bilden, daneben gibt es auch am Scheitel gekappte Formen, wie in Puschendorf und Veitsbronn. Immerhin taucht diese nur seitlich gerundete, am Scheitel gerade geführte verbretterte Raumdecke bereits 1369 d in Bamberg an der Oberen Pfarre auf.[11]

Zwar ist die Zahl der bekannten hölzernen spätmittelalterlichen Langhaustonnen nicht groß, doch dürften sie trotzdem damals in Franken weit verbreitet gewesen sein. Darauf deuten Kirchen hin, deren niedrige Langhauswände nur durch eine Tonne den Durchblick über den hohen Chorbogen zum Chor freigeben können, wie etwa in Kalbensteinberg, wo die heutige flache Bretterdecke erst 1620 eingezogen wurde. In Kleinschwarzenlohe geschah dies 1605 – und hier hat sich über der Flachdecke die Konstruktion für die Holztonne noch erhalten.

Verbretterte Holztonnen bleiben aber weit über 1500 hinaus eine durchaus übliche Lösung für den Raumabschluss des Kirchenschiffes, ja erleben im 17. und frühen 18. Jahrhundert geradezu eine nochmalige Renaissance (→ Verbreitungskarte S. 308). Manche davon lässt sich als Wiederholung eines spätmittelalterlichen Vorgängers ansehen, wie in Markt Erlbach (→ Abb. S. 306).

Wenn wir über Franken hinaus schauen, so zeigt sich schnell, dass hölzerne Brettertonnen eigentlich für den mittelalterlichen Kirchenbau nichts ungewöhnliches sind und in weiten Teilen Europas üblich waren, nicht nur im benachbarten Thüringen sondern vor allem auch in England, in den Niederlanden und in Nordfrankreich.

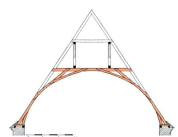

oben KLEINSCHWARZENLOHE 17. *Querschnitt 1:200 durch das Langhausdach, wohl um 1450*[12] *links oben* Blick in das Dachwerk mit den erhaltenen gerundeten Gespärren für die Brettertonne, die 1605 entfernt wurde.

links UNTERREICHENBACH *bei Schwabach, Brettertonne im Langhaus, der zugehörige Dachstuhl 1462 d.*

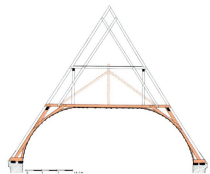

VEITSBRONN 35, *schematischer Querschnitt 1:200 Langhausdach, 1507 d; hellgetönt: zusätzliches Hängewerk.*

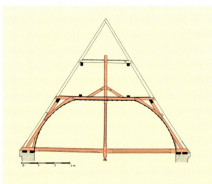

Querschnitt 1:200 im Langhaus[13]

Puschendorf

PUSCHENDORF bei Fürth, St. Wolfgang, Blick nach Osten vom Langhaus auf die gekappte Holztonne mit Hängesäule von 1490 d, dahinter der Chor. Eine der wenigen weitgehend original erhaltenen Brettertonnen des späten Mittelalters mit Hängewerk und Zierknopf.

Die turmlose Pfarrkirche wurde relativ einheitlich von 1489-91 (i und d) auf dem ehemaligen Areal einer kleinen Wasserburg oder besser eines Burgstalls (die Mauern mit Wassergraben haben sich teilweise erhalten) im Auftrag des Kartäuserklosters in Nürnberg erbaut. Sie diente wohl auch als kleine örtliche Wallfahrtskirche, darauf verweist auch die sog. Wolfgangsquelle wenige hundert Meter südöstlich der Kirche in einem kleinen Taleinschnitt. Möglicherweise hängt auch der kryptenartige Raum unter dem Altar mit der Wallfahrt zusammen.

Zwei Besonderheiten zeichnen das Kirchlein aus: einmal die offenbar weitgehend aus der Bauzeit erhaltene gebretterte Holztonne des Langhauses, bei der die Kreuzung zwischen den den Raum durchquerenden „Ankerbalken" und der Hängesäule mit dem als Zierknauf ausgebildeten Hängezapfen bemerkenswert ist, und dann die reiche spätmittelalterliche Altarausstattung mit Hochaltar und zwei Seitenaltären, alle mit beweglichen Flügeln, geschnitzt und gemalt, die wohl in Nürnberg gefertigt wurden.

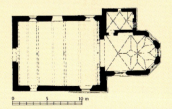

Grundriss: schwarz 1490, hellgrau gestrichelt: die 1597 eingezogenen zusätzlichen Balken im Langhaus[13].

Gotik und Nachgotik

Hölzerne Emporen

Dachstühle und Decken sind nicht die einzigen umfangreicheren, von den Zimmerleuten gefertigten hölzernen Bauteile einer Dorfkirche. Viel prägender für den Kirchenraum sind die hölzernen Emporen, die dann ganz besonders ein Kennzeichen der barocken Zeit werden, und nun durchweg in den evangelischen, in etwas geringerem Umfang auch in den katholischen Kirchen zu finden sind (→ S. 316-31).

Es gab aber durchaus schon vor der Reformation, ja vor 1500 hölzerne Emporeneinbauten. Soweit wir es anhand des nicht allzu zahlreich überlieferten Bestandes beurteilen können, handelt es sich bei dieser ältesten Schicht immer um Westemporen, d. h. sie liegen am Westende des Langhauses. Grundsätzlich lassen sich zwei Konstruktionen unterscheiden: einmal wird lediglich eine Balkenlage von Wand zu Wand, auf Streichbalken und Konsolen aufliegend, eingezogen, das andere Mal wird ein statisch selbständiges offenes Gerüst aus Säulen, Streben, Balken und Rähmen eingestellt, durchaus einem kleinen Fachwerkbau verwandt, wie wir es besonders schön in Urphar und Ruffenhofen vorfinden; es kommen auch beide Systeme kombiniert vor.

Sinn und Zweck der gotischen Westemporen sind nicht ganz klar. Der naheliegende Gedanke, dass es sich um Orgelemporen handelt, wie es ja später allgemein üblich ist, lässt sich gerade für die ältesten Beispiele, etwa in Ruffenhofen und Wettelsheim ausschließen, in Urphar 30 und Mindorf 27 scheint die Orgel dort erst nachträglich eingepasst worden zu sein. Offenbar aber besaßen die Westemporen ein Gestühl oder zumindest freistehende einfache Bänke, von denen sich die ältesten Beispiele gerade auf den gotischen Westemporen erhalten haben (→ Abb. S. 242). Eine weitere Aufgabe hatten die Westemporen: sie waren gewissermaßen das Treppenhaus für den Dachraum und den Turm, der bei Chorturmkirchen nur über den Dachraum des Langhauses erreichbar war. Insofern erinnern die frühen Westemporen an die gangartigen gebretterten Altanen der städtischen Häuser, die ja auch der Erschließung weiterer Räume dienten.

Wettelsheim bei Weißenburg, St. Martin, Westempore 15. Jahrhundert, rechts die um die Mitte des 16. Jahrhunderts eingestellte Nordempore;
links reich angeblattete Kopfbüge der mittleren Emporensäule, um 1450.

Gotik und Nachgotik

RUFFENHOFEN *bei Dinkelsbühl* 16, *Westempore, kurz nach 1485 d (auch Inschrift über Eingangsportal), zwei Balkenfelder tief, mit über flachen Kopfbügen vorkragender verbretterter Emporenbrüstung. Die Empore ist zugleich das „Zwischengeschoß" für die in zwei Läufen ins Dachgeschoß führende Blocktreppe.*

darunter *Emporengerüst an der Nordwand – Brettverkleidung an der Emporenfront aus der Bauzeit mit Malerei: Rosetten, Laubwerk.*

Gotik und Nachgotik

links und oben Veitsbronn *bei Fürth, St. Veit* 35*, geschnitzter Mittelunterzug der Westempore, der ursprünglich am Dachstuhl aufgehängt war (jetzt durch eine Säule von 1666 unterstützt), wohl zur Bauphase 1507 d gehörig.*

Puschendorf *bei Fürth* 29*, profilierte Holzkonsole für die Westempore, 1490 –* Burgoberbach *bei Ansbach, St. Leonhard, Schnitzereien an der Westempore, 1489 d.*

Die Westempore ist eine der seltenen hölzernen Bauteile, an denen sich Schnitzereien befinden: an Balkenköpfen, an Streben, an hölzernen Wandkonsolen. Es sind Profile, Tauwerk, Maßwerk, Nasen, sogar auch Köpfe – z. T. kennen wir die Formen vom spätmittelalterlichen Fachwerkbau.

Bisher liegen kaum feste Datierungen von hölzernen Westemporen vor. Doch deuten alle Merkmale, wie die steilen angeblatteten Kopfbüge, darauf hin, dass die erhaltenen im 15. Jahrhundert erbaut wurden – ob es davor auch schon Emporen an der Westseite gegeben hat, wissen wir nicht. Steinerne Westemporen finden sich nur in den wenigen spätgotischen dörflichen Hallenkirchen, aus romanischer Zeit sind sie bisher nicht nachgewiesen.

Die ersten Emporen an der Längsseite des Kirchenschiffes – es ist immer die nördliche, meist „fensterlose" Seite – sind für das 16. Jahrhundert nachgewiesen und hängen nun wohl mit dem evangelischen Gottesdienst zusammen. Es fehlt bisher aber an genaueren Untersuchungen.

Volkach *Maria im Weingarten* 20*, Säulenkopf der Westempore mit aufgemaltem Wappen und Jaheszahl 1492.*

rechte Seite Urphar *bei Wertheim, St. Jakob, Blick im Langhaus nach Westen auf die Emporen aus verschiedenen Zeiten: Westempore 15. Jahrhundert, die unteren Seitenemporen 1590, die oberen im 18. Jahrhundert und später aufgesetzt. Die Dorfkirche von Urphar gehört zu den ältesten und wertvollsten in Franken.*

Der hoch über dem Dorf und dem Main gelegene Steinbau hat eine ungewöhnliche und weit zurückreichende Baugeschichte und eine bedeutende Ausstattung.

Der ganze Kircheninnenraum wird vom Baumaterial Holz beherrscht. Die aus einem eigens eingestellten neunsäuligen Gerüst in der Art einer Fachwerkkonstruktion bestehende, zweischiffige und zweizonige Westempore stammt vermutlich aus der Mitte des 15. Jahrhundert. Einige Bretter der Empore besitzen an der Unterseite schwarze Schablonenmalerei, die in Resten auch an der Langhausdecke zu finden ist. Ebenfalls noch dem späten Mittelalter gehört das kräftig gezimmerte Langhausgestühl an, das auf den Emporen durch lange, aus

Gotik und Nachgotik

30
Urphar

links Jahreszahl 1590 an der Nordempore – Schablonenmalerei an der Decke der Westempore, ursprünglich wohl von der Langhausdecke.

nur einem Balken gezimmerte Bänke ergänzt wird →*Abb. S. 242*. 1590, wurde die untere nördliche Empore eingebaut, kurz darauf wohl die südliche, während das zweite Emporengeschoß darüber im 18. Jahrhundert dazukam, die Orgel ist von 1780.

Zunächst war es nur eine kleine Saalkirche mit halbrunder Apsis, der trapezförmige Saal nahm das heutige Turmuntergeschoß ein. Wann dieser Bau errichtet wurde, ist umstritten, doch für ein gerne angenommenes Baudatum vor 1000 gibt es aus dem Bau heraus keine Anhaltspunkte. Um oder kurz nach 1200 wurde westlich ein größeres Langhaus angebaut, das bisherige Langhaus wurde durch Aufstockung zum Turm, damals wohl mit einem Zinnenkranz. Umfangreiche Maßnahmen sind für die Zeit um 1300 bezeugt, u. a. das Langhausdach von 1302 d, aber auch das Chorgewölbe; damals dürfte auch das Eingangsportal → *Abb. S. 212* und ein Großteil der Wandfresken im Chor und Langhaus entstanden sein, die zu den bedeutendsten in Franken gehören → *Abb. S. 258*. 1447 d erhielt der Turm sein Spitzdach und 1497 i wurde die bestehende, auffallend große und gewölbte Sakristei (sog. Beichtkapelle) an der Nordseite angebaut.

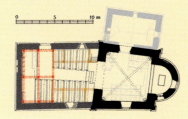

Grundriss

schwarz: Saalkirche mit Apsis, vor 1200; dunkelgrau: Anbau Langhaus um/nach 1200 (und Umbau alter Saal zu Chor mit Turm); hellgrau: Sakristeianbau 1497; rot: Westempore um 1450; gelb: Nordempore 1590, Südempore.

Gotische Bauplastik

Es haben sich verständlicherweise sehr viel mehr gotische als romanische Kirchenportale erhalten. Der Wandel geschieht, wie wir es ja auch an anderen Bauteilen beobachten können, ganz allmählich, doch scheint der Spitzbogen beim Portal später aufzukommen als bei den Fenstern, und zwar erst kurz vor 1300, wie etwa in Katzwang. Der auffallend steile Spitzbogen hat noch begleitende, in die Profilierung eingestellte Rundsäulen mit schlichtem Kapitell und Basis, das wiederholt sich am Portal der Kirche in Diebach, das damit wohl ebenfalls in etwa die gleiche Zeit der frühen Gotik gehört.

Bei den normalerweise eher schlichten, nur gefasten (mit abgeschrägten Kanten versehenen) oder profilierten Spitzbogenportalen fällt eine genauere zeitliche Einordnung schwer. Wie auch sonst, lassen sich nur wenige sichere Belege für das 14. Jahrhundert finden, im 15. Jahrhundert dagegen haben wir eine reiche Überlieferung vor uns. Die Profile werden reicher und sind zum Teil „hinterschnitten", also zurückspringend und so stark schattenbildend, der Spitzbogen manchmal zusätzlich mit einem Bogen mit Bekrönung und Kreuzblumen überwölbt, gelegentlich sind auch noch seitliche krabbenbesetzte Fialen vorhanden.

Weiterhin finden sich wie schon vor 1300 die meisten Portale an der Südseite der Kirchen, doch werden häufiger als zuvor zusätzlich auch Westportale eingebaut. Anhand der stärker schmückenden Glieder lässt sich aber vermuten, das normalerweise das Portal an der Südseite der Haupteingang in die Kirche bleibt.

KATZWANG bei Nürnberg, St. Maria 15, Südportal, wohl um 1295 (a und d).

DIEBACH bei Hammelburg, St. Georg → Abb. S. 76, Westportal am Querhaus, wohl um 1290.

Gotik und Nachgotik

Portale

ZIRNDORF bei Fürth, St. Rochus, Westportal am Turm, nach schwer leserlicher Inschrift von 1412, eines der schönsten gotischen Dorfkirchenportale.

Gotik und Nachgotik

oben links MÜRSBACH *bei Bamberg, Dreifaltigkeitskapelle 1516* → *Abb. S. 182, Westportal mit Kielbogen, das Türblatt neugotisch.*
oben rechts KÜPS *bei Kronach, St. Jakob, Südportal von 1599-1600 (!), noch ganz im Stil der Spätgotik, mit durchgesteckten Stäben profiliert.*
links FRICKENHAUSEN *am Main, St. Gallus, reich gestaltetes Westportal 1514-21 von Hans Bock aus Würzburg.*

Gegen Ende des 15. Jahrhunderts werden die Formen manchmal noch etwas reicher, es überkreuzen sich die stabförmig ausgearbeiteten Profile in der Spitze und auch am Spitzbogenansatz und es kommt der Kielbogen, d. h. eine flache Bogenform mit „ausgezogener" Spitze auf – all dies aber nur bei einzelnen, besonders bedeutenden Kirchen und das sind im Dorfbereich offenbar die mit einer Wallfahrt verbundenen Pfarrkirchen – was relativ häufig vorkam.

Gotik und Nachgotik

oben links BRUCK *bei Erlangen, St. Peter und Paul, Südportal, wohl um 1400, das aufgedoppelte Türblatt erst aus der Zeit der Kirchenbarockisierung 1726.*

oben rechts WENDELSTEIN *südlich von Nürnberg, St. Georg, Westportal, wohl 1450 (Hauptbauzeit der Kirche nach Dachstuhl → Abb. S. 186) mit doppelten durchgesteckten Stäben profiliert, das Türblatt 19. Jahrhundert.*

rechts DORMITZ *bei Erlangen, Mariä Verkündigung, reich gestaltetes Westportal mit doppelten durchgesteckten Stäben, um 1490-1500, das Türblatt modern.*

Gotik und Nachgotik

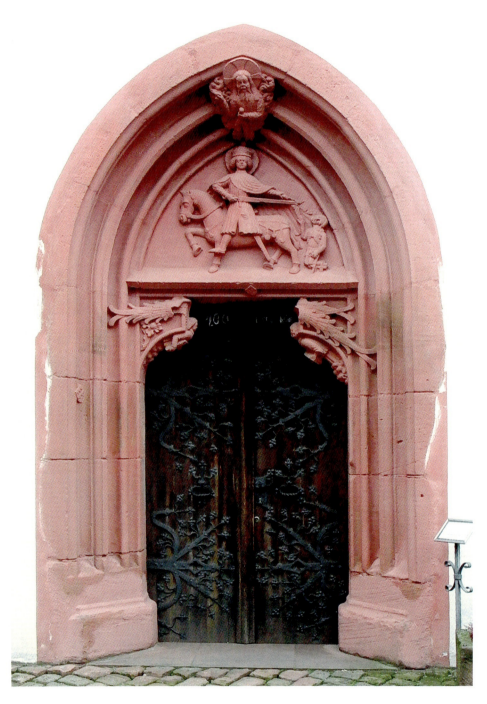

oben BÜRGSTADT bei Miltenberg, St. Margareta, Südportal, vermutlich 1437; über dem kräftig profiliertem Portal ein ursprünglich im Spitzbogen sitzendes Feld mit dem Relief der Auferstehung Christi; die Türbeschläge z. T. wohl noch spätmittelalterlich, das Türblatt selbst jünger.

links BÜRGSTADT, Kapelle St. Martin, Westportal, um 1430, das Türfeld mit Schulterbogen, der von geflügelten Engeln „gestützt" wird, im Bogenfeld Relief des Hl. Martin, im Scheitel Gott Vater; die Türbeschläge spätmittelalterlich.

Die beiden gotischen Bürgstädter Portale gehören zu den reichsten im ländlichen Franken.

Gotik und Nachgotik

oben WEGFURT *bei Bad Neustadt, St. Petrus und Paulus, weitgehender Neubau von 1601-07, Südportal, darüber Inschrifttafel von Fürstbischof Julius Echter.*

rechts MARKT BIBART *bei Scheinfeld, Darstellung Mariä, Nordportal von 1615 mit der für die Nachgotik bezeichnenden Mischung von gotischen (wie spitzbogige durchgesteckte Rahmung des Portals und die Maßwerk-Rosette darüber) und modernantikischen Elementen (Beschlagwerk, Diamantquader, Kanneluren, Sprenggiebel u.a.). Im Feld über der Tür Inschrifttafel von Fürtsbischof Julius Echter, der selbst den Grund für die von ihm gewünschte „Neue Pfarrkirche" des Ortes erwarb.*

Gotik und Nachgotik

Beschlagene Türblätter

MINDORF bei Hilpoltstein 27, mit Blech beschlagene Nordtür, wohl um 1450.

KLEINSCHWARZENLOHE südlich von Nürnberg 17, Südportal mit zweiflügeliger klappbarer Tür, die Schlagleiste geschnitzt, breite Eisenbänder, innen mit Angeln und Kloben angeschlagen, um 1450.

URPHAR bei Wertheim 30, noch rundbogiges Nordportal, aber wohl erst aus der Bauphase um 1300, ebenso das reich beschlagene Türblatt, die Malerei darauf ergänzt auf alter Grundlage.

WETTELSHEIM bei Weißenburg → Abb. S. 52, spitzbogiges Nordportal, vielleicht noch um 1300 wie das reich beschlagene Türblatt.

Gotik und Nachgotik

SINNBRONN *bei Dinkelsbühl* → *Abb. S. 83, Südportal mit Eisen beschlagenem breiten Türblatt, am Schlüsselschild Jahreszahl 1493 eingeritzt (oben).*

Während wir kaum originale romanische Türblätter sicher nachweisen können, haben sich aus der Gotik doch einige sehr ausdrucksstarke Türflügel erhalten. Sie sind aus starken und breiten, drei oder vier Eichenbohlen zusammengefügt, und drehen sich mit einem hölzernen Zapfen in einer eisernen oder hölzernen Angel. Eiserne Beschläge, manchmal phantatsievoll gestaltet (Bögen, Kreise, Lilienenden, Tierköpfe), halten auch die Eichenbohlen zusammen, ähnliches finden wir an den Sakristeitüren (→ S. 234-36). In einem Fall, Mindorf, ist die Tür sogar ganz mit Eisenblech beschlagen.

Zumeist haben die Türen in dieser Zeit nur einen Flügel, eine der seltenen zweiflügeligen in Kleinschwarzenlohe besitzt eine ornamental geschnitzte breite Schlagleiste. In Sinnbronn ist sogar noch das starke hölzerne Kastenschloss mit Schlüsselschild von 1493 erhalten.

Gotik und Nachgotik

Torvorhallen

In einigen Fällen wird der Kircheneingang noch zusätzlich durch eine überdachte Portalvorhalle betont – soweit wir es sehen, scheint es sich dabei im dörflichen Bereich immer um von Wallfahrern aufgesuchte Kirchen zu handeln, die es ja gerade im 15. Jahrhundert reichlich gab, etwa in Dorfkemmathen, Eckartshausen, Gesees, Seußling, Maria im Weingarten bei Volkach, um nur einige zu nennen, die auch Vorhallen besitzen. Die Vorhalle dürfte daher also nicht nur als reine Schmuckform zu verstehen sein – was sie sicher in der Hauptsache ist – sondern auch einen ganz praktischen Zweck erfüllt haben: das Sammeln der Wallfahrer vor der Kirche, vor dem Besuch der Messe.

Die Vorhalle – manchmal auch als *Vorzeichen* bezeichnet – stellt sich meist als ein kleines architektonisches Zierstück dar und ist mit feiner bildhauerischer Arbeit versehen, wie es in reichem Maße die Vorhalle der berühmten Wallfahrtskirche Maria im Weingarten bei Volkach zeigt.

oben DORMITZ *bei Erlangen, Mariä Verkündigung → Abb. S. 222, elegante zweibogige Vorhalle vor dem Südportal, um 1490.*

rechts VOLKACH *Maria im Weingarten 20, Vorhalle vor dem Südportal, um 1490.*

rechts außen DORFKEMMATHEN *bei Dinkelsbühl → Abb. S. 138, Vorhalle am Südportal, um 1430; die seitlichen Türmchen im 19. Jahrhundert überarbeitet.*

31 Seußling

SEUSSLING bei Bamberg, St. Sigismund, Blick auf die Torvorhalle an der Südseite des Langhauses, um 1470 → Abb. S. 224.

Die Seußlinger Kirche gilt als eine der ältesten in Oberfranken, was sich aber nicht auf den Bau, sondern auf den vermuteten Ursprung als eine der „Slawenkirchen" Karls des Großen 795 bezieht.

Der ganz aus Sandsteinquadern errichtete Bau selbst geht aber höchstens ins 14. Jahrhundert zurück, als nämlich 1354, unter Kaiser Karl IV., Reliquien des Heiligen Sigismund auf dem Weg von Burgund nach Prag in der Kirche zwischendeponiert wurden – und ein „Arm" des Heiligen hier blieb und so Ziel von Wallfahrern wurde.

Teile des auch als Wehranlage dienenden Westturms könnten noch etwa aus dieser Zeit stammen, doch in der Hauptsache wurde die Kirche um 1470 gebaut, auch die wehrhaft wirkende Torvorhalle des reichen, kielbogigen und mit Krabben besetzten spätgotischen Portals. Die Vorhalle besitzt ein Sterngewölbe und über dem profilierten Eingangsbogen Maßwerkblende und figürliche Wasserspeier, in der Vorhalle die Figur des Sigismund.

Eine weitere Besonderheit stellt die unter dem Chor erhaltene dreischiffige Krypta wohl von 1354 dar, die als kurzfristiger Aufbewahrungsart der Sigismund-Reliquien gilt.

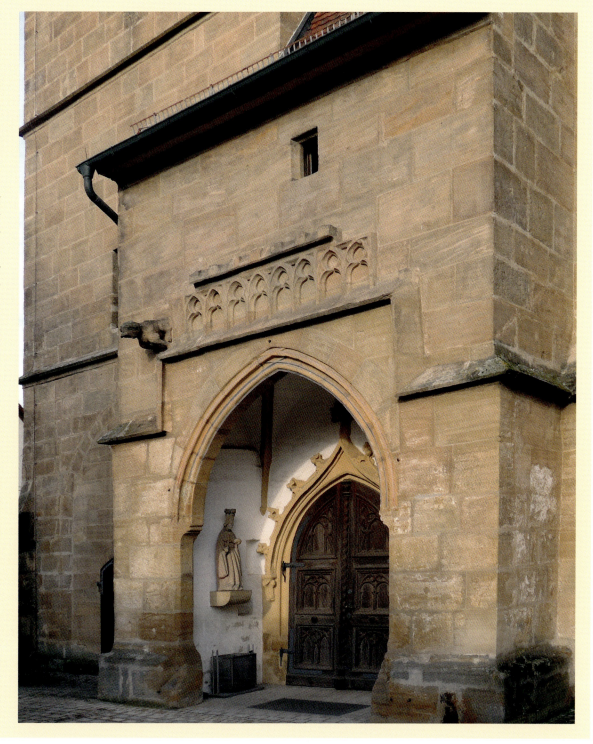

Gotik und Nachgotik

Maßwerkfenster

Frühe einbahnige Maßwerkfenster: von links UNTERNESSELBACH *bei Neustadt an der Aisch, Südfenster am Chor, um 1300 –* ZEILITZHEIM *bei Gerolzhofen, Ostfenster am Chorturm, um 1350 –* KATZWANG *bei Nürnberg 15, Doppelfenster im Turmgeschoß, um 1370.*

Ein entscheidendes Charakteristikum für ein gotisches Kirchenbauwerk stellt das Maßwerk im Spitzbogen der Fenster dar. Der Spitzbogen selbst ist ja schon seit etwa 1250 durchaus geläufiger Bestandteil eines zunächst noch sehr kleinen, schmalen Fensters (→S. 108), die charakteristischen „Nasen" im gekurvten Fenster werden aber erst gegen 1300 häufiger, zunächst bleiben dabei die Fenster noch sehr schmal.

In dieser Zeit kommen dann auch die ersten zweibahnigen Fenster auf, d.h. ein Mittelpfosten unterteilt das Fenster vertikal. Im Unterschied zu den Biforien, die sich eher als Fensterverdoppelung verstehen lassen und die am Turm auch als genaste Form vorkommen, ist beim zweibahnigen Fenster in seinem oberen, beide Fensterbahnen zusammenfassenden Spitzbogenbereich eine „krönende" Figur, wie etwa ein Drei- oder Vierpaß eingesetzt. Bei den frühen, in senkrechte Bahnen unterteilten Fenstern aus der Zeit um 1300 wirken das Maßwerk und insbesondere die Vierpässe in der Spitze wie aus dem Stein herausgeschnitten, Nasen fehlen zum Teil noch.

Doch schon bald, im Laufe des 14. und 15. Jahrhunderts, entwickelt sich im oberen Fensterabschnitt ein reiches und phantasievolles Maßwerk, und die Glasflächen der Fenster werden dabei immer größer und sitzen nun viel tiefer als früher. Die Dorfkirche macht also die allgemeine Stilentwicklung der Gotik mit, wenngleich meist in etwas reduziertem Umfang. Neben dem allgemein üblichen zweibahnigen tritt vor allem am Chorhaupt das dreibahnige Maßwerkfenster, während vier- und fünfbahnige Formen an Dorfkirchen so gut wie nicht vorkommen.

EICHEL *bei Wertheim, St. Veit, Südseite von Langhaus und Chor, das kleine hochsitzende spitzbogige Fenster noch in „romanischer" Tradition, die zweibahnigen Fenster mit Maßwerk wohl um 1400 eingesetzt.*

Gotik und Nachgotik

   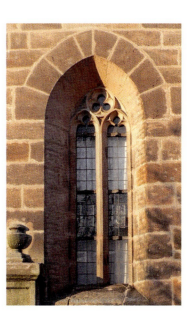

Zweibahnige Maßwerkfenster: von links nach rechts – SCHAMBACH bei Weißenburg, Ostfenster im Chorturm, kurz vor 1300 – BULLENHEIM bei Uffenheim, Ostfenster im Chorturm, kurz vor bis um 1300 – DETWANG bei Rothenburg 7, Fenster an der Langhausnordseite, um 1300 – DIETENHOFEN bei Fürth, Südfenster am Chorturm, um 1400.

   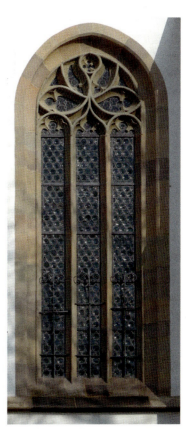

Dreibahnige Maßwerkfenster:

von links KLEINLANGHEIM bei Kitzingen, Ostfenster am Chorturm, kurz vor bis um 1300 – STEINACH bei Rothenburg, Ostfenster am Chor, um 1300 – DETWANG bei Rothenburg 7, Südfenster am Chorturm, um 1350 – VOLKACH, Maria im Weingarten 20, Langhausfenster an der Südseite, um 1490.

Gotik und Nachgotik

Zweibahnige schlanke Maßwerkfenster zwischen Strebepfeilern gliedern die Langhauswand:

oben GROSSLELLENFELD *bei Dinkelsbühl, Kirche Beatae Mariae Virginis → Abb. S. 223, Ausschnitt aus der Langhaussüdseite, um 1460.*

rechts VOLSBACH *bei Bayreuth, Mariä Geburt 23, Ausschnitt aus der Langhausnordseite, 1474; die aus drei gebündelten Stäben bestehenden Strebepfeiler kommen auch an der Kirche in Poppenreuth bei Fürth vor.*

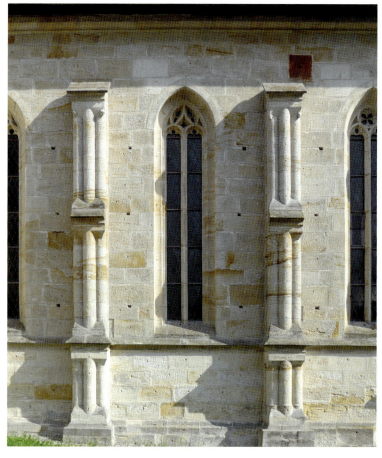

Spätgotische Dorf- und Pfarrkirchen, die zugleich Wallfahrtskirchen sind, zeigen den größten gestalterischen Aufwand am Außenbau mit Strebepfeilern und reich gestalteten, mehrbahnigen Maßwerkfenstern.

Gegen Ende des 15. Jahrhunderts macht sich daneben, vor allem um Nürnberg, gleichsam in einer Art Gegenbewegung, eine Reduzierung, Begradigung der Formen bemerkbar, ja sogar der Spitzbogen wird gelegentlich zugunsten des Rundbogens aufgegeben.

Gotik und Nachgotik

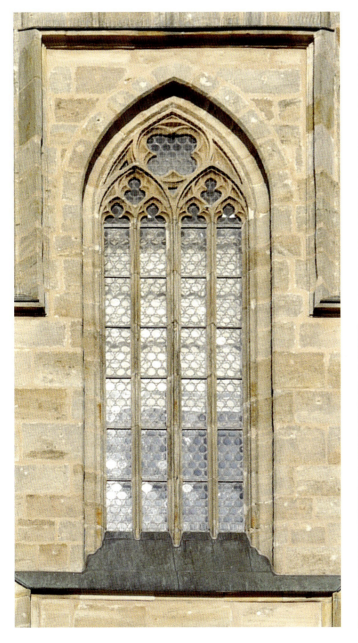

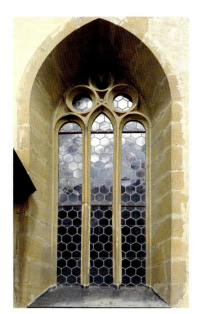
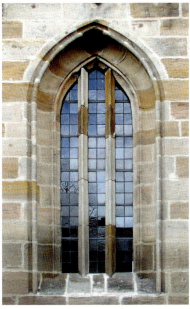

Spätgotische Maßwerkfenster:
oben links GROSSLELLENFELD → *Abb. S. 218, Vierbahniges Fenster im Westgiebel, um 1460*
oben Reihe rechts VOLSBACH 23, *dreibahniges Chorfenster, 1510 –* IRMELSHAUSEN *bei Bad Königshofen, St. Jakob, dreibahniges Chorfenster, erst 1575?*
Reihe darunter BURGFARRNBACH *bei Fürth, Ostfenster am Chorturm, um 1490, vom Nürnberger Stadtbaumeister Hans Behaim d. Ä. –* PUSCHENDORF *bei Fürth* 29, *Ostfenster des Chors, 1489.*
rechts unten ICKELHEIM *bei Bad Windsheim* → *Abb. S. 140, Chorfenster, um 1525.*

Gotik und Nachgotik

Maßwerkfriese

Was in der Romanik die insgesamt eher selteneren Rundbogenblenden an Türmen, Apsiden und Langhauswänden (→ S. 114 f.) sind, stellen in der Gotik die Spitzbogenblenden dar, die zu Maßwerkfriesen gesteigert werden. Wir finden sie besonders ausgeprägt an Türmen in der Nürnberg-Fürther Gegend, der Zusammenhang mit der hier üblichen Verwendung von Sandsteinquadern zum Kirchenbau ist deutlich, aber auch der Einfluss von Nürnberg her.

Die Formen sind variantenreich, die meist auf dem Dreipass beruhenden Maßwerkbögen unterschiedlich aufwändig ausgeführt, sie werden gegen Ende des 15. Jahrhunderts kantiger und vielfältiger. Die ältesten Beispiele stammen wohl aus der Zeit um 1400. Die Maßwerkblenden sitzen manchmal sogar auf langgezogenen Konsolen mit Maskenköpfen auf, wie etwa bei den Türmen in Roßtal und Zirndorf, die möglicherweise vom gleichem Steinmetz gearbeitet wurden – Zirndorf ist dabei als

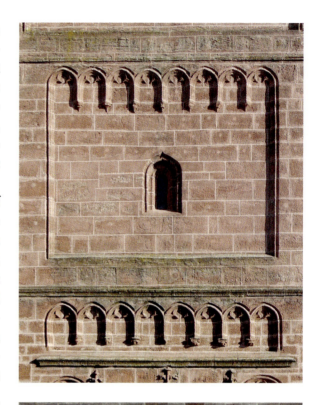

oben rechts ZIRNDORF *bei Fürth → Abb. S. 207, Maßwerkfriese mit „Kopf"-Konsolen am Westturm, bez. 1412 unterhalb des unteren Gesimses.*
links und rechts unten ROSSTAL *bei Fürth, St. Lorenz, Maßwerkfriese am Westturm mit „Kopf"-Konsolen, wohl kurz nach 1388 (Wiederaufbau nach Zerstörung).*

Gotik und Nachgotik

oben links BRUCK *bei Erlangen* → *Abb. S. 209, 249 Maßwerkfriese am Chorturm, um 1400.*

darunter BURGFARRNBACH *bei Fürth* → *S. 172, Maßwerkfries am Chorturm, von Hans Behaim d.Ä., um 1470.*

oben rechts HANNBERG *bei Erlangen* → *Abb. S. 44, 172, Maßwerkblenden am 5-Knopf-Chorturm, 1486 i.*

rechts POPPENREUTH *bei Fürth, St. Peter und Paul, Maßwerkfriese am Westturm, ehem. mit Scharwachttürmchen.*

Gotik und Nachgotik

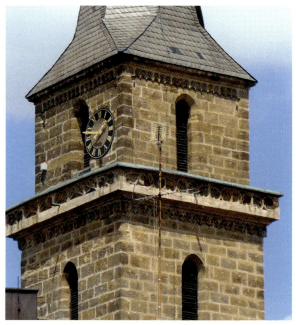

oben links und rechts Irmelshausen *bei Bad Königshofen, St. Jakobus, oberstes Turmgeschoß mit Maßwerkgalerie, darin auch eine männliche Phantasiegestalt, nachgotisch, um 1575.*

links Dormitz *bei Erlangen → S . 214, nördlicher Flankenturm mit Maßwerkfriesen und einer reich gearbeiteten Maßwerkbrüstung vor dem zurückgesetzten oberen Läutgeschoß, um 1400.*

einziges Beispiel mit 1412 inschriftlich und damit relativ früh datiert. Noch wesentlich älter könnte der Spitzbogenfries am Südturm der Rattelsdorfer Kirche sein, der sich wesentlich von den Beispielen im Nürnberger Umland unterscheidet.

Maßwerk schmückt schließlich auch die Brüstung der Turmgalerien unterhalb eines zurückgesetzten oberen Läutgeschoßes, was freilich bei Dorfkirchen eine große Ausnahme darstellt.

rechts Neunstetten *bei Ansbach, St. Veit → Abb. S. 137, Maßwerkfries am Flankenturm unterhalb des aufgesetzten Achtorts, 1482.*

rechts unten Rattelsdorf *bei Bamberg, St. Peter und Paul, südlicher Flankenturm, etwas unbeholfener Spitzbogenfries im ersten Obergeschoß, vielleicht noch um 1300?*

KÖNIGSHOFEN *bei Dinkelsbühl, Pfarr- und einst bedeutende Wallfahrtskirche Beatae Mariae Virginis; aufwändig gestaltetes Fensterjoch am südlichen Seitenschiff, Maßwerkblenden unterhalb und oberhalb des Fensters; das vierbahnige reich profilierte, mit Krabben besetzte Maßwerkfenster gerahmt von dreieckigen, stabbelegten und mit Maßwerkgiebeln verzierten Pfeilern, um 1450.*

Gotik und Nachgotik

Köpfe und Figuren

Über die fein gearbeiteten Maßwerkfriese hinaus findet sich zwar weitere steinerne, ornamentale und figürliche Gestaltung in vielen gotischen Dorfkirchen, die sich aber auf zumeist die Bauglieder konzentrieren, die auch schon in der Romanik dafür bevorzugt verwendet wurden: Kapitelle an Säulen und Chorbogen, Konsolen der Gewölberippen, Gewölbeschlusssteine, dazu Fenster- und Türbekrönungen sowie die Bogenfelder von Türen, wobei letztere eher selten sind, da Spitzbogentüren meist ohne ein „Tympanon" auskommen. Auch Strebepfeiler werden gelegentlich mit Bauplastik überzogen – am ehesten bei Kirchen, zu denen Wallfahrten führen.

Schreckköpfe und Phantasiefiguren, wie sie typisch für die Romanik sind, kommen zwar weiterhin vor, aber insgesamt wird die Darstellung von Köpfen und Büsten immer naturalistischer. Den Höhepunkt in dieser Hinsicht stellen sicher die Baumeisterfiguren als Gewölbeanfänger in Frickenhausen dar, die vielleicht sogar konkrete Personen zeigen. Heilige als Ganzkörperfiguren sind kaum eine dörfliche Angelegenheit – die großartige Marienfigur in Laub stammt ursprünglich aus einer Würzburger Kirche, die etwas derbere in Königshofen war wohl einst Andachtsbild.

rechts ENTENBERG *bei Lauf, St. Peter und Paul, Konsole für Kreuzrippe im Chorturm, um 1350.*

oben KIRNBERG *bei Rothenburg, figürliche Rippenkonsolen im Chorquadrat, um 1300.*

Gotik und Nachgotik

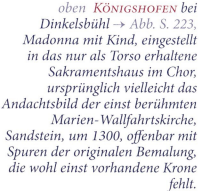

oben KÖNIGSHOFEN *bei Dinkelsbühl → Abb. S. 223, Madonna mit Kind, eingestellt in das nur als Torso erhaltene Sakramentshaus im Chor, ursprünglich vielleicht das Andachtsbild der einst berühmten Marien-Wallfahrtskirche, Sandstein, um 1300, offenbar mit Spuren der originalen Bemalung, die wohl einst vorhandene Krone fehlt.*

rechts LAUB *bei Kitzingen → Abb. S. 160, überlebensgroße Sandsteinmadonna, um 1300, stand ursprünglich in der Würzburger Franziskanerkirche, wurde 1590 in den Neubau der kleinen Saalkirche von Laub überführt, wofür eine eigene Nische geschaffen wurde.*

RÖCKINGEN *→ Abb. S. 227, weibliche Halbbüste als Konsole für eine Kreuzrippe im Chor, um 1470*

Gotik und Nachgotik

oben VOLSBACH *bei Bayreuth, Mariä Geburt 23, Hase und Drache krönen Strebepfeiler des Langhauses, 1474 i.*

rechts außen oben GROSSLELLENFELD *bei Dinkelsbühl → Abb. S. 159, abgemagerter Hund als Gewölbeanfänger im Langhaus, um 1468 (Weihedatum).*

rechts WEIDHAUSEN *bei Coburg, Schlussstein im Chorturm mit Christuskopf, um 1450.*

unten FRICKENHAUSEN *am Main, St. Gallus 1514-21 → Abb. S. 163, Konsolen für das Gewölbe der Westempore in Form von stützenden „Handwerkern" – rechts vielleicht ein Selbstporträt des Würzburger Baumeisters Hans Bock?*

Gotik und Nachgotik

oben CREGLINGEN im Taubertal → *Abb. S. 199*, filigrane Bekrönung des Westportals und eines Strebepfeilers am Chor mit Tierfiguren, um 1380.

rechts MARKT ERLBACH *18*, Weibliche Figur (erneuert) auf Konsole, unter reich verziertem Baldachin, um 1380?

links BÜRGSTADT bei Miltenberg, St. Margaretha, eingemauertes Tympanon der Südtür → *Abb. S. 210*, Relief Auferstehung Christi, um 1450.

links unten RÖCKINGEN am Hesselberg, St. Lorenz → *Abb. S. 225*, in der Langhaussüdwand eingemauerte Sandsteinplatte mit der Darstellung des Heiligen Lorenz auf dem Rost, Inschrift „Sanctus laurencius ora pro nobis / aftermontag vor geory 1499".

Gotik und Nachgotik

Sakramentshäuser

Die allerfeinsten gotischen Steinmetzarbeiten finden sich an den Sakramentsnischen und den daraus entwickelten Sakramentshäusern bis hin zu ganzen Sakramentstürmen. Warum gerade an diesen, meist an der Nordseite im Chor, der Evangelienseite, eingesetzten oder angefügten Bauteilen?

Dazu muss man erst einmal die große, ja überragende Bedeutung des „Sakraments" bzw. der Eucharistie in der spätmittelalterlichen Frömmigkeit verstehen. Sakrament meint in diesem Zusammenhang das „Allerheiligste", das durch die am Altar gesprochenen Wandlungsworte des Priesters zum „Leib" Christi gewordene Brot in der Form der geweihten Hostien („Transsubstantion"). Das wird ganz konkret verstanden und so durfte ja auch keine der geweihten Hostien verloren gehen (fortdauernde „Realpräsenz"). Die Überzähligen, die man später, etwa für Kranke und Sterbende brauchen konnte, wurden in einem Gefäß verwahrt, einer Hostienbüchse (Pyxis), später dann in einer kunstvoll gestalteten, durchbrochenen Monstranz, die wiederum in die dafür geschaffene Sakramentsnische mit abschließbarer Gittertür gestellt wurde. Doch geht es dabei nicht nur um sicheres Aufbewahren des Sakraments, sondern noch mehr ums „Vorzeigen" des wahren Leibs Christi in Gestalt der Hostien, denn die Wandlung hat nach katholischer Auffassung über die Abendmahlsfeier hinaus Bestand. Durchs Gitter bleibt der Blick auf das Allerheiligste möglich ...

Frühe Sakramentsnischen besitzen noch feste Holztüren, waren also noch nicht aufs „Vorzeigen" (*monstrare*) angelegt. Das scheint erst gegen Ende des 14. Jahrhunderts üblich zu werden. Die vielen in den

oben OBERLEINACH *bei Würzburg, figurenreiche Sakramentsnische im Chor, um 1400, erneuerte Fassung, mit bildhafter Darstellung der Funktion: über der Gittertür halten zwei geflügelte Engel eine Monstranz, in der eine Hostie zu sehen ist.*
links EICHFELD *bei Volkach, Sakramentsnische mit gemalter Rahmung, um 1350.*

Gotik und Nachgotik

Dorfkirchen erhaltenen Sakramentsnischen haben aber meistens bereits ein enges, geschmiedetes und manchmal sogar vergoldetes, verschließbares Gitter vor dem in die Mauer eingelassenen Schrein. Die meist steinmetzmäßige, manchmal auch gemalte Rahmung nimmt typisch gotische Elemente auf: Spitz- oder Kielbogen, Krabben, Fialen, über der Nische findet sich häufig das Haupt Christi, daneben gelegentlich noch Assistenzfiguren, etwa Petrus und Paulus.

Sakramentsnischen auf Wandpfeilern mit reicher Bekrönung, Übergang zum Sakramentsturm:
oben LINDEN *bei Neustadt an der Aisch, 1501 –*
GROSSOSTHEIM *bei Aschaffenburg 45, um 1500*
rechts DORFKEMMATHEN *bei Dinkelsbühl → Abb. S. 138, von Hans Dhum 1509 –*
PFARRWEISACH *bei Ebern → Abb. S. 140, 1511.*

Gotik und Nachgotik

Die große Zeit der Sakramentshäuser liegt um 1500, am Vorabend der Reformation. Nie zuvor und erst recht nicht danach wurde für einen Gegenstand, der eigentlich nur der bloßen Aufbewahrung dient, ein solcher Aufwand betrieben. Vor allem in den Dorfkirchen um Nürnberg finden sich außerordentlich qualitätvolle Beispiele von richtiggehenden Sakramentstürmen, die wohl auch in der Nachfolge des Sakramentshauses von Adam Kraft in St. Lorenz stehen. Seine exorbitante Höhe von 21 Metern erreichen sie freilich nicht, aber sieben Meter, wie etwa in Ottensoos von 1522, sind es schon!

Nachdem Luther sowohl Realpräsenz außerhalb des Abendmahls wie die katholische Transsubstantionslehre ablehnte, braucht es in der evangelischen Liturgie auch keine besondere Aufbewahrung geweihter Hostien über das Abendmahl hinaus; trotzdem haben sich gerade in heute evangelischen Kirchen die meisten Sakramentsnischen und -häuser erhalten. Denn auch in der katholischen Kirche haben sie spätestens mit dem Tridentinischen Konzil ausgedient: nun mussten die geweihten Hostien im Tabernakel am Altar selbst aufbewahrt und gezeigt werden.

rechts WENDELSTEIN *bei Nürnberg, noch mit der Wand verbundener Sakramentsturm, Sandstein um 1500, Assistenzfiguren fehlen.*

recht Seite von links nach rechts
POLLENFELD *bei Eichstätt → Abb. S. 138, aus der Wand hervortretender Sakramentsturm. Kalkstein, um 1470.*
OTTENSOOS *bei Lauf* 24, *fast freistehender Sakramentsturm, Sandstein von 1522, vielleicht von Veit Wirsberger.*
GOLLHOFEN *bei Uffenheim → Abb. S. 140, fast freistehender Sakramentsturm, Sandstein von 1517,*
links Gittertür am Sakramentsturm in Gollhofen.

Gotik und Nachgotik

Gotik und Nachgotik

links KATZWANG *südlich von Nürnberg* 15*, Sakramentshaus von 1518, errichtet von den Nürnberger Bildhauern Veit Wirsberger und Hans Beheim, neben dem in Kalchreuth eines der reichsten in einer Dorfkirche, die etwas „verkleinerte Ausgabe" des Sakramentshauses von St. Johannes in Schwabach.*

oben Mittelteil des Sakramentsturms, 1498 gestiftet und wohl in der Werkstatt von Adam Kraft in Nürnberg geschaffen, es steht in der Nachfolge des Sakramentshauses in St. Lorenz. In der Mitte als Assistenzfigur der Pestheilige Rochus.

unten „Erzväter-Dorsale", Wandteppich mit alttestamentlichen Motiven, um 1470 in Nürnberg gefertigt, hier Ausschnitt mit Samson in der Löwengrube.

32 Kalchreuth

KALCHREUTH nördlich von Nürnberg, St. Andreas, Blick in die nördliche Chorseite mit dem ungewöhnlich filigran gearbeiteten Sakramentshaus und „Tonaposteln" auf dem Chorgestühl. In der Kalchreuther Kirche hat sich selbst für eine Dorfkirche des Nürnberger Umlandes eine ungewöhnlich umfangreiche und qualitätvolle spätmittelalterliche Ausstattung erhalten.

Die Baugeschichte der ansehnlichen Kirche lässt sich sehr gut überblicken: 1471/72 wurde das Langhaus auf Betreiben der Dorfbewohner errichtet, 1494 hat der Kirchenpatron Jobst von Haller der Ältere auf seine Kosten den das Langhaus überragenden hohen polygonalen, netzgewölbten Chor erbauen lassen, einen massiven Turm besaß diese Kirche damals offenbar noch nicht. Er wurde erst 1789 an der Nordseite des Langhauses in barocken Formen angebaut. Zuvor, 1746, wurde das Langhaus erhöht, die doppelten Emporen eingebaut und das Ganze mit einer gebrochenen, verbretterten Holzdecke überwölbt.

Es gab einen Vorgängerbau des späten 14. Jahrhunderts, der 1390 bezeugt ist. Vom Altar dieser Kirche dürfte noch die aus Ton angefertigte eindrucksvolle Reihe der zwölf Apostel mit dem segnenden Christus stammen, in ihrer Art ein einzigartiges Beispiel spätmittelalterlicher Bildkunst.

Doch auch weitere Kunstwerke der Kirche sind von großer Bedeutung, nicht nur der hohe Sakramentsturm von 1498, sondern auch der gleichzeitige große, vollständig mit bis unter das Gewölbe reichendem Gesprenge erhaltene Flügelaltar im Chor mit der gemalten Passionsansicht (aus der Werkstatt von Michael Wolgemut) und der mit geschnitzten Figuren und Reliefs (wohl aus der Werkstatt von Veit Stoß) gestalteten „Normalansicht" sowie dem Heiligen Martin auf Pferd im Gesprenge.

Ein weiterer, kleinerer Flügelaltar von 1516 (Anna-Selbdritt-Altar) befindet sich auf der Nordseite, der auf der Südseite musste der Kanzel weichen, einzelne Teile finden sich aber an verschiedenen Stellen in der Kirche wieder. Ebenso einmalig für eine Dorfkirche wie die Tonfiguren sind zwei Wandteppiche der Zeit um 1470, die einst als Dorsale, d. h. als Rückwand eines Altares dienten.

Weitere Bildwerke, Totenschilde, Glasmalereien und das aus unterschiedlichen Zeiten stammende Gestühl → Abb. S. 238 tragen zum einmaligen Gesamtbild der Kirche bei.

Schatzkammer Sakristei

Meist wird sie bei der Beschreibung und Analyse vergessen, obwohl sie schon in der romanischen Epoche, erst recht aber dann in der gotischen Zeit zu fast allen Dorfkirchen gehört: die *Sakristei*. Äußerlich als kleiner, meist eher unscheinbarer Anbau an der Nordseite des Chors oder im Untergeschoß des Flankenturms wenig auffallend, der Innenraum dagegen für die „Öffentlichkeit" – vertreten durch die Gemeinde, heute auch die Besucher – nicht zugänglich, ist diese Nichtbeachtung zumindest etwas verständlich.

Der trotzdem große Stellenwert einer Sakristei zeigt sich an ihrem anspruchsvollen Zugang vom Kirchenraum beziehungsweise vom Chor her: die Sakristeitür ist sorgfältig gestaltet, vor allem das Türblatt selbst, es ist aus dicken Eichenbohlen zusammengefügt und mit reich verzierten eisernen Beschlägen und festen Schlössern gesichert und kann es so gut und gerne mit der Eingangstür in die Kirche aufnehmen. Außerdem haben sich die geschützt im Innern liegenden gotischen Sakristeitüren in viel größerer Zahl erhalten als die Außentüren.

Diese Tür führt schließlich in eine Art Schatzkammer, denn in der Sakristei wurden (und werden vielfach noch) die für den Gottesdienst notwendigen Gegenstände aufbewahrt, etwa die wertvollen, aus Edelmetall (Gold, Silber,

ganz oben OTTENSOOS *bei Lauf* 24, *doppelstöckige Sakristei von 1487 i mit eigenem Treppenturm.*

darunter KLEINSCHWARZENLOHE *bei Nürnberg* 17, *Sakristeianbau an der Nordseite, um 1450.*

Gotik und Nachgotik

Gotische Sakristeitüren

oben links Segringen *bei Dinkelsbühl, Schulterbogenportal, um 1350;*
links Dorfkemmathen *bei Dinkelsbühl → Abb. S. 138, um 1430;*
oben Wiesenbronn *bei Kitzingen, Türgewände zum Neubau von 1603 gehörig, das Türblatt älter.*
Seite 234 unten links Henfenfeld *bei Lauf → Abb. S. 113, aufgedoppeltes Türblatt mit spiraligen Beschlägen des 16. Jahrhunderts? – unten rechts* Leuzenbronn *bei Rothenburg, Tür zur Sakristei im Nordturm, um 1350.*

Gotik und Nachgotik

oben DIETENHOFEN 26, *Blick durch die Tür in die Sakristei.*

rechts unten CREGLINGEN *bei Rothenburg → Abb. S. 199, kleiner Flügelaltar in der Sakristei, die Figuren im Schrein fehlen, um 1450.*

Messing) gefertigten Gefäße und Behältnisse, die für Abendmahl und Taufe notwendig sind (sog. *Vasa sacra* – vor allem Kelche, Kannen, Hostiendose), dann aber auch Bibeln, Gebetbücher und vor allem die „liturgische" Kleidung, die Gewänder für Priester, Pfarrer und Meßdiener. In der Sakristei zieht sich dann der Geistliche um, bereitet sich auf den Gottesdienst mit Gebet und Andacht vor. Die Sakristei ist also im gewissen Sinn ein privat-sakraler Rückzugsraum, sozusagen eine „Rüststube" – zur Wohnstube fehlt nur die Heizbarkeit, die in keinem Fall gegeben ist. Doch stehen in der Sakristei Möbel und Gerätschaften, die wir auch aus dem Wohnbereich kennen: etwa Truhe und Schrank zum Aufbewahren der Gerätschaften und der Kleidung – sie gehören zu den ältesten Möbeln, die sich in Franken erhalten haben – , Regale für die Bücher, Tisch und Stuhl zur Kontemplation und Ruhe.

Mit eigenem Altartisch, dessen steinerner Aufbau in einigen Fällen erhalten ist (Puschendorf bei Fürth, Urphar bei Wertheim) und einem kleinen Flügelaltar (heute reicht dafür meist ein Kreuz) wird die Sakristei dann sogar so etwas wie eine kleine Privatkapelle.

Neben dem Zugang vom Kirchenraum her gibt es heute zumeist auch noch einen Außenzugang in die Sakristei, so dass der Pfarrer direkt in die Sakristei gelangen kann. Doch diese Außentür scheint meist erst später „eingebrochen" worden zu sein. Dagegen findet sich nur vereinzelt eine eigene „Priesterpforte" als Außentür im Chor, wie sie beispielsweise in Norddeutschland durchaus üblich ist – dort sind aber offenbar Sakristeien seltener als bei uns.

Gotik und Nachgotik

Sakristeimöbel

obere Reihe FECHHEIM *bei Coburg → Abb. S. 145, Truhe, ehemals wohl in der Sakristei, um 1400 –* URPHAR *bei Wertheim* 30*, Truhe in der Sakristei, mit Maßwerkmalerei am Sockelbrett, um 1400.*
untere Reihe MISTELBACH *bei Bayreuth, Sakristeischrank, um 1450 –* MINDORF *bei Hilpoltstein* 27*, Sakristeischrank mit Laubwerk-Flachschnitzerei am Gesims, um 1500.*

Gotische Innenausstattung

Gab es in mittelalterlichen Kirchen überhaupt Sitzgelegenheiten für die Gottesdienstbesucher? Im allgemeinen herrscht die Ansicht vor, dass die Kirchen bis zur Reformation kaum Bänke und Stühle für die Laien kannten, nur für die an der Messe beteiligten Geistlichen und natürlich in Klosterkirchen für die Mönche gab es im Chor Sitzplätze, das Chorgestühl; daneben konnten höchstens die jeweilige „Herrschaft" und einzelne einflussreiche und vermögende Personen sich einen eigenen „Sitz" in der Kirche leisten oder „erkaufen". Außerdem mussten wegen der vielen Prozessionen die Kirchenräume möglichst frei sein und lange, ermüdende Predigten spielten ja noch keine solche Rolle für den Gottesdienst wie später ...

Doch die vielen konkreten Beispiele von Bänken und Stuhlreihen in fränkischen Dorfkirchen (aber wohl nicht nur hier) aus der vorreformatorischen Zeit legen eine etwas differenziertere Sicht zum Stehen und Sitzen nahe. Zumindest für das 15. Jahrhundert war offensichtlich für „Jedermann" ein mehr oder weniger bequemer Bankplatz in der Kirche gängig.

Es lassen sich bereits verschiedene Arten von Sitzgelegenheiten feststellen. Dem „altehrwürdigen" Chorgestühl der Klöster am ähnlichsten sind die in *Stallen* aneinandergereihten Einzelsitze (die vielfach wohl auch nach oben klappbar waren) mit Trennwänden und „Halsringen" dazwischen sowie einer Rückenwand (*Dorsale*). Solche Bankreihen finden sich noch in auffallend vielen Dorfkirchen, als kleine Zwei-, Drei oder Viersitzer stehen sie vor allem seitlich im Chorraum. Manche davon mögen tatsächlich für das „geistliche Personal" reserviert gewesen sein, das ist aber bei den langen und zahlreichen „Vielsitzern" nicht mehr denkbar, die sowohl längs an den Wänden in Chor und Langhaus

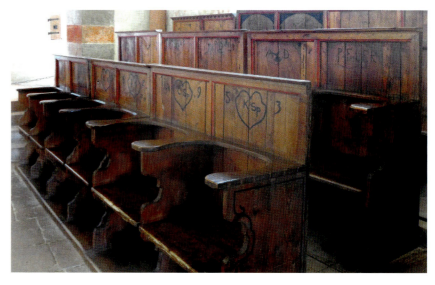

Vielsitzige „Chorstuhlreihen", mit Halsringen: von oben KALCHREUTH 32, *im Langhaus –* BEERBACH *bei Nürnberg, auf der Westempore; rechts* URPHAR 30, *an der Südseite des Chors, die Rückwände mit Hausmarken, Namen und Nummern der, ganz wörtlich genommen, „Besitzer" – Alle 16./17. Jahrhundert.*

Gotisches Kirchengestühl

links und oben JOCHSBERG *bei Ansbach, geschnitzter 6-stalliger Chorstuhl, Seitenwange und Rückwand, um 1500 –* WENDELSTEIN *bei Nürnberg, 5-stalliger Chorstuhl, um 1470 –* LAUBENDORF *bei Fürth, zweistalliger Chorstuhl, um 1500.*
unten WIESENBRONN *bei Kitzingen, 24-stalliges Chorgestühl, um 1580.*

stehen, als auch in Reihen hintereinander im Langhaus oder auf den Emporen quer im Raum – sie müssen von Anfang an als „besseres" Laiengestühl gedient haben. Zwar stammen manche davon auch erst aus nachmittelalterlicher Zeit, doch bei einigen lässt sich anhand der Zierformen oder gar vorhandener Jahreszahlen ihre Entstehung in der Zeit um und vor 1500 nachweisen.

Gotik und Nachgotik

LEUZENBRONN *bei Rothenburg, vielsitzige Bankreihe im Chor, die Front mit nachgotischer Maßwerkschnitzerei.*

Dies gilt für die reich mit spätgotischer Flachschnitzerei versehenen Gestühle etwa in der Dorfkirche in Kirchgattendorf ganz im Nordosten Frankens oder in Jochsberg bei Ansbach →S. 239, sie stehen in beiden Fällen zwar im Chor, sind aber sicher keine Priesterstühle, denn sie haben viel zu viele Sitzplätze, sechs in Jochsberg, oder gar zwölf Stallen auf je einer Seite in Kirchgattendorf. Dort verweisen die Handwerkerzeichen auf die Herkunft der Stuhlbesitzer, ähnlich wie es am schlichteren und jüngeren Gestühl in Urphar **30** zu beobachten ist.

In der Art der Chorstühle werden im 16. und 17. Jahrhundert noch viele Bankreihen gefertigt und dann mit zeittypischem Dekor versehen; vielfach schimmert aber im Umriss der Wangen weiterhin eine gotische Tendenz durch.

rechts und unten KIRCHGATTENDORF *bei Hof, Blick auf das Gestühl an den Chorwänden (unten Südseite, rechts Nordseite, jeweils Ausschnitt), wohl von 1493. Es ist eines der am aufwändigsten geschnitzten und am besten erhaltenen spätgotischen Gestühle in einer fränkischen Dorfkirche, die aber auch insgesamt eine sehr sehenswerte Ausstattung besitzt.*

Im rauen und ja ansonsten mit Kunstschätzen nicht ganz so reich gesegneten nordöstlichen Oberfranken überrascht die reiche Ausstattung der Kirche besonders. Die Grundanlage mit dem ungewöhnlichen mittleren Südturm → Abb. S. 130 und dem polygonalen Chor geht noch in die Zeit um 1400 zurück, das kreuzrippengewölbte Langhaus dürfte erst dem 15. Jahrhundert angehören → Abb. S. 152. An der Nordseite der Kirche wurde 1751-54 ein

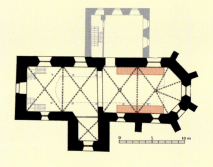

oben Grundriss schwarz: der gotische Bau; grau: der Anbau des 18. Jahrhunderts mit Gruft und Empore rot eingefärbt: das spätgotische „Gestühl" an den Längsseiten des Chors.

33 Kirchgattendorf

etwa quadratischer, zweigeschoßiger Bau angefügt, der im Erdgeschoß eine herrschaftliche Gruft, im Obergeschoß eine zur Kirche geöffnete „Herrschaftsloge" enthält. Wie in vielen evangelischen Kirchen bestimmen auch in Kirchgattendorf die im 17./18. Jahrhundert an drei Seiten eingebauten Emporen und der reich geschnitzte barocke Hauptaltar den Innenraum → Abb. S. 339.

Von der spätmittelalterlichen Ausstattung haben sich Reste von Wandmalereien, ein eindrucksvoller Christus am Kreuz und vor allem das insgesamt aus 24 (!) Stallen bestehende Gestühl an den Längsseiten des Chors erhalten. Seine durchbrochenen Seitenwangen und die Dorsalen (Rückwand) sowie ihre Bekrönung sind reich geschnitzt und bemalt: Ranken, Laubwerk, Zinnenkranz, die einzelnen Rückwände mit Handwerkerwappen, Zirkelschlagornamenten, Phantasieornamenten, an den Vorderfronten Schablonenmalerei mit Adlerwappen, Maßwerk, Jesus-Symbol sowie einer Jahreszahl im Wappen ganz links, die wohl als 1493 (und nicht, wie zumeist angegeben 1593) zu lesen ist.

Gotik und Nachgotik

von oben nach unten
OBERMERZBACH 8, *einfache Sitzbank auf der Empore aus Balken und vier Schrägbeinen;*
MINDORF 27, *einfache Balkenbänke auf der Empore;*
ganz unten RUFFENHOFEN 16, *Bänke im Langhaus, die Sitzbalken durch Brettsitze ersetzt.*

oben
URPHAR 30, *einfach gezimmerte Balkensitze auf der Südempore und darunter vollständige Bankreihen im Langhaus mit in Lilienform oder „Flammen" endenden Seitenwangen.*

Eindeutig für Laien waren die langen *Bänke* im Langhaus und auf der Empore bestimmt. In Franken haben sich einige geradezu archaische, auf einem Balkenrost stehende Beispiele erhalten, bei denen die Sitzfläche nur aus einem vierkant zugehauenen Balken besteht, die Lehne aus einem etwas schmäleren Balken. Zwischenwände gibt es nicht, nur Wangen zur mittleren Gangseite zu, während die Sitzbalken in der Außenwand verankert sind. Erst im 20. Jahrhundert wurden manche dieser einfachen Gestühle bequemer gemacht: durch Sitzbretter und Kissen. Leider fehlen, bis auf das besonders aufwändige Beispiel in Bettwar von 1491, sichere Datierungen. Anhand der dekorativ ausgeschnittenen und gelegentlich sogar geschnitzten Seitenwangen lassen sich jedoch weitere Bänke ins späte 15. Jahrhundert einordnen, wobei bei den urtümlich-schlichten Formen nicht ausgeschlossen ist, dass manche sogar noch aus der Zeit vor 1450 stammen.

Gotik und Nachgotik

rechts
BETTWAR *bei Rothenburg, Bänke im Langhaus mit verzierten Wangen, zwei mit der Jahreszahl 1491, die Sitzflächen verändert.*

oben KLEINSCHWARZENLOHE *17, Sitzbänke im Langhaus, die Stuhlwangen („Docken") z. T. mit Flachschnitzerei, aus der Bauzeit der Kirche um 1450?*
links HAGENAU *bei Rothenburg, ornamental und figürlich geschnitzte Stuhlwangen des Langhausgestühls, um 1500.*

Gotik und Nachgotik

Kanzeln

Eine gewisse Bestätigung dafür, dass schon lange vor der Reformation Bänke in den (Dorf-)Kirchen üblich waren, zeigt sich daran, dass auch Kanzeln bereits zur Kirchenausstattung gehörten, d. h. die Predigt eine wichtige Rolle im normalen Gottesdienst spielte – und einer längeren Predigt kann man am besten im Sitzen folgen. Es sind freilich nicht sehr viele Kanzeln – auch *Predigtstuhl* genannt –, die sich aus gotischer Zeit erhalten haben, und es fällt auf, dass sie alle aus Stein gefertigt sind und sich nur wenige Stufen über dem Boden befinden – auch das spricht für Bänke in der Kirche.

Seit der Mitte des 16. Jahrhunderts werden die Kanzeln hauptsächlich aus Holz gefertigt und zu kleinen bildnerischen Schaustücken, an denen all das an Ziertechnik und Ornamentik in besonders qualitätvoller Weise wiederkehrt, was wir an Möbeln und auch an Chorgestühlen finden: etwa Pilaster und Säulen, Bögen, Zahnschnittfriese, Einlegearbeiten. Selten sind noch figürliche Schnitzereien, sie kommen erst nach 1600 häufiger vor (→ S. 352). Der acht- oder auch nur sechseckige Kanzelkorb ruht auf einer verzierten Säule, die Schalldeckel sind meist erst jüngeren Datums.

links LEUZENBRONN *bei Rothenburg, niedrige Steinkanzel, um 1400?*
oben GRAFENGEHAIG → S. 158, *achteckige Steinkanzel mit Maßwerk, um 1510.*
rechts THEILHEIM *bei Würzburg, Steinkanzel, in der Brüstung Johannes der Täufer, seitlich Maria mit Jesuskind, um 1500.*

Gotik und Nachgotik

hölzerne Kanzeln:
oben von links nach rechts
KIRNBERG *1, Einlegearbeiten, 1599 –* DORFKEMMATHEN *bei Dinkelsbühl, später „erniedrigt", Einlegearbeiten, 1599 –* URPHAR *30, mit Balkenfuß, um 1580.*

unten WEILTINGEN *bei Dinkelsbühl, Kerbschnittverzierung, 1581 –* GNÖTZHEIM *bei Kitzingen 11, reiche Gliederung mit übergiebelten Blendfeldern und Schablonenmalerei, um 1580.*

Gotik und Nachgotik

Taufsteine

Die Taufe gehört zu den wesentlichen kultischen Handlungen im Christentum in der Nachfolge der Taufe Christi im Jordan. Erst allmählich haben sich die heute üblichen Praktiken herausgebildet, von der Erwachsenentaufe zur (überwiegenden) Neugeborenentaufe, vom völligen Untertauchen zum bloßen Begießen, ja nur „Benetzen" mit Wasser.

Aufgrund der Bedeutung der Taufe gehört selbstverständlich auch ein „Taufgefäß", also *Taufstein, Taufbecken* oder *Taufschale*, zu den wichtigsten und künstlerisch manchmal ganz besonders ausgezeichneten Ausstattungsstücken einer Kirche. Während sich aber beispielsweise in Norddeutschland und Skandinavien noch außerordentlich viele und aufwändig gearbeitete mittelalterliche „Taufen", sei es aus Stein oder in Bronze erhalten haben, ist der Bestand an mittelalterlichen Taufbecken in den Dorfkirchen Frankens auffallend gering und vom künstlerischen Anspruch her eher bescheiden. Warum dies so ist, lässt sich nur schwer verstehen; ein wesentlicher Grund dürfte darin liegen, dass die so zahlreichen barocken Erneuerungen elegantere und kleinere Taufeinrichtungen bevorzugten → S. 348f., und daher die alten schweren Steine aus der Kirche geräumt wurden. Auch die Lage der Taufhandlung veränderte sich, einst eher im Westen der Kirche, wanderte sie in Richtung Osten zum Chor der Kirche – und dort störte ein großer Taufstein eher.

Denn auch in Franken scheinen die ältesten Taufbecken – und im Mittelalter sind sie immer aus dem vollen Stein heraus gehauen – ziemlich groß (rund 100 cm im Durchmesser) und tief (30-40 cm) gewesen zu sein, d. h. man konnte ein Neugeborenes auch „eintauchen". War die Form in der Romanik noch derb, der Fuß oft kaum ausgeprägt, so wird im Laufe der Gotik und Nachgotik die Erscheinung immer eleganter, der Fuß stärker eingezogen und profiliert, das allmählich kleiner werdende Becken (die *Kuppa*) wechselt von der runden zur achteckigen Form.

Romanisch-gotische Taufsteine:
links MARKT ERLBACH 18, *Sandstein zweiteilig, Kuppa romanisch, Durchmessser ca. 80 cm, Fuß spätgotisch.*
oben GREDING, *Kalkstein, um 1200, Durchmesser ca. 100 cm – oben rechts* MÖCKENLOHE *bei Eichstätt, Kalkstein, um 1250, Durchmesser 100 cm, Tiefe 40 cm – rechts* GUNGOLDING *bei Eichstätt, Kalkstein, um 1350, Durchmesser ca. 70 cm, Tiefe 25 cm.*

Gotik und Nachgotik

Spät- und nachgotische Taufsteine:

oben WETTELSHEIM *bei Weißenburg. Sandstein, um 1400 –* ROSSTAL *bei Fürth Sandstein, um 1500 –* GROSSWALBUR *bei Coburg, Sandstein, um 1400.*

unten PILGRAMSREUTH 19, *bei Hof, Granit, um 1500, der Deckel 19. Jahrhundert –* FRÖHSTOCKHEIM *bei Kitzingen, Sandstein, 1581 –* SOMMERACH *bei Volkach, Sandstein, 1598, der geschnitzte Deckel und Aufsatz Mitte 18. Jahrhundert.*

Ölberg, Palmesel und Heiliges Grab

Die Menschen des späten Mittelalters liebten eine anschauliche, konkrete Darstellung der Glaubensinhalte, etwa dadurch, dass man z. B. Geburt und Passion Christi szenenmäßig nachspielte oder auf Prozessionen bildnerisch darstellte. In diese Richtung weist auch die lebensnah nachgestellte biblische Szene, als Christus mit den Jüngern am Vorabend des Karfreitag im Garten Gethsemane auf dem Jerusalemer Ölberg weilte. Dieser mit vollrunden, plastischen, oft sogar lebensgroßen Figuren arrangierte, „erzählende" *Ölberg* findet sich jedenfalls noch an auffallend vielen Kirchen in Franken, meist in einem kleinen offenen, manchmal architektonisch durchaus anspruchsvollen Anbau vorwiegend an der Süd- oder Ostseite der Kirche, frei von außen sichtbar.

Ob der Ölberg nur der „Erinnerung" an die Passion Christi diente oder ob dort auch bestimmte Zeremonien (Andachten, Bittgänge) stattfanden, wissen wir nicht. Die Szenerie ist von

Ölberge: oben BÜCHENBACH *bei Erlangen, von 1516 –* UNTERALTENBERNHEIM *bei Bad Windsheim, von 1479, Ausschnitt – unten* DORMITZ *bei Erlangen, um 1520, vielleicht von dem Nürnberger Veit Wirsberger, die Malerei des Hintergrundes erst von 1724 –* EFFELTRICH *bei Forchheim, um 1510 (Ausschnitt mit Stadtansicht).*

Gotik und Nachgotik

Altarbildern bekannt: der Ölberg ist ein von einem Flechtzaun umhegter Garten, wie er zur damaligen Zeit allgemein üblich war, im Hintergrund meist ein aus Balken gefügtes Tor, durch das Soldaten zur Gefangenahme kommen. Christus betet auf einem Felsen, die Jünger liegen schlafend auf Steinen, im Hintergrund wird eine Stadt – Jerusalem – angedeutet, aber so, wie wenn das Ereignis in der damaligen Gegenwart stattfinden würde …

BRUCK bei Erlangen, Ölberg an der Südostseite der Kirche von 1499, die lebensgroßen Figuren in Ton vermutlich von Ulrich Tauer aus Bamberg modelliert, in dieser Größe eine Seltenheit, vergleichbar die wesentlich älteren und kleineren „Tonapostel" im nahen Kalchreuth → S. 233 oder der Tonölberg in Hilpoltstein. Das mit drei Arkaden geöffnete Gehäuse mit Netzgewölbe und blauem Sternenhimmel, im Hintergrund ist die Ölbergszene nochmals aufgemalt.

249

Gotik und Nachgotik

oben links MARKT ERLBACH *18, an der Südseite des Chors angebautes, offenes zweijochiges. vergittertes, jetzt leeres Ölberghäuschen von 1471.*

oben rechts MÜRSBACH *bei Bamberg, Ölberg am Chor der St. Sebastianskirche, die spätgotischen Figuren aus Holz, die Bemalung ebenso wie das reich geschmiedete Gitter von 1700.*

Die Ölberge scheinen erst in den Jahren um 1400 aufzukommen, ihre Hauptzeit sind die Jahrzehnte zwischen 1460 und 1520; sie kommen sowohl an Dorf- wie auch an bürgerlichen Stadtkirchen vor. Die Ölbergfiguren sind oft stark verwittert und recht derb gearbeitet; es finden sich darunter aber auch herausragende bildhauerische Arbeiten, etwa in Rothenburg an der Jakobskirche, an der Lorenzkirche in Nürnberg und an der Oberen Pfarrkirche in Bamberg; manche ländlichen Ölberge

SULZFELD *am Main, Ölberg von 1497, in einer überwölbten Nische am Chor, die Figuren den Arbeiten von Tilmann Riemenschneider nahestehend.*

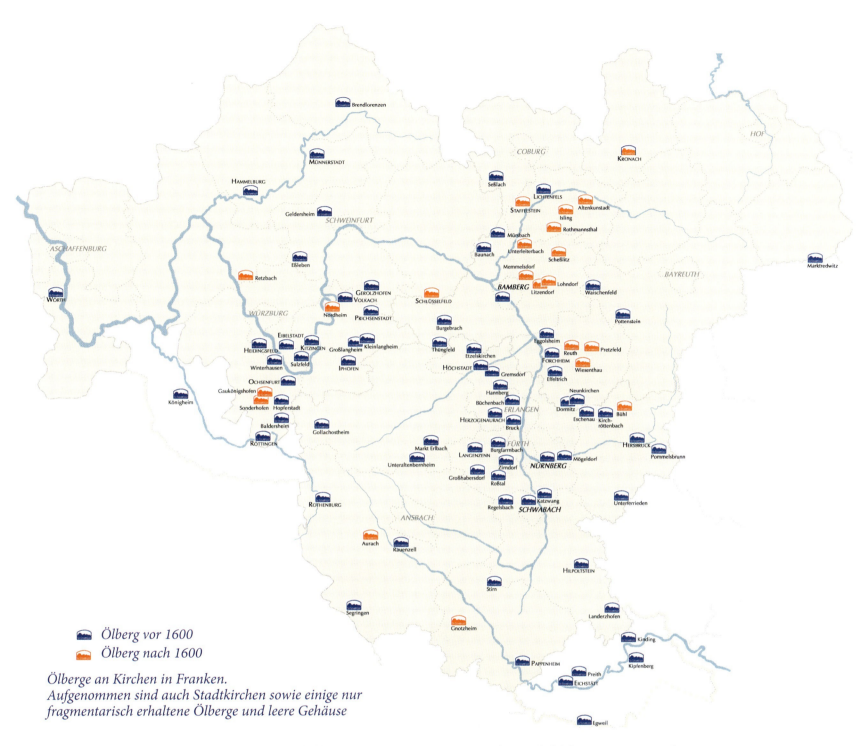

- ⛰ Ölberg vor 1600
- ⛰ Ölberg nach 1600

*Ölberge an Kirchen in Franken.
Aufgenommen sind auch Stadtkirchen sowie einige nur
fragmentarisch erhaltene Ölberge und leere Gehäuse*

wie die in Dormitz oder Sulzfeld am Main sind ebenfalls von großer Qualität.

Ölberge kommen verstreut in allen fränkischen Regionen vor, es zeigen sich aber deutliche Schwerpunkte der spätmittelalterlichen Verbreitung: einmal, wie so oft, der Nürnberg-Bamberger Raum und dann das südliche Maindreieck bis zur Tauber.

KLEINLANGHEIM *bei Kitzingen,
Ölbergfragment mit den Soldaten für die
Gefangennahme Christi, um 1450.*

Gotik und Nachgotik

Es sind katholische wie auch später evangelische Orte darunter; es haben sich noch 75 Ölberge aus der Zeit vor 1600 erhalten. Ein Unikum stellt das vor der Kirche freistehende spätgotische Ölberghäuschen in Burgebrach dar; vermutlich geht das freistehende Ölberggehäuse in Kronach ebenfalls ins späte 15. Jahrhundert zurückgeht.

Vor allem im Gebiet des einstigen Hochstifts Bamberg gibt es aus der Zeit nach dem 30-jährigen Krieg nochmals eine Reihe von Ölbergszenerien, jetzt ganz in barocker Bewegtheit und Theatralität gestaltet, besonders gerne als sehr naturalistisches Relief an der Außenwand, wie in Litzendorf und Memmelsdorf.

links BURGEBRACH *bei Bamberg, auf dem Platz südlich der Kirche St. Veit freistehendes sechseckiges Ölberghäuschen, geschmückt mit Maßwerk und mit einem Netzgewölbe innen, um 1480, die geschweifte Haube barock. Im offenem Innenraum – hier kaum sichtbar – die Ölbergszene, eingefasst wie üblich von einem Flechtwerkzaun.*

oben EGGOLSHEIM *bei Forchheim, Ölbergszene mit „Natursteinen", um 1500.*

rechts LITZENDORF *bei Bamberg 37, barockes Ölbergrelief an der Südwand des Langhauses, 1723 von Leonhard Gollwitzer aus Bamberg, von ihm vergleichbare Ölbergreliefs in Memmelsdorf (1719) und Lohndorf (1735). Die Felsen bestehen aus einzeln eingesetzten Kalktuffsteinen der Gegend.*

Gotik und Nachgotik

Ölberge sind feste, gewissermaßen stationäre „Anlagen", können also nicht auf Prozessionen mitgenommen, sondern dabei nur angegangen werden. Anders ist dies beim geschnitzten *Palmesel*, der bei Passionsprozessionen mitgeführt werden konnte, wie dies offenbar vor allem im späten Mittelalter weit verbreitet war. Er stellt den biblisch überlieferten Einzug Jesu in Jerusalem auf einer Eselin dar. Hölzerne Palmesel haben sich sehr selten erhalten, weil auch im katholischen Bereich spätestens in der Aufklärung eine solche theatralische Inszenierung des Passionsgeschehens, das mit dem Einzug in Jerusalem seinen Anfang nimmt, streng verboten war. Einer der wenigen und zugleich einer der schönsten, bei dem sogar noch die Plattform mit den Rädern zum Ziehen des Palmesels mit dem darauf reitenden, segnenden Christus in Königskleidern erhalten ist, steht bis heute im Chor der Kirche von Kalbensteinberg. Zu verdanken ist dies sicher dem Nürnberger Patrizier Hans Rieter, der um 1600 funktionslos gewordene sakrale Gegenstände zur Ausstattung seiner Kirchen sammelte.

oben Hersbruck, *Stadtkirche, Palmesel, um 1500 (Leihgabe Germanisches Nationalmuseum).*

rechts Kalbensteinberg *bei Gunzenhausen* 22, *hölzerner, fahrbarer Palmesel, nürnbergische Arbeit um 1470.*

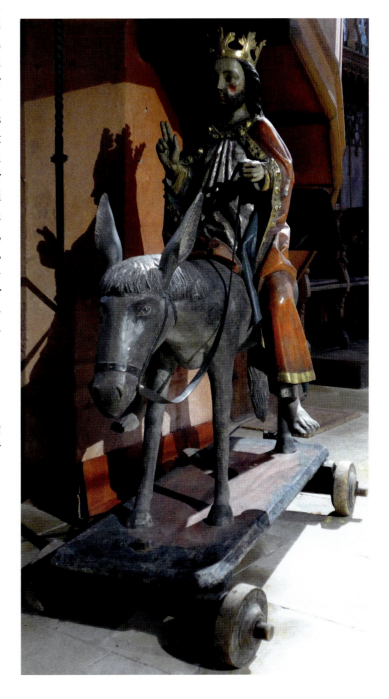

Gotik und Nachgotik

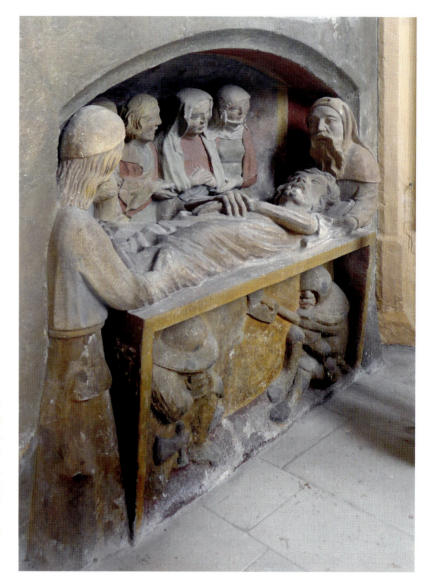

Heilige Gräber:
oben MARKT ERLBACH *bei Neustadt an der Aisch, St. Kilian 18 an der Nordseite des Chores in einer stichbogigen Wandnische, um den Sarkophag Joseph von Arimathäa, die drei Marien und Johannes (im Bild verdeckt), Nikodemus, davor zwei kauernde Soldaten als Grabwächter, Sandstein, um 1460.*

unten RAUENZELL *bei Ansbach, Mariä Heimsuchung, in einer überwölbten Nische des Chor,es, um 1480, ohne Begleitfiguren.*

Gotik und Nachgotik

Ölberge erinnern in ihrer Anschaulichkeit und Erzählfreude an die Tradition der (Weihnachts-)Krippen. Das gilt für eine weitere im gewissen Sinn szenische Darstellung: das *Heilige Grab*. Das Grab Christi wurde spätestens mit den Kreuzzügen immer wieder dargestellt, ja nachgebaut. Das berühmteste und in unserer Region älteste Beispiel dafür ist das Heilige Grab in Eichstätt, das 1166 gestiftet und 1198 geweiht wurde und sich heute innerhalb der Kapuzinerkirche befindet. Es will eine genaue Nachbildung des Grabes Christi sein, die Rundkirche darum geht auf die Grabeskirche in Jerusalem zurück, die ja auch Vorbild für die kleinen romanischen Zentralkirchen des Taubergrundes gewesen sein dürfte →S. 84. Darauf bezieht sich wohl auch die 1513 errichtete Holzschuherkapelle auf dem Friedhof von St. Johannis in Nürnberg, ein Rundbau mit einer (jetzt leeren) Nische für das Heilige Grab.

Trotz der sehr verbreiteten Heilig-Grab-Verehrung im späten Mittelalter haben sich nur wenige konkrete Beispiele in Kirchen erhalten. Das innen im Chor der Kirche von Markt Erlbach in einer Nische fast versteckte Heilige Grab ist eines der wenigen, besonders lebensnahen, ganz den Ölbergdarstellungen entsprechend (den es in Markt Erlbach ebenfalls gab, aber davon hat sich nur das Gehäuse erhalten →Abb. S. 250); das Heilige Grab in Rauenzell, einst mit einer Wallfahrt verbunden, wird bis heute verehrt.

Wie bei den Ölbergen so erfährt auch die Heilig-Grab-Verehrung ihre Wiederbelebung im Barock, jetzt in der Form von temporär aufgestellten Kunstwerken in der Art von beweglichen, mechanisch gesteuerten Theaterkulissen, wie sie sich z. B. in Baunach und in Virnsberg erhalten haben.

Heilige Gräber als barockes Kulissentheater:
oben BAUNACH *bei Bamberg, St. Oswald, zu Ostern im Chor aufgestellt, wohl von Josef Anwander, um 1760.*
links VIRNSBERG *bei Ansbach, ehemals in der Kapelle der Deutschordensburg, jetzt in einem eigenen Neubau aufgestellt, um 1765.*

Gotik und Nachgotik

Grabmäler und Epitaphien

Der Umgang mit dem Tod steht im Zentrum jeder Religion, auch des Christentums. Obwohl eine Kirche ja zunächst der Zusammenkunft der Lebenden zum Feiern der Messe und des Abendmahls dient, ist sie auch Ort der Erinnerung an Verstorbene. Im Tod sind in der Kirche offenbar doch nicht alle gleich, denn das bildnerische Totengedenken bleibt weitgehend auf die Mächtigen, Bedeutenden und Reichen beschränkt – die anderen bleiben draußen, im Kirchhof, später im Beinhaus.

Es sind vor allem die Dorfkirchen mit adeligen und patrizischen Patronatsherren und das heißt, vorwiegend die in den Gebieten der Reichsritterschaft, in denen sich die Denkmäler Verstorbener befinden, sei es in Stein oder in Holz. Die meisten stammen aus der Zeit des späten Mittelalters und der frühen Neuzeit, bis etwa 1650. Waren es zunächst vorwiegend Deckplatten der Gräber, die dann später in der Kirche an den Wänden aufgestellt wurden, werden seit dem 16. Jahrhundert immer mehr grablose *Epitaphien* als reine Erinnerungsmäler Mode, die in Stein, zunehmend dann auch als Holzgemälde ausgeführt werden[14], und auf denen oft ganze Familien abgebildet sind.

rechts RANDERSACKER *bei Würzburg 12, Grabdenkmal eines Ritters von Seinsheim, Muschelkalk, Ende 14. Jahrhundert.*
rechts daneben KRAFTSHOF *bei Nürnberg 4, Grabdenkmal des Christoph Kress von Kressenstein in Ritterrüstung, Sandstein, 1535.*

Gotik und Nachgotik

oben DIETENHOFEN **26**, *Kleines Epitaph in Kalkstein, umrahmt von Wandmalerei, für Philipp und Barbara von Leonrodt, 1593, sowie ihre Kinder, sieben Töchter und zwei Söhne.*

links ALTENSCHÖNBACH **28**, *Großes aufwändiges Grabdenkmal für Georg Wolf von Crailsheim und seine Frau, die als lebensgroße betende Figuren dargestellt sind, sowie die Kinder, darüber Auferstehungsrelief, 1595.*

Manche adelige *Grabdenkmäler* beherrschen durch Größe und Opulenz eine kleine Dorfkirche so sehr, dass dahinter der Altar in der optischen Bedeutung zurückfällt. Grabmäler und Epitaphien sind jedoch insgesamt eine so eigenständige, vom Kirchenbau selbst relativ unabhängige Kategorie, die in dieser die Kirche behandelnden Darstellung nur am Rande erwähnt werden kann.

Die Kirche als Bilderbibel

Von den Ölbergen und Heiligen Gräbern führt ein direkter Weg zu den mittelalterlichen *Wandmalereien*, die sich wie diese überwiegend geschichtenerzählend dem biblischen Geschehen widmen. Wir dürfen davon ausgehen, dass die Wände nahezu jeder Kirche damals mit Farbe und Malerei bebildert wurden – wenn heute davon nichts zu sehen ist, so ist entweder bisher nicht genau genug danach gesucht worden, oder sie wurden durch nachmittelalterliche Veränderungen und Umbauten zerstört, was insgesamt bei den ständigen Anpassungen an die zeitgemäße „Kirchenmode" ja zwangsläufig häufig der Fall war.

Trotzdem finden sich in sehr vielen fränkischen Dorfkirchen noch mittelalterliche Malereien auf den Wänden, insbesondere im Chorbereich. Doch die Freude daran ist zumeist getrübt: entweder handelt es sich nur mehr um geringfügige, schwer deutbare fragmentarische Reste größerer Bildzyklen, oft schwer zugänglich oder halb verdeckt, dann ist der Erhaltungszustand auch bei umfangreicher erhaltenen Malereien meist sehr schlecht, so dass über die künstlerische Qualität kaum Aussagen möglich sind, und schließlich sind viele nach der Freilegung „verrestauriert" worden. Mit den alpenländischen, insbesondere Südtiroler Wandmalereien lassen sie sich jedenfalls kaum auf eine Stufe stellen, außerdem fehlen nahezu völlig Malereien an den Außenwänden, obwohl wir davon ausgehen dürfen, dass es sie gegeben hat.

Frühgotische Wandmalereien: links außen MINDORF *bei Hilpoltstein* 27, *im Turmuntergeschoß, ehem. Chor, Christi Geißelung, um 1300; rechts oben* ST. KUNIGUND *bei Aub* 14, *in der Apsis, um 1200; rechts unten* URPHAR *bei Wertheim* 30, *an der Nordseite des Chorturms, Apostel, um 1350.*

KOTTINGWÖRTH bei Beilngries, St. Vitus, Blick auf die Wandmalereien in der sog. Vituskapelle, dem ehemaligen Chorturm. Sie gehören trotz starker Restaurierung zu den bedeutendsten Beispielen der Zeit um 1300.

34
Kottingwörth

Die Kirche des ganz am östlichen Rand des einstigen Hochstifts und Fürstbistums Eichstätt liegenden Dorfs Köttingwörth gehört zu den wenigen, für die bereits 1183 eine Altarweihe durch Bischof Otto bezeugt ist. Inwieweit davon noch Teile in der heutigen Kirche stecken ist unklar; ältester Bauteil ist jedenfalls der schlanke Westturm, dessen untere Deckenbalken auf 1250 d datiert wurden.

Um 1310 wurde ein neues Langhaus mit kreuzüberwölbtem, quadratischem Chor im Osten gebaut, über dem ein zweiter, kräftigerer Turm errichtet wurde – die ungleichen Doppeltürme mit den um 1600 erneuerten geschweiften Hauben geben der Kirche bis heute ihr ungewöhnliches, unverwechselbares Aussehen. Ein um 90 Grad gedrehtes Langhaus mit neuem Chor wurde 1760 zwischen die beiden vorhandenen Türme gesetzt.

Die frühgotischen Wandmalereien im alten Chor dürften aus seiner Bauzeit, also um 1310 stammen. In Wandmitte läuft im Norden und Osten ein Fries mit den Aposteln in Rundbögen herum, darüber Bilder vom Martyrium des Heiligen Vitus und anderer Heiliger sowie Darstellung des Weltgerichts mit St. Michael.

Gotik und Nachgotik

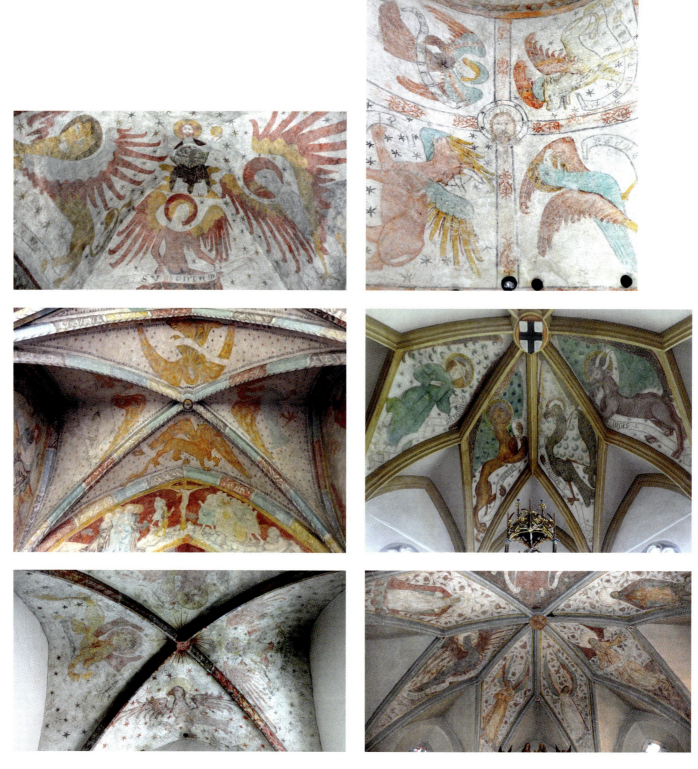

von links oben nach rechts unten UNTERFERRIEDEN *bei Altdorf, St. Maria, um 1350 –* ALLMANNSDORF *bei Weißenburg* → *S. 68, um 1400 –* FRÖHSTOCKHEIM *bei Kitzingen* → *S. 142, um 1450 –* DORFKEMMATHEN *bei Dinkelsbühl, St. Maria* → *S.138. um 1450 –* BEYERBERG *bei Dinkelsbühl, um 1400 –* WEILTINGEN *bei Dinkelsbühl* → *S. 333, um 1450.*

Das häufigste Motiv sind die Symbole der vier Evangelisten (Adler, Löwe, Stier und Engel), die das Chorgewölbe schmücken, das durch aufgemalte Sterne gleichsam zum Himmelsgewölbe wird. An den Wänden finden sich oft in einem mittlerem Fries Apostel und Heilige, darüber Szenen aus

Gotik und Nachgotik

von links oben nach rechts unten

NENNSLINGEN bei Weißenburg, St. Maria, Südwand St. Leonhard und St. Benedikt, Michael als Seelenwäger, um 1450 – PFOFELD bei Gunzenhausen 10, an der Rückseite des Chorbogens, Drachen, um 1450 – REDNITZHEMBACH bei Schwabach, St. Antonius und Laurentius, an der Chorstirnwand: St. Georg im Kampf mit dem Drachen; an der Chornordwand: verschiedene, kaum identifizierbare Heilige, oben unter einer gemalten Vorkragung mit Konsolen, unten in einer Bogenstellung, um 1400.

Heiligenlegenden. Die Darstellungen wirken meist sehr flächig, was aber auch am Erhaltungszustand liegen mag; gegen Ende des 15. Jahrhunderts werden sie deutlich differenzierter und feiner.

Gerne werden diese Bilderfolgen an den Kirchenwänden als eine Art Armenbibel interpretiert, als Anschauungsmaterial für die leseunkundige und damit zwangsläufig bibelferne einfache Bevölkerung, so als ob dahinter vor allem eine pädagogisch-didaktische Intention stehen würde. Doch dürften die Bilderfolgen mehr als Erinnerung und Vergegenwärtigung an sich bekannter „heiliger" Personen und der damit verbundenen „heiligen" Geschichten verstanden worden sein, von denen Hilfe im bedrängenden Alltag und im Tod erhofft wurde – und die Ausschmückung eines Gottes-Hauses dient schließlich zu dessen und seiner Heiligen Ehre.

oben RÖCKINGEN *bei Dinkelsbühl, Anbetung der Hl. Drei Könige, Ausschnitt, um 1500, in naturalistisch-detailreicher Ausführung.*

links PILGRAMSREUTH *bei Hof 19, derbe, wandhohe Christophorusfigur, gemalt im Langhaus gegenüber dem Eingangsportal, um 1400? darunter Volto Santo bzw. „Hl. Kümmernis", mit dem Spielmannswunder, um 1450.*

Dass man Schutz von den dargestellten Heiligen erwartete, zeigt sich besonders an den zahlreichen, meist überlebensgroßen und in der Nähe des Eingangs angebrachten Wandbildern des Christophorus, wie er den kleinen Jesusknaben über das Wasser trägt – er sollte einem auch sicher auf Reisen durch alle Unbilden begleiten.

Komplette Kirchenausmalungen finden sich in Franken nur noch selten, das umfangreichste Beispiel, die Gottesruhkapelle bei Windsbach[15], ist keine Dorfkirche im strengen Sinn. Wandmalereien bleiben wohl auch noch im 16. Jahrhundert allgemein üblich, doch hat sich wenig erhalten. Jetzt wird die Kunst eher als zuvor in den Dienst religiös-konfessioneller „Aufklärung" gestellt, wirkt belehrend und akademisch, nicht nur im protestantischen, auch im katholischen Bereich.

Gotik und Nachgotik

BÜRGSTADT bei Miltenberg, Martinskapelle. Belehrende Ausmalung der Langhausnord- und südwand in 40 Medaillons mit den wichtigsten Motiven aus dem Alten und Neuen Testament, zusätzlich durch Schriftbänder erläutert, gemalt 1593 von einem Maler mit den Initialen IBM, worunter sich wahrscheinlich I. B. Michel aus Sulzfeld am Main verbirgt; hier Ausschnitt der Südwand: obere Reihe Erschaffung der Welt, Adam und Eva; mittlere Reihe Verkündigung, Geburt und Jesus im Tempel; unten Abendmahl und Ölberg.

263

Gotik und Nachgotik

Glasmalerei

Farbenglitzernde Glasmalereien sind ein Kennzeichen gotischer Kathedralen und großer Bürgerkirchen, man erwartet sie kaum für eine einfache Dorfkirche. Tatsächlich ist der erhaltene Bestand an mittelalterlichen Glasfenstern in fränkischen Dorfkirchen gering, aber anscheinend umfangreicher als in anderen deutschen Landschaften. Denn trotz der gerade für Glasfenster in den ungeschützten Dörfern schwierigen Erhaltungsbedingungen finden sich bis heute einige bedeutende Beispiele für Glasmalerei, was doch daraufhin deutet, dass bunte Verglasungen eine nicht unwichtige Rolle gespielt haben dürfte. Sogar die beiden ältesten, noch romanischen, mit Schwarzlot bemalten Buntglasfenster Frankens finden sich ausgerechnet in einer Dorfkirche, in Henfenfeld östlich von Nürnberg aus der Zeit um 1230-40; das weitgehend unbekannte Fenster in Röckingen am Hesselberg ist kaum wesentlich jünger.

Das 14. Jahrhundert ist mit Beispielen in Creglingen, Segringen und vor allem Markt Erlbach → Abb. S. 266 f. vertreten, wo sich aus der Zeit um 1390, zwar in 1898 erneuerter Zusammenstellung, die umfangreichste Buntverglasung befindet. Aus der Zeit um 1500 haben sich vor allem im Nürnberger Umland eine größere Anzahl von qualitätvollen Teilverglasungen erhalten, die der Werkstatt von Augustin Hirsvogel entstammen dürften.

Im späten 16. und frühen 17. Jahrhundert finden sich dann meist nur noch einzelne Wappenscheiben der Patronatsherrn, um Nürnberg sind dies die Patrizierfamilien. Sie werden nur im unteren Fensterbereich eingesetzt – dort sind sie besser sichtbar. Die weit hinauf reichenden mittelalterlichen Fensterverglasungen dagegen konnten in ihrer Erzähl- und Detailfreude kaum je eingesehen werden (Leiter und Fernglas waren wohl kaum zur Hand) – trotzdem sind sie von gleichmäßiger feiner Ausführung bis oben hin, ein Hinweis darauf, dass man sie nicht allein für die Menschen, sondern zur Ehre Gottes schuf.

oben HENFENFELD *bei Hersbruck →Abb. S. 113, St. Michael als Drachentöter, Glasfenster, jetzt in der Sakristei, ehemals im Chor-Ostfenster, um 1230-40, wohl Bamberger Werkstatt.*[16]

rechts RÖCKINGEN *bei Dinkelsbühl, St. Michael als Drachentöter, Glasfenster am Ostende des Langhauses, um 1240?*

Gotik und Nachgotik

oben CREGLINGEN *bei Rothenburg → Abb. S. 199, Kreuzigung, Glasfenster der Langhausnordwand, um 1390*

daneben SEGRINGEN *bei Dinkelsbühl → Abb. S. 78, Kreuzigung, Glasfenster im Chor, um 1340*

rechts oben HENFENFELD *bei Hersbruck → Abb. S. 113, Glasfenster im Chor, Einzug nach Jerusalem, um 1510, Werkstatt Augustin Hirsvogel, ursprünglich im Karmelitenkloster Nürnberg, seit dem 17. Jahrhundert in Henfenfeld.*

rechts unten DIETENHOFEN *bei Fürth* 26*, Scheibe mit Wappen der Leonrod, um 1400 –* PUSCHENDORF *bei Fürth* 29*, Wappenscheiben am südlichen Chorfenster, links Pirckheimer, rechts Lochner, um 1500, dazwischen Butzenfeld mit eingestreuten kleinen Wappenscheiben Nürnberger Patrizier.*

Gotik und Nachgotik

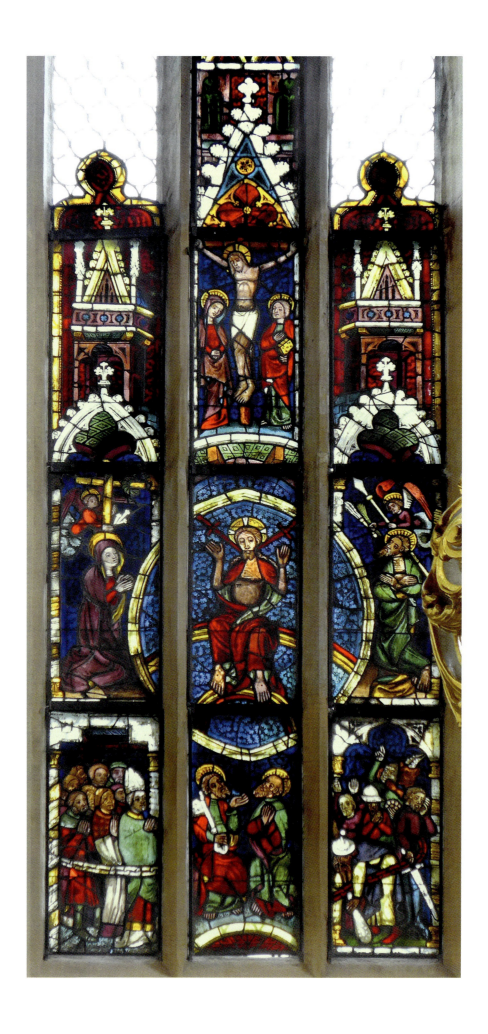

266

Gotik und Nachgotik

MARKT ERLBACH *bei Neustadt an der Aisch 18, Glasfenster im Chor, um 1390, Nürnberger Werkstatt*[17].
oben südöstliches Chorfenster, „Annen-Marien-Fenster", rechtes Feld der unteren Reihe: Anbetung der Hl. Drei-Könige (der dritte hier nicht aufscheinende König im Nachbarfeld) und *daneben* mittleres Feld der Mittelreihe: Josefs grünender Stab;
links nordöstliches Chorfenster, „Weltgerichtsfenster", in der Mitte Christus als Weltenrichter auf dem Regenbogen.

Glanz der Flügelaltäre

Sakrales und spätestens seit der Gotik meist auch künstlerisches Zentrum einer Kirche ist der Altar im Chor. Dabei handelt es sich bei einem Altar im strengen Sinn eigentlich nur um einen erhöhten steinernen, meist freistehenden „Arbeitstisch" (einem offenen Herd nicht unähnlich), auf dem das Messopfer, also der Ritus oder die, wie wir heute sagen würden, „virtuelle Verwandlung" von Brot und Wein in den Leib und das Blut Christi durch die Einsetzungsworte des Priesters stattfindet und damit das zentrale Sakrament des christlichen Glaubens.

Dieser steinerne Altarblock ist zwar nur ein schlichter Kubus als Unterbau (*Stipes*), abgeschlossen von einer überstehenden Steinplatte (*Mensa*), doch ist er ein heiliger Ort, der so leicht nicht geändert wird. Daher geht der Altartisch, zumindest aber der Altarplatz meist noch in die älteste Zeit der jeweiligen Kirche zurück, d. h. wir haben es dabei oft mit romanischem Ursprung zu tun. Seine Bedeutung als pars pro toto ergibt sich auch daraus, dass Kirchenweihe eigentlich immer Altarweihe bedeutet, und damit dieser Ort auch ganz konkret „heilig" ist, braucht es zumindest nach mittelalterlicher und katholischer Auffassung einen Gegenstand und sei er noch so klein, der als ein „Überbleibsel" (*Reliquie*) von Jesus, Maria oder einer der Heiligen gelten kann, etwa ein Knochenstück, einige Haare, ein Stück Stoff, ein Holzsplitter vom Kreuz, der dann bei der Weihe im Altar deponiert werden kann. Dazu diente eine Öffnung (*Sepulcrum*), entweder im Unterbau oder in der Platte.

Zunächst scheint ein schlichter Steinaltar genügt zu haben, nur seine Vorderseite war manchmal verziert und auf ihm stand vielleicht ein Kreuz. Was wir heute meist unter Altar verstehen, bezieht sich aber weniger auf diesen Unterbau, sondern den Aufbau darauf, das *Altarretabel*. Aus einfachen Bildtafeln, an der hinteren Seite der Mensa aufgestellt, entwickelte sich gegen Ende des 14. und vor allem im 15. Jahrhundert der *Flügelaltar*, der strenggenommen also nur ein Altaraufsatz ist, aber bald zum eigentlichen, vielgliedrigen Altarkunstwerk aufsteigt.

rechts OTTENSOOS *bei Hersbruck* 24, *nördlicher Seitenaltar, im Altarunterbau Öffnung für Reliquien, Altarretabel mit beweglichen Flügeln, geschnitzt, im Schrein Maria mit Kind im Strahlenkranz, um 1520.*

rechts außen RUFFENHOFEN *bei Dinkelsbühl* 16, *Choraltar mit Gitter (Schranke) um den Altarblock, vom Aufbau nur Schrein erhalten, darin Johannes der Täufer, St. Nikolaus und St. Markus, um 1460.*

Aufbau eines Flügelaltars
Gesprenge, Schrein, Flügel und Predella bilden den Altaraufbau, das Altarretabel

Gesprenge
darin in der Mitte Christus mit gekreuzten Schwertern als Weltenrichter, seitlich Maria und Johannes, darüber Gott Vater, auf Podesten am Rand Engel.

Schrein mit seitlichen beweglichen Flügeln
im Schrein St. Alban, Johannes der Täufer und Markus, auf dem linken Flügel St. Urban und auf dem rechten Flügel St. Nikolaus
Die Flügel verschließen den Schrein in der Passions- und Fastenzeit, ihre Rückseiten und die hinter den beweglichen Flügeln sitzenden Standflügel zeigen dann acht Szenen aus dem Leben Johannes des Täufers.

Predella
im mittleren „Predellenschrein" Taufe Jesu, die beweglichen Predellenflügel seitlich mit gemalten Heiligen.

Altartisch
bestehend aus Mensa (Platte) und Stipes (Unterbau), davor Altarstufe

GUTTENSTETTEN bei Neustadt an der Aisch → Abb. S. 147, vollständig erhaltener Hauptaltar von 1511, gefertigt wohl von Veit Wirsberger, die Malereien von Hanns Peheim (Hans Böhm), beide aus Nürnberg[18].

Gotik und Nachgotik

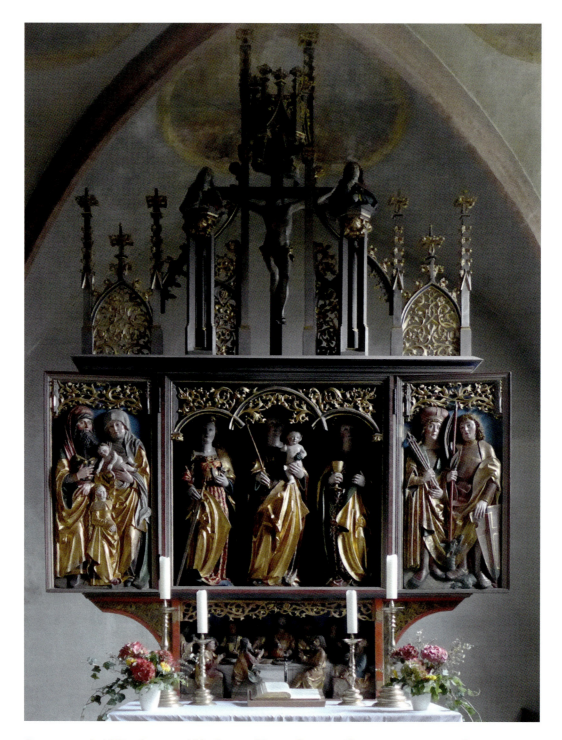

BEERBACH bei Nürnberg → *Abb. S. 156, Hauptaltar im Chor, um 1520, Nürnberger Werkstatt. Im Schrein Katharina, Maria und Barbara, die Reliefs der Flügel mit Heiliger Familie und Georg, in der Predella Abendmahl, Gesprenge überarbeitet.*

Außer dem Altar im Chorraum, dem Haupt- oder *Hochaltar*, werden seit dem 14. Jahrhundert auch in Dorfkirchen weitere Altäre üblich, die meist auf Stiftungen beruhen – bei ihnen sollten besonders Messen für das Seelenheil bestimmter Verstorbener zelebriert werden. Diese *Seitenaltäre* wurden meist an den Stirnwänden des Langhauses untergebracht. Beliebt war eine Art Dreieranordnung: der Hauptaltar in der Mitte vorne im Chorraum, die beiden Seitenaltäre jeweils links und rechts vom Chorbogen – diese Anordnung bleibt bis weit ins 18. Jahrhundert in katholischen Kirchen Standard.

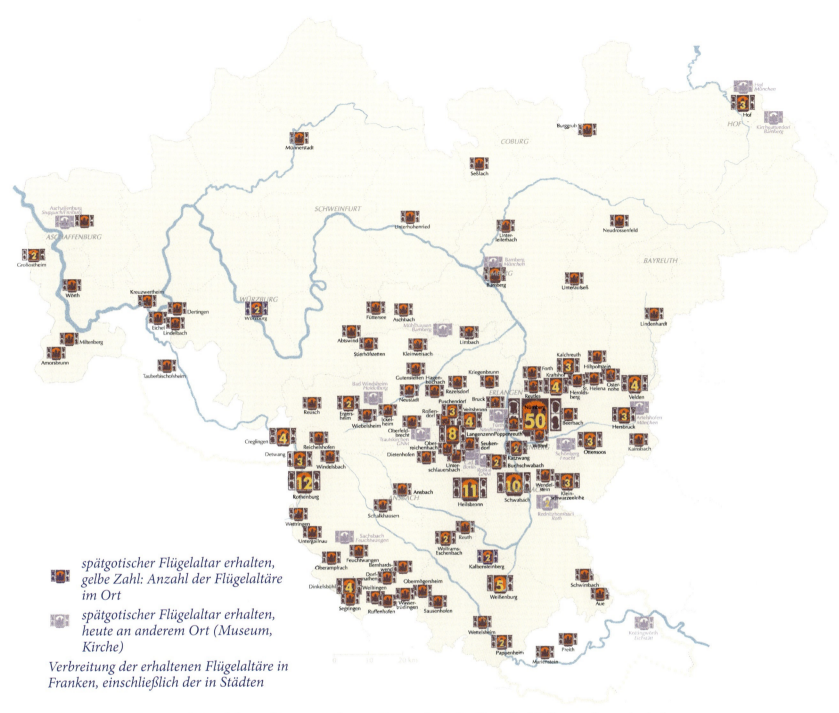

■ *spätgotischer Flügelaltar erhalten, gelbe Zahl: Anzahl der Flügelaltäre im Ort*

■ *spätgotischer Flügelaltar erhalten, heute an anderem Ort (Museum, Kirche)*

Verbreitung der erhaltenen Flügelaltäre in Franken, einschließlich der in Städten

Die große Zeit der Flügelaltäre liegt zwischen 1450 und 1530, damals dürften nahezu in jeder Kirche eine oder mehrere geschnitzte und gemalte Altarretabeln neu aufgerichtet worden sein und zwar so umfassend, dass offenbar fast alle älteren Altaraufbauten neuen, prächtigen Flügelaltären weichen mussten. Und davon haben sich in Franken – genauer genommen vor allem in Mittelfranken – außerordentlich viele, zum Teil ungewöhnlich qualitätvolle Beispiele am ursprünglichen Standort, in Kloster-, Stadt und gerade auch in Dorfkirchen erhalten. Der Versuch einer Statistik weist für Franken insgesamt knapp 230 Flügelaltäre auf, nicht alle davon sind freilich ganz vollständig überliefert. Allein für Nürnberg zählen wir mindestens 50 Retabeln, für Mittelfranken außerhalb Nürnbergs rund 135. Wesentlich geringer sind die Zahlen für Oberfranken (17) und Unterfranken (13), und auch im Main-Tauber-Kreis (8) und im Landkreis Eichstätt (3). Darin zeigt sich einerseits die Strahlkraft Nürnbergs – aber noch vielmehr die Tatsache, dass spätgotische Flügelaltäre in evangelischen Gebieten eine höhere Erhaltungschance hatten als in katholischen.

Gotik und Nachgotik

oben Sogenannte „verlassene Gottesmutter" im Marienaltar, Ziel einer einst blühenden Wallfahrt, die trotz der seit der Reformation evangelischen Kirche weiterhin von Wallfahrern aus dem nahen, katholisch gebliebenen Herzogenaurach verehrt wurde und wird, um 1470. Es handelt sich um die Darstellung von Maria mit dem Kind als Himmelskönigin, die beiden Engel bringen gerade die Krone.

ganz oben Katharinenaltar, aus der Werkstatt des sogenannten Marthameisters aus Nürnberg, um 1505, mit der Enthauptung der Heiligen im Schrein, auf den Flügeln auf Goldgrund, bei geschlossenen Flügeln auf blauem Hintergrund gemalte Heiligenfiguren.

darunter Barbaraaltar, Nürnberger Werkstatt, um 1440, damit einer der ältesten in einer fränkischen Dorfkirche erhaltenen Flügelaltäre, aus dieser Zeit die Heiligen (Veit, Sebastian, Stefan, Katharina) auf Goldgrund, die Figur der Barbara im Schrein jünger, erst um 1500.

Gotik und Nachgotik

35 Veitsbronn

VEITSBRONN bei Fürth, St. Veit, Blick vom Westeingang unter der Empore ins Langhaus und den Chor. Die im Kern spätromanisch-frühgotische Kirche mit gekappter Brettertonne von 1507 d gehört zu einer Gruppe von Dorfkirchen im Nürnberg-Fürther Umland, in denen sich von der einst überall umfangreichen spätmittelalterlichen Altarausstattung gleich mehrere, weitgehend vollständige Altaraufsätze erhalten haben, in Veitsbronn sind es sogar vier.

Die über viele steinerne Stufen erreichbare, von hohen Wehrmauern umgebene mächtige Chorturmkirche thront unmittelbar über dem Dorf an seinem Nordrand → Abb. S. 9. Der zwar schon spitzbogige Chorbogen besitzt Kämpfer romanischer Art. Das mit Krabben besetzte reich profilierte Westportal, die Westempore und die hölzerne, gekappte Brettertonne → Abb. S. 200 gehören offenbar erst der Zeit kurz nach 1500 an, die doppelten Emporen an der Nord- und Südseite sowie die Empore über dem Chorbogen (!), wurden 1691 eingebaut. Die besonders reich gearbeitete Kanzel stammt von 1697 → Abb. S. 352.

Der zurückliegende Choraltar mit der Kreuzigungsdarstellung zwischen gewundenen Säulen und reich geschnitzter Laubwerkumrankung wurde erst 1725 geschaffen. Zuvor stand hier der Katharinenaltar, der jetzt seitlich an der Nordwand unter der Empore hängt. Er stammt ebenso aus dem Spätmittelalter wie die beiden neben dem Chorbogen untergebrachten Seitenaltäre: links der Barbaraaltar, rechts der Marienaltar, der eigentlich zu groß scheint und daher wohl ursprünglich woanders stand. Schließlich gibt es noch ein kleines gotisches Veitsaltärchen.

Gotik und Nachgotik

KLEINSCHWARZENLOHE *bei Nürnberg* **17**, *Hauptaltar im Chor von 1497, 1608 für die Kirche vom Patronatsherrn Hans Rieter erworben und „angepasst" (Predella mit Malerei), ursprünglicher Standort unbekannt, Gesprenge fehlt. Die außerordentlich fein geschnitzten, erzählenden Reliefs – auf den Flügeln und in der Mitte der sog. Apostelabschied – werden inzwischen als Frühwerk von Tilman Riemenschneider angesehen, die 1608 offenbar erneuerte farbige Fassung ist ursprünglich.*[19]

Gotik und Nachgotik

WETTRINGEN *bei Rothenburg* 2, *Hauptaltar im Chor, um 1510-15, 1910 restauriert, damals das Maßwerk des Schreins und der Reliefs erneuert und die „Holzfassung" wiederhergestellt. Das vielfach Hans Beuscher aus Schwäbisch Hall zugeschriebene Altarwerk weist nicht nur wegen seiner „Holzsichtigkeit", sondern vor allem in den ausdrucksstarken Figuren des Mittelschreins deutliche Beziehungen zu den Werken Tilman Riemenschneiders auf.*

Gotik und Nachgotik

GEISSLINGEN *bei Uffenheim, St. Martin, Altar von 1624, geschaffen von Georg Brenck, Bildschnitzer in (Bad) Windsheim. Noch immer ist im Aufbau das Vorbild der spätgotischen Schnitzaltäre spürbar.*

Gotik und Nachgotik

oben NEUDROSSENFELD *bei Bayreuth 47, Kanzelaltar aus mehreren Teilen zusammengesetzt, Kern Flügelaltar von 1519, die Kanzel im frühen 18. Jahrhundert von Johann Georg Brenck aus Kulmbach integriert, der Altaraufsatz von 1680.*
links ERZBERG *bei Rothenburg → S. 194, Altar von 1724 mit vergitterten Altarschranken, im Schrein geschnitzte spätmittelalterliche Kreuzigungsgruppe.*

Die Altarkontinuität von der vor- zur nachreformatorischen Zeit im evangelischen Franken kann man nicht einfach nur als „theologische" Nachlässigkeit oder mit fehlenden Mitteln zur Neuanschaffung begründen – sie beruht offenbar auch auf dem Respekt vor der künstlerischen Leistung. Das zeigt sich etwa an dem Erwerb von spätmittelalterlicher „Kunst" durch die Nürnberger Patrizier Rieter für ihre Kirchen in Kleinschwarzenlohe → S. 274 und Kalbensteinberg um 1600 und sogar noch im 18. Jahrhundert am Kanzelaltar der von 1753-61 einheitlich im anspruchsvollen Bayreuther Markgrafenstil neuerbauten Kirche in Neudrossenfeld, der eine Neukomposition mit einem künstlerisch qualitätvollen Flügelaltar von 1519 darstellt. Die Wiederverwendung von gotischen Altarteilen, insbesondere Reliefs, Kreuzigungsdarstellungen und Figuren von Heiligen in barocken Altären sind sowohl für evangelische wie, wenn auch im geringerem Ausmaß, katholische Kirchen gang und gäbe – Gotik und Barock gehen problemlos zusammen.

Aber das Vorbild der Flügelaltäre schlägt auch im (früh-)barocken Altarbau durch, die den dreiteiligen vertikalen Aufbau in Predella, Schrein und Gesprenge weiterhin erahnen lassen, selbst die seitlichen Flügel sind erkennbar, wenn sie auch nicht mehr beweglich sind.

POLLENFELD *bei Eichstätt → Abb. S. 138,*
Zweitürige Gerätenische im Chor, um 1470

1 Kunstdenkmäler von Bayern: Schwabach 1939, S. 259 – 2 Kunstdenkmäler von Bayern: Pegnitz 1959, S. 550 – 3 Kunstdenkmäler von Bayern: Lauf 1966, S. 354 – 4 Ingeborg Höverkamp. Ein Riemenschneider in Mittelfranken. Die Allerheiligenkirche in Kleinschwarzenlohe bei Nürnberg, Gerabronn und Crailsheim 1996, S. 18 – 5 d = frdl. Hinweis von M. Welker, Herzogenaurach – 6 s. dazu Sigrid Thurm 1973 → Literatur – 7 zu Glockenstühlen existieren bisher für Franken, im Unterschied zu Norddeutschland und Thüringen, keine genaueren Untersuchungen, doch ist vom Freilandmuseums Bad Windsheim aus eine Dokumentation mittelalterlicher Glockenstühle geplant; die Zeichnungen der Glockenstühle in Laubendorf, Katzwang und Weiltingen beruhen auf Aufmaßen von Jürgen Schlosser, Burgbernheim – 8 d = frdl. Hinweis von H. Wilcke, Heideck – 9 Altrichter u.a. 2010 → Literatur, S. 136 – 10 Thomas Eißing 2015 → Literatur, S. 210-14, 222 – 11 Thomas Eißing 2015, S. 215 – 12 nach Querschnitt in Kunstdenkmäler Bayern Schwabach 1939, S. 212 – 13 nach Aufmaß Johanna Besold 2013, s. Eißing 2015 – 14 zu den erst ab dem 16. bis ins 18. Jahrhundert weit verbreiteten gemalten Epitaphien vgl. Bruno Langner: Evangelische Gemäldeepitaphe in Franken. Ein Beitrag zum religiösen Bild in Renaissance und Barock, Bad Windsheim 2015 (mit Bestandskatalog) – 15 Hermann Altmann, Die Gottesruhkapelle in Windsbach und ihre Fresken = Jahrbuch des Historischen Vereins für Mittelfranken 91, 1982/83, S. 15-32 – 16 Hartmut Scholz 2002 → Literatur, S. 205 – 17 Scholz 2002, S. 283-306 – 18 Italo Bacigalupo: Der Gutenstettener Altar. Ein Werk der Nürnberger Meister Hanns Peheim und Veit Wirsberger, München 1987 (Ars Bavarica 45/46) – 19 Ingeborg Höverkamp 1996, wie Anm. 4. S. 34-50

BAROCK und ROKOKO

Kirchenbau der Zeit zwischen etwa 1650 bis 1800

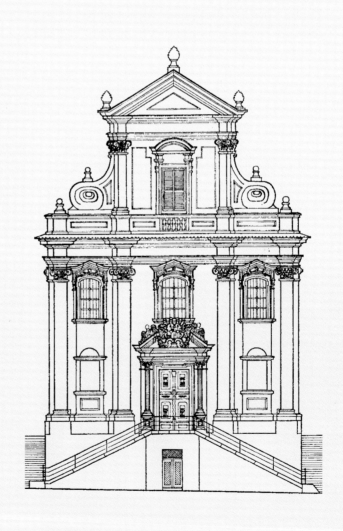

Vorhergehende Seite Eine typische barocke Kirchenfassade: Kirche in **WILHERMSDORF** *bei Fürth 38, Neubau von 1706-09 von Christoph Hermann und Joseph Greissing aus Würzburg. Zeichnung des Südgiebels.*

Während eine klar definierbare zeitliche Trennlinie zwischen romanischen und gotischen Formen der Dorfkirche schwer zu ziehen war, lässt sich diese für den Beginn des barocken Zeitalters relativ gut fassen. Der Grund liegt weniger in einem radikalen Stilwandel von der Epoche zuvor (d. h. der Nachgotik mit Renaissance-Einschüben) begründet, sondern in der politisch-militärischen Situation des 17. Jahrhunderts, das durch den 30-jährigen Krieg und seine in Franken vielfach katastrophalen Folgen deutlich zweigeteilt ist, in die Zeit vor dem Krieg, in Franken vor 1632, und danach, also etwa 1650 – dazwischen gibt es so gut wie keine Bauaktivitäten.

Erst nach dem großen Krieg und Sterben setzt sich die neue, im 16. Jahrhundert ja nur sehr halbherzig eingeleitete Hinwendung zu den klassischen, an der Antike und Renaissance geschulten Architekturdetails (Säulen, Pilaster, profilierte „Gebälke" usw.) wirklich durch. Trotzdem finden sich weiterhin auch „nachgotische" Tendenzen, wie etwa bei der 1682-84 erbauten Lenkersheimer Kirche, eine der wenigen kompletten Neubauten der Zeit zwischen 1650 und 1700.

Die Dorfkirchenbauten der zweiten Hälfte des 17. Jahrhunderts – meist beschränken sie sich nur auf Teile, vor allem das Langhaus – sind insgesamt gesehen nicht nur zahlenmäßig sehr gering, sondern in der Erscheinung noch sehr schlicht und von bescheidenen Ausmaßen. Vom barocken Überschwang ist bis ins erste Jahrzehnt des 18. Jahrhunderts vor allem im Außenbau kaum etwas zu spüren – ganz im Unterschied etwa zu Oberbayern und Schwaben, wo doch schon seit den 1660er Jahren neue prächtige, zumeist katholische Kirchenbauten das Land überziehen.

In den katholischen wie in den evangelischen Landesteilen Frankens lässt sich ein sehr deutlich ausgeprägter „Bauboom" erst nach 1700 beobachten, der zwischen 1735-70 den zahlenmäßigen und vielleicht auch qualitativen Höhepunkt erreicht, also die Zeitstufe, die stilistisch gern auch als *Rokoko* bezeichnet wird; danach nimmt das Baugeschehen wieder deutlich ab.

Während wir für die späte Gotik, die ja ebenfalls eine baulich prosperierende Zeit gewesen ist, nur wenig Hintergrundwissen über die Baugeschichte, die beteiligten Bauleute und Handwerker und die geistigen und politischen Intentionen, die mit dem Bau verbunden waren, besitzen, ist nun die Quellenlage sehr viel besser und wir kennen fast immer genaue Bauzeit, Baumeister, Bauhandwerker und vor allem die offenbar gestiegenen herrschaftlichen Einflussnahmen auf den Kirchenbau. Zwar lassen sich in der Barockzeit die Unterschiede zwischen evangelisch und katholisch im Kirchenbau

LENKERSHEIM *bei Bad Windsheim, Kirche im „gotischen" Schema mit großem Saal → Abb. S. 307 und abgesetztem polygonalen Ostchor, 1682 unter dem Bayreuther Markgrafen Christian Ernst errichtet, Planung Hofbaumeister Gedeler aus Bayreuth; der Turm erst 1955 hinzugefügt.*

Inschrifttafel 1682 über der Südtür

Barock und Rokoko

deutlicher greifen als zuvor, doch bestimmt dieses Gegensatzpaar den Kirchenbau keineswegs allein. Die künstlerischen Impulse kommen hauptsächlich von den Fürstenhöfen, seien es nun die Fürstbischöfe in Würzburg, Bamberg oder Eichstätt, oder die Bayreuther und die Ansbacher Markgrafen, in deren Territorien sich sehr unterschiedliche Kirchenbautraditionen ausbilden, weniger deutlich lässt sich das Kirchenbauwesen der Reichsstädte, Grafen und Reichsritter abgrenzen.

Gerade für Franken ist die Barockarchitektur auch mit großen, von den Fürstenhöfen her bekannten und in der Kunstgeschichte berühmten Namen verbunden – wie etwa Joseph Greissing und Balthasar Neumann in Würzburg, Johannes Dientzenhofer und Johann Michael Küchel in Bamberg oder Johann David Steingruber in Ansbach. Sie haben zwar alle auch, manchmal sogar exzeptionelle Entwürfe für Dorfkirchen geliefert, aber die große Zahl der Kirchen wurde auch im 18. Jahrhundert von eher unbekannten, ganz „gewöhnlichen", in der Region verankerten Maurermeistern errichtet.

ALFELD 21, Giebel über Südtür mit Nürnberger Dreiwappen und Jahreszahl 1707 (Umbaudatum)

Der ländliche Kirchenbau Frankens zeigt sich bis heute vorwiegend als dem barocken Zeitalter verhaftet, vor allem das 18. Jahrhundert hat fast allen Dorfkirchen seinen Stempel aufgerückt, auch den älteren gotischen und romanischen. Vollständige Neubauten sind nicht allzu häufig, selbst bei größeren Baumaßnahmen werden zumindest ältere Teile, etwa die unteren Geschoße der Türme, wieder verwendet. Die „Barockisierung", wenn man es denn so nennen will, umfasst den Innenausbau stärker als den Außenbau. Man darf davon ausgehen, dass gegen Ende des 18. Jahrhunderts fast alle Dorfkirchen zu wesentlichen Teilen eine barocke Innenausstattung besaßen (Wandfassungen, Stuck, Altäre, Kanzeln, Gestühl, usw.). Vieles davon musste im 19. und 20. Jahrhundert einer vermeintlichen Rückbesinnung auf die vorbarocke Zeit weichen.

SONDERHOFEN bei Ochsenfurt, St. Johannis der Täufer, „klassische", gedrehte spätbarocke Anlage: 1757 neues Langhaus mit Giebelfassade nach Osten (!)zur Hauptstraße und repräsentativer Treppenanlage davor, von Hofbaumeister Johann Michael Fischer aus Würzburg, das alte Langhaus wird Westchor, der Turm nach Einsturz erst 1841 errichtet.

Barocke Bauformen

Im Großen und Ganzen werden in der Barockzeit die längst bekannten und bewährten Grundformen der Dorfkirche weitergeführt: ein zweiteiliges Bauschema, mit Langhaus (Saal) und davon abgesetztem Chor, der Turm an der Schmalseite des Langhauses (meist als Westturm) oder am Chor an der Ostseite oder als Flankenturm.

Einen wesentlichen Unterschied gibt es jedoch: die Ausbildung von reinen *Schaufassaden*, vorwiegend an der Giebelseite des Langhauses mit der Eingangstür, so wie sie in der italienischen Renaissance schon seit dem späten 15. Jahrhundert üblich wurden. Bei uns greifen sie erst seit Ende des 17. Jahrhunderts allmählich auch auf die Landarchitektur über – romanische und gotische Dorfkirchen kennen eigentlich keine entsprechende gestalterische Betonung der westlichen Giebelseite des Langhauses. Die früher obligatorische West-Ost-Richtung der Kirche wird bei Neubauten häufig zugunsten einer Nord-Süd-Anlage aufgegeben – offensichtlich aus rein repräsentativen Gründen. Denn durch diese Drehung wird aus der bisher immer westlichen Langhaus-Giebelseite ein Südgiebel – nun zeigt bei der häufig üblichen, erhöhten nördlichen Randlage der Kirche die von Licht und Sonne verwöhnte Südfassade majestätisch ins Dorf.

Die *Giebelfassaden* sind mit Pilastern dreiteilig gegliedert, in der Mittelzone die Eingangstür, seitlich Fenster oder im katholischen Bereich Figurennischen, der eigentliche Giebel geschweift, mit Schnecken und Vasenaufsätzen bekrönt, manchmal auch mit Figuren. Eine großzügige Treppenanlage vor dem Eingang unterstreicht nochmals die Theatralik eines solchen Kirchenbaus.

 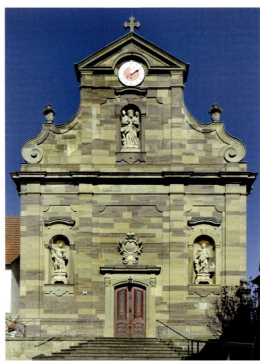 

Barocke Giebelfassaden: von links nach rechts Bütthardt *bei Ochsenfurt, St. Peter und Paul, Westfassade 1769-71 von Johann Philipp Geigel aus Würzburg –* Egenhausen *bei Schweinfurt, Johannes der Täufer, Südfassade von Johann Michael Fischer, Würzburg, 1766 –* Rittershausen *bei Ochsenfurt, St. Matthäus, Südfassade von 1783.*

Barock und Rokoko

36 Gaukönigshofen

GAUKÖNIGSHOFEN *bei Ochsenfurt, Hl. Schutzengel und Jakobus der Ältere, Blick auf die Südfassade. Charakteristischer einheitlicher Bau von 1724-30. Vor allem wegen des im weiteren 18. Jahrhundert reich ausgestatteten Innenraums eine der bedeutendsten Dorfkirchen des Barock in Mainfranken.*

Die Kirche mit der Schaugiebelseite liegt leicht erhöht und wirkungsvoll nach Norden zurückgesetzt, an der breiten Hauptstraße und überragt so den bedeutenden und großen Ort, der als einer der wichtigsten im reichen Ochsenfurter Gau gelten kann.

Der äußerlich sehr einheitlich wirkende Bau, dessen Planung auf Matthäus Kolb und Leonhard Stahl, Schüler des Würzburger Hofbaumeisters Joseph Greissing, zurückgeht,[1] besitzt, abgesehen von der Drehung in die Nord-Süd-Richtung, an sich eine ganz traditionelle Anlage: einen großen, flachgedeckten Saal an der Südseite, einen polygonal fünfseitig gebrochenen abgesetzten und gewölbten Chor nach Norden zu und einen Chorflankenturm an der Westseite, der seine verschieferte geschweifte Haube mit Laterne erst 1738 erhielt. Der an sich auffallend schlichte Südgiebel mit dem mittleren Eingangsportal ist klar und harmonisch gegliedert und gipfelt in der Schutzengelstatue von Leopold Kurzhammer 1729, während die Maria Immaculata in der Fensternische über dem Portal von Johann Georg Auwera erst 1770 geschaffen wurde.

Das lichte und weiträumige Innere der Kirche →Abb. S. 317 besticht durch eine glanzvolle und außerordentlich qualitätvolle Ausstattung. Sie vereinigt verschiedene Zeitstufen zu einem eindrucksvollem Gesamtbild, in dem die Formen des Rokoko und des beginnenden Frühklassizismus an Altären →Abb. S. 364, dem überaus reichen Stuck an Wänden und Decken, der feinen Farbabstimmung und an den Deckengemälden überwiegen.

Barock und Rokoko

Giebelfassaden

Die meisten, wenn auch häufig recht flachen Fassaden mit geschweiften Barockgiebeln lassen sich im Bereich des einstigen Fürstbistums Würzburg finden. Die zahlreichen Kirchenbauten Julius Echters der Zeit um 1600 → S. 161 kannten sie dagegen noch nicht, manche seiner Kirchen werden nun nachträglich damit ausgestattet, wie überhaupt das 18. Jahrhundert fast immer „korrigierend" eingriff.

Nicht ganz so häufig scheinen geschweifte Barockgiebel im Bamberger Fürstbistum erstellt worden zu sein, was aber auch mit der hier insgesamt geringeren Neubautätigkeit im 18. Jahrhundert zusammenhängen dürfte. Die Formen sind vielfältiger als im Würzburgischen.

BUTTENHEIM *bei Bamberg, St. Bartholomäus, Südgiebelfassade von Johann Michael Küchel, 1754-57 in strengen Formen, davor Terrasse mit Freitreppe. Unübersehbar verweist das übergroße Wappen des Bamberger Bischofs Franz Konrad von Stadion auf seinen Machtanspruch.*

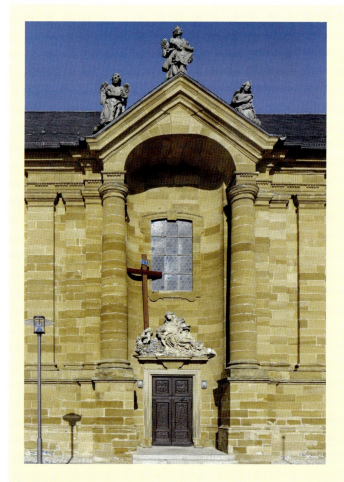

Vorspringender, übergiebelter Mittelteil der Südfassade; über der Tür ausdrucksstarke Pietà.

Litzendorf 37

LITZENDORF bei Bamberg, St. Wenzeslaus, Blick von Südwesten auf die Chorturmkirche mit dem 1715-18 von Johann Dientzenhofer errichteten barocken Langhaus, der Turm mit dem Fünfknopfhelm vom spätgotischen Vorgängerbau. Eine der glänzendsten und originellsten barocken Landkirchen im Bamberger Land.

Die aus warmen ockergelben Sandsteinquadern errichtete, beherrschend im Ort liegende Kirche besitzt zwei Schauseiten: die an den Ecken abgerundete Westeingangsseite mit geschweiftem Giebel und die Südseite mit einem vorspringendem, auf hohen Säulen ruhenden Giebelrisalit mit der zweiten Eingangstür in der Mitte, flache „kolossale" Pilaster gliedern die Wände über einem hohen Sockel. Beide Giebel werden von beschwingten Figuren bekrönt, Figuren über dem Portal und in Nischen bereichern auch den Westgiebel, eine steinerne Pietà betont die Südtür; alle Figuren sind im Unterschied zum Quaderwerk weiß gefasst und stammen von dem Bamberger Bildhauer Leonhard Gollwitzer.

Vergleicht man den Außenbau mit dem nur wenig jüngeren, von Würzburger Bauleuten geplanten und ausgeführten in Gaukönigshofen 36, so zeigt sich Litzendorf wesentlich ambitionierter und eleganter, ja moderner.

Das helle, kreuzgratgewölbte Innere dagegen ist relativ schlicht und wird vor allem von den drei prächtigen Altären und der Kanzel beherrscht, die aus der Werkstatt des Leonhard Gollwitzer stammen.

Barock und Rokoko

Auch im evangelischen Kirchenbau lässt sich seit dem 18. Jahrhundert der Einfluss der barocken Fassadenarchitektur beobachten, jedoch eher in bescheideneren Formen, z. B. ohne ausgeprägtes Giebeldreieck. Eine Ausnahme stellt die Kirche in Wilhermsdorf dar, deren prächtige Südseite es mit jeder katholischen Kirche aufnehmen könnte und die zugleich als eine der frühesten gebauten und in der Himmelsrichtung gedrehten barocken Giebelfassaden gelten kann.

Mehr als im katholischen Kirchenbau wird ansonsten nicht die Giebelseite, sondern die südliche Traufseite des Langhauses als Schaufassade aufgefasst (also ohne Drehung der Kirchenrichtung), in deren Mitte das durch aufwändigere Gestaltung besonders herausgehobene Portal die entscheidende Symmetrieachse darstellt. Dies gilt vor allem für die aus Sandsteinquadern errichteten markgräflichen Kirchen im Bayreuth-Kulmbacher Land, eingeschränkt auch für den grundsätzlich bescheideneren Ansbacher Landkirchenbau →S. 292.

oben links SOMMERHAUSEN *bei Würzburg, St. Bartholomäus, Westseite ohne Giebelbekrönung, 1740, vielleicht von Johann David Steingruber.*

links NEMMERSDORF *bei Bayreuth, Unsere liebe Frau, Südseite mit Portal, von Johann Georg Hoffmann 1753.*

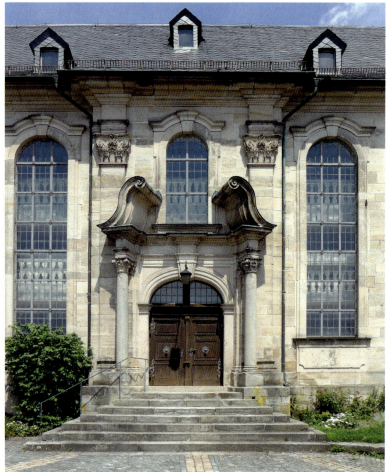

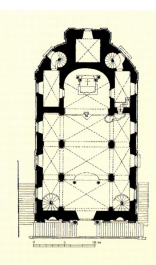

Grundriss der ursprünglich auf die (abgebrochene) Schlossanlage im Süden ausgerichteten Kirche mit Chorscheitelturm im Norden.

38
Wilhermsdorf

WILHERMSDORF bei Fürth, St. Marien und Martin, Blick von Südosten auf die Südfassade, erbaut 1706-09 von Joseph Greissing aus Würzburg. Dreischiffige Halle mit Emporen und Turm am Chorscheitel im Norden. Eine der großartigsten hochbarocken Landkirchen in Franken.

Dass sich eine an den römischen Barockpathos angelehnte Giebelfassade gerade bei einer evangelischen Kirche in Mittelfranken befindet, erscheint kurios, erklärt sich aber aus den besonderen herrschaftlichen Hintergründen von Wilhermsdorf. Hier war der Sitz des „Ritterkantons Altmühl" (Vereinigung der Reichsritterschaft etwa in dem Gebiet des heutigen Mittelfranken) und die Stifterin der Kirche, Franziska Barbara, eine Gräfin von Hohenlohe, war mit dem Würzburger Fürstbischof Greiffenclau, zugleich oberster Lehensherr von Wilhermsdorf, in engem Kontakt und „lieh" sich zum Bau der Kirche dessen Baumeister Greissing aus.[2]

Doch nicht nur die Fassade, auch der Innenraum hebt sich vom üblichen Standard barocker Dorfkirchen ab: es ist eine dreischiffige und dreijochige kreuzgewölbte Halle, in den Seitenschiffen sind Emporen eingebaut – es ist das typische „Vorarlberger" Schema des späten 17. und frühen 18. Jahrhunderts – Joseph Greissing (1664-1721), dem wir weitere Dorfkirchen verdanken → S. 291, stammt selbst aus Vorarlberg.

Barock und Rokoko

Einturmfassaden

Neben den reinen Giebelfassaden bestimmen die „Einturmfassaden" den barocken Dorfkirchenbau, also die Einbeziehung eines in der Mitte des Giebels stehenden Turms in die Fassadengestaltung. In der Mitte der westlichen Giebelseite stehende Türme gibt es seit der Romanik („Westturmkirchen" → S. 78-81), und sie sind seit der Gotik weitverbreiteter Standard, doch werden Turm und die Langhausgiebelwand kaum einer gemeinsamen, integrierenden Gestaltung unterzogen, bleiben isolierte Baukörper.

Das ändert sich wie bei den Giebelfassaden mit dem frühen 18. Jahrhundert. Nun erscheint der Turm nicht mehr isoliert an den Westgiebel angebaut, gleichsam davor stehend, sondern der Turm, der zugleich das Hauptportal in die Kirche aufnimmt, wird in die westliche Giebelseite ganz oder teilweise hineingestellt und bildet so mit dieser eine unauflösliche Einheit. Solche Eingangs-Einturmfassaden kommen vor allem in katholischen Gebieten vor; im evangelischen Bereich sind sie seltener, der Turm bleibt dort meist eigenständiger, wird nicht so voll in die Fassade integriert. Insofern stellt die Casteller Kirche mit ihrer doppelten Fassade ebenso eine Ausnahme dar wie die von Unterschwaningen südlich von Ansbach – beides bezeichnenderweise zugleich Schlosskirchen.

Barock und Rokoko

THALMÄSSING *bei Hilpoltstein, St. Gotthard, Einheitlicher Bau von dem Ansbacher Baudirektor Karl Friedrich von Zocha 1721, Blick von Westen. Eine der seltenen Ansbacher „Markgrafenkirchen" mit Eingangsturm an der Westfassade.*

Die für das zurückhaltende Bauwesen in der Ansbacher Markgrafschaft charakteristische kleine Thalmässinger Kirche hat außen und innen weitgehend den Zustand der Bauzeit bewahren können. Der Westturm wurde nicht voll in die Fassade integriert, sondern steht als Bauteil davor, doch die seitlichen Giebelteile werden mit Hilfe von Gesims, genuteten Lisenen, aufgesetzten Voluten und Vasen immerhin gestalterisch in diese Richtung entwickelt. Was für das Ansbacher Gebiet im weiteren 18. Jahrhundert typisch ist: anstelle einer eigentlich zeitgemäßen geschwungenen „welschen" Haube begnügt man sich häufig mit einem Spitzhelm, der immerhin durch eine schlichte vierseitige Laterne aufgelockert wird. Das Mansarddach auf dem Langhaus ist wiederum eines der frühesten auf einer Kirche.

Im ebenso schlichten Inneren → Abb. S. 355 überrascht das Fehlen der für evangelische Kirchen ja eigentlich obligatorischen umlaufenden Emporen. Zwar sind Altar und Orgel übereinander angeordnet, die Kanzel bleibt aber selbständig, der Weg zum Kanzelaltar wurde noch nicht beschritten.

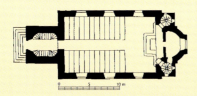

Grundriss

39 Thalmässing

nebenstehende Seite

links außen PRETZFELD *bei Forchheim, St. Kilian, von Johann Michael Küchel 1742, Blick auf den seitlich zur Fassade erweiterten Eingangsturm im Süden.*

links CASTELL *bei Kitzingen von 1784-1792* 48*, Blick von Süden; die Kirche besitzt eine westliche Giebelfassade (ohne Eingang) und eine östliche Einturmfassade (mit Portal).*

40 Steinbach

GEREUTH bei Ebern, St. Philipp, einheitlicher Bau aus Sandsteinquadern, 1713-17 von Josef Greissing, eine der ältesten Einturmfassaden Mainfrankens, über Terrasse mit Balustergeländer.

STEINBACH bei Lohr am Main, St. Joseph, einheitlicher Bau, 1719-21 von Josef Greissing, Würzburg. Blick auf die Westfassade mit dem integrierten Turm. Klein – aber fein!

Der lange fälschlich Balthasar Neumann zugeschriebene Bau ist einer der letzten Kirchenbauten des aus Vorarlberg stammenden, im frühen 18. Jahrhundert bedeutendsten Würzburger Hofbaumeisters und Zimmermanns Josef Greissing.

Die sehr ausgewogene Einturmfassade weist als gestalterische Besonderheit schräg gestellte Eckpilaster auf und lebt im Übrigen von dem Farbspiel: roter Buntsandstein – grüner Schilfsandstein – weiße Putzflächen.

Das sehr lichte, gewölbte Innere ist relativ schlicht gehalten und im traditionellen zweiteiligen Schema Langhaus – eingezogener Chor gehalten, abgeschrägte bzw. abgerundete Ecken verleihen dem Raum trotzdem seinen besonderen, eleganten Charakter.

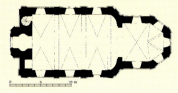

Grundriss mit dem in die Westfassade hinein gerücktem Turm

41
Etwashausen

ETWASHAUSEN, Stadt Kitzingen, Heilig-Kreuz, einheitlicher Bau von Balthasar Neumann 1740-45, Blick auf die Südfassade. Wohl die vom Außenbau her eleganteste und von der Architektur des Innenraums her originellste „Dorfkirche" des Rokoko in Franken.

Das Kitzingen am Main gegenüberliegende Gärtnerdorf Etwashausen besitzt die überregional wohl bekannteste Dorfkirche Frankens des 18. Jahrhunderts – dafür bürgt schon der Name des Architekten. Es ist auch die Kirche, deren Grund- und Aufriss sich am weitesten vom dem ansonsten immer noch verbreiteten mittelalterlichen Schema der Saalkirche mit eingezogenem Chor entfernt hat. Geschwungene Einturmfassade und niedrige Vierungskuppel bestimmen den Außenbau, kreuzförmige Anlage mit Gewölben und um die Vierung vorgesetzte Säulenpaare den Innenraum. Er ist eigenartig kahl geblieben, ohne Stuck und Malereien, sozusagen „reine" Architektur – ob dies geplant war oder nur aus Finanznot unterblieb, bleibt unentschieden.

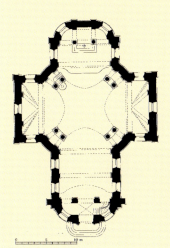

Der schon von der Wilhermsdorfer Kirche her bekannte Josef Greissing hat offenbar den Einturmfassaden im Würzburger Hochstift den Weg bereitet, von ihm stammen die in sich sehr ähnlichen Beispiele in Friesenhausen, Gereuth und Steinbach. Balthasar Neumanns Dorfkirchen schließen sich hier an, etwa Gaibach (mit Flankenturm) und Schraudenbach, diese ebenfalls als Einturmfassade. Bei keinem dieser Bauten hat er jedoch zugleich in der Raumgestalt so individuelle Wege beschritten wie in Etwashausen.

Nicht immer ist die Einturmfassade nach Westen ausgerichtet; da es vor allem auf die Fernwirkung ankommt, gibt es bei entsprechender Kirchendrehung auch Süd-, ja sogar Ostturmfassaden, wie in Alzenau 1754.

Barock und Rokoko

„Markgrafenkirchen"

Drei Architekten bzw. Baumeister bestimmten im 18. Jahrhundert den meist sehr schlichten, ja manchmal sogar kargen Kirchenbau innerhalb der Markgrafschaft Ansbach: Karl Friedrich von Zocha (1683-1749), Leopold Retti (1704-1751) und Johann David Steingruber (1702-1787). Die Sparsamkeit zeigt sich in der häufigen Übernahme eines älteren Turms, entsprechend dominieren im Außenbau die Chorturmkirchen, die vielfach nur noch Osttürme sind, in denen die Sakristei untergebracht ist – als geplante Maßnahme oder als Umbau. Eine ausgeprägt repräsentative Giebelfassade kommt kaum vor, die der Kirche in Aha ist für das Ansbacher Gebiet schon fast eine Ausnahmeerscheinung in der Zeit.

Dafür lieben Zocha und Steingruber die „Quersaalkirche" mit in die Langhausmitte gestelltem Eingangsturm – in Plänen fast noch mehr als in den ausgeführten Beispielen. In diese sehr klassizistisch-reformiert wirkende Tradition reiht sich auch die Kirche in Lahm ein, weitab vom Ansbacher Gebiet.

Die Wirkung des Ansbacher „Bauinspektors" Johann David Steingruber war außerordentlich umfas-

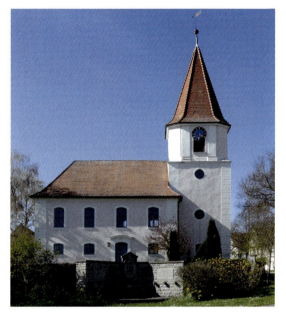

oben LAHM *bei Coburg, Quersaalkirche von Karl Friedrich von Zocha, 1728-32.*

rechts oben NEUHERBERG, *Saalkirche mit Ostturm, 1741; darunter* RUDOLZHOFEN *bei Uffenheim, Quersaalkirche mit Südturm, 1744, beide von Johann David Steingruber.*

Barock und Rokoko

42 Aha

AHA bei Gunzenhausen, Heilig-Kreuz, Einheitlicher Bau von dem Ansbacher Baudirektor Karl Friedrich von Zocha 1721. Eine der frühen und relativ aufwändig gestalteten „Markgrafenkirchen" des Ansbacher Fürstentums.

Die Kirche von Aha ist nicht nur eine der wenigen im Ansbacher Gebiet mit (bescheidener) Giebelfassade nach Westen sowie darauf abgestimmtem Mansard-Vollwalmdach (ähnlich wie in Thalmässing 39, ebenfalls von Zocha), sie ist nach Wilhermsdorf 38 eine der frühesten mit einem klar abgesetzten Chorscheitelturm hinter dem Altar, der den Chorturm ablöst und dessen Untergeschoß dafür als Sakristei dient – hier nicht als Umnutzung, sondern in einheitlicher Planung.

An das an zwei Seiten mit doppelten Emporen ausgestattete Langhaus (Saal) schließt sich aber weiterhin nach Osten ein geräumiger, nur wenig abgesetzter, abgerundeter Chor an. Für die Zeit sehr moderne, abgerundete Ecken und genutete Wandflächen bestimmen den vornehm-zurückhaltenden Außenbau, dem jeder barocke Überschwang fehlt.

Das gilt genauso für das mit einer flachen Tonne überwölbte schlichte Innere, das seine Ausstattung der Bauzeit (Altar, Kanzel und Orgel sind getrennt) bewahrt hat.

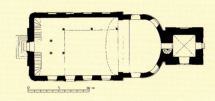

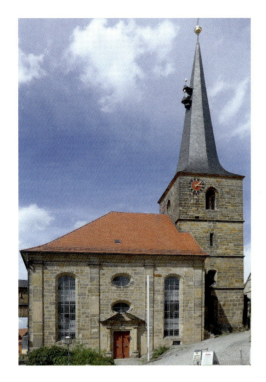

send, etwa 60 Kirchen wurden unter ihm gebaut oder wesentlich umgebaut, weitere 60 zumindest „repariert", so dass die Kirchenlandschaft vor allem im westlichen Mittelfranken stark von seiner Bautätigkeit geprägt erscheint.

Auch für die Bayreuther Markgrafschaft ist eine umfassende Erneuerung greifbar, wenn auch nicht in diesem Umfang. Da, wo wir den Einfluss der Bayreuther Hofkunst nachweisen können (die auch in den ritterschaftlichen Dörfern zu spüren ist), handelt es sich um eine deutlich aufwändigere, wenn man so will „barockere" Architektursprache. Die am Hofe tätigen Baumeister, wie Gottfried Gedeler, Joseph Saint-Pierre, Johann David Räntz, Johann Georg Weiß, Carl Philipp von Gontard (auf dessen Planung die im Außenbau reichste „Markgrafenkirche" in Bindlach beruhen dürfte), waren wohl eher beratend an Dorfkirchenbauten beteiligt, eine genauere Zuschreibung ist oft nicht möglich. Die besten Kirchen im „Markgrafenstil" schuf aber ausgerechnet der wenig bekannte Kulmbacher Stadtbaumeister Johann Georg Hoffmann (1705-1778), etwa in Neudrossenfeld 47 und in Nemmersdorf → Abb. S. 179. Das spezifisch „Markgräfliche" ist schwer auszumachen, die Bedeutung des Kanzelaltars ist auch andernorts gegeben, die Konzentration auf einen weiten und lichten Saal und Vernachlässigung des Chors ebenfalls. Es sind eher kurze, dafür auffallend breite, oft fast quadratische, auf Sicht gearbeitete, elegante Sandsteinquaderbauten mit edlen Proportionen und feinem bildhauerischen Schmuck an Gesimsen, Lisenen, Kapitellen, Tür- und Fensterrahmungen.

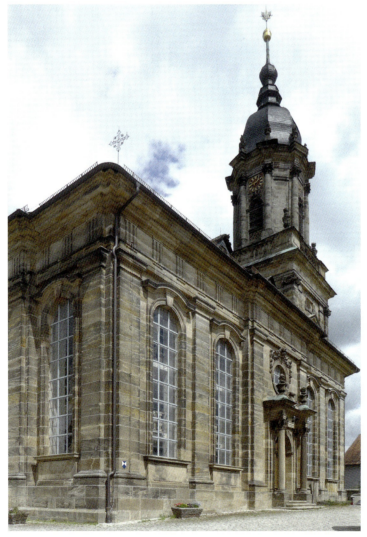

Noch prächtiger als der Außenbau sind die vornehmen Innenräume mit den zweigeschoßigen, an drei Seiten umlaufenden Emporen und dem feinen, beschwingten Deckenstuck und Malereien an den Brüstungen. Zweifellos stellen gerade die Dorfkirchen des Bayreuth-Kulmbacher Umlandes einen künstlerischen Höhepunkt im barocken Dorfkirchenbau Frankens dar.

oben THURNAU 50, *Pfarr- und Schlosskirche, quadratischer Saal in Sandsteinquaderwerk mit Vollwalmdach, erbaut 1701-06, damit eine der ältesten ihrer Art, der Ostturm vom gotischen Vorgängerbau.*

links BINDLACH *bei Bayreuth, Saalkirche mit Ostturm, 1766-68, Planung vermutlich von dem Bayreuther Hofbaumeister Karl Philipp von Gontard. Die Fassade schloßähnlich, der Bau gleicht mehr einer Hof- denn einer Dorfkirche.*

Barock und Rokoko

43
Benk

BENK bei Bayreuth, St. Walburga, Blick von Südwesten auf die Chorturmkirche, erbaut 1741-48, die Planung wohl von dem Hofbaumeister Johann Georg Weiß aus Bayreuth, die Portale vielleicht von Johann Georg Hoffmann aus Kulmbach. „Eine der schönsten barocken Landkirchen der Gegend" (Dehio).

Die bescheiden an den Pilastern und dem mittigen Portal verzierte südliche Langseite der Kirche mit dem gedrungenem Chorturm täuscht über das fulminante Innere mit der einheitlichen Ausstattung aus der Mitte des 18. Jahrhunderts hinweg – ein Feuerwerk an barock-volkstümlicher Lebensfreude, das man in einer „protestantischen" Kirche kaum erwarten würde → *Abb. S. 326*.

Dabei ist der einheitliche, aus sorgfältig bearbeiteten gelblichen Sandsteinquadern errichtete Bau denkbar einfach: ein fast quadratischer hoher flachgedeckter Saal mit Vollwalmdach steht im Zentrum, der östlich angehängte Chor im Turmuntergeschoß (wohl von einem Vorgängerbau übernommen) kommt wegen des davor gestellten Altars räumlich kaum zur Geltung. Die auf hohen runden Säulen ruhenden dreiseitig umlaufenden Emporen und die zart bemalte und stuckierte Decke mit breiter Hohlkehle bestimmen den Eindruck. Bemerkenswert ist das völlig aus der Bauzeit stammende bemalte Gestühl im Langhaus und auf den Emporen.

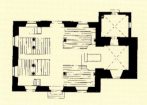

Grundriss

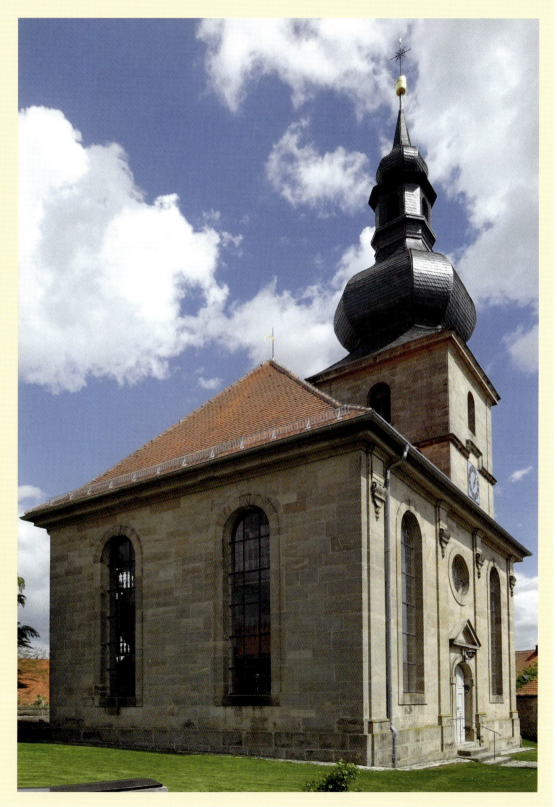

Barock und Rokoko

Der Betsaal

Aus dem Rahmen der üblichen Dorfkirchen fallen einige ganz schlichte Bauten, die in der Barockzeit für außerhalb der traditionellen Dorfgemeinde stehende „neue" Glaubensgemeinschaften errichtet wurden. Es sind unauffällige, einfache „Bethäuser" oder Betsäle, die äußerlich kaum ihre sakrale Funktion anzeigen, aber auch im Innern nur geringen gestalterischen Aufwand kennen und auf einen eigenen Chorraum für einen Altar und erst recht einen Turm verzichten. Diese Zurückhaltung ist nicht nur von der Obrigkeit vorgeschrieben, sondern liegt im Wesen der vertretenen Glaubensrichtungen.

Gegen Ende des 17. Jahrhunderts kommen calvinistische Hugenotten, die nach der Aufhebung des Edikts von Nantes 1685 Frankreich wegen ihres Glaubens verlassen mussten, auch nach Franken. Hier wurden sie gezielt vom Markgrafen Christian Ernst von Brandenburg-Bayreuth für die eigens gegründete neue Stadt „Christian-Erlangen" angeworben, aber auch in einigen Dörfern fanden sie Aufnahme, etwa in Emskirchen und in Wilhelmsdorf bei Neustadt an der Aisch, das eine völlige Neugründung von 1686 für hugenottische Familien ist. Zunächst bauten sie eine Holzkirche, 1754 wurde ein massiver Betsaal errichtet, ein quadratischer Sandsteinbau ohne Chor, einem Haus ähnlicher als einer Kirche. Eine vergleichbaren schlichten Betsaal erbauten bereits 1705 die in Emskirchen angekommenen Hugenotten.

Etwas anderen Ursachen verdankt Stein bei Nürnberg die Entstehung seines reformierten Betsaals. Er wurde bereits 1660 für Bürger „reformierten", also nicht lutherischen Glaubens der Stadt Nürnberg errichtet, die dort keine Erlaubnis bekamen, ein eigenes Gotteshaus zu errichten.

Wilhelmsdorf bei Neustadt an der Aisch, heutige evangelische Pfarrkirche, ehemals Betsaal der französisch-reformierten Hugenottengemeinde, erbaut 1754 durch Zimmermeister Johann Nikolaus Stumpff aus Nürnberg. Das Glockentürmchen wurde erst 1962 aufgesetzt.

oben Der Innenraum mit Kanzel nach Westen, davor Altartisch.

Barock und Rokoko

Die Beziehung des glatten Sandsteinquaderbaus zu Nürnberg wird an den für die Reichsstadt typischen eingerollten Eckvoluten des Giebels sogar baulich betont.

In dem seit dem späten Mittelalter wüstgelegenen Steigerwaldort Rehweiler gründete 1734 Graf Ludwig Friedrich von Castell-Remlingen eine pietistische Gemeinde. Rehweiler wurde nach dem Vorbild der Herrnhuter Gemeinde in der Oberlausitz angelegt, die auf den Reichsgrafen Nikolaus Ludwig von Zinzendorf, ein Vetter des Grafen Ludwig Friedrich, zurückging und ein Zentrum des Pietismus wurde. Der einem Gutshaus ähnliche „Betsaal" für die herrnhutische „Kolonie" in Rehweiler konnte erst 1774 vollendet werden und gleicht den hugenottischen Betsälen.

REHWEILER *bei Geiselwind, ehemaliger Betsaal der Herrnhuter Gemeinde, heute evangelische Pfarrkirche, erbaut 1774, das Glockentürmchen später.*

oben EMSKIRCHEN, *ehemalige Betsaal der französisch-reformierten Hugenottengemeinde, heute evangelische Friedhofskirche, erbaut 1705-06. Der mehrseitige Chor mit Spitzbogenfenstern erst bei der Umwidmung 1866 angebaut.*
rechts STEIN *bei Nürnberg, 1660 Betsaal der Nürnberger reformierten Gemeinde, 1813 umgebaut zu Arbeiterwohnungen.*

Barock und Rokoko

Hauben, Kuppeln und Laternen

Trotz repräsentativer Fassaden – die größte Außenwirkung erzielen auch in der Barockzeit die Kirchtürme. Vor allem kommt es auf die oberen Abschlüsse an, also die Kirchturmspitzen, die nunmehr deutlich weniger in Mode sind, aber noch immer eingesetzt werden, besonders im Ansbacher Gebiet, oder die geschweiften und gerundeten Formen, also die „welschen" Hauben, die mehrfach übereinander angeordneten Kuppeln und Laternen, von denen es die unterschiedlichsten und phantasievollsten Ausführungen gibt.

Rund statt spitz: damit beginnt man schon vor dem 30-jährigem Krieg, freilich recht zaghaft und nur im äußersten Süden, die mit Ziegeln gedeckten runden „Zwiebelhauben" in Großlellenfeld von 1610 und später Aufkirchen dürften mit die ältesten auf dem Land sein, nur übertroffen von der ganz ähnlichen Turmhaube der Dinkelsbühler Georgskirche von 1550. Es ist wohl mehr als Zufall, dass alle genannten Beispiele im Einflussbereich Augsburgs liegen, von dort ist es nicht weit zu München, dessen doppeltürmige Frauenkirche bereits 1525 seine weltberühmten ziegelgedeckten Hauben erhielt.

Doch die eigentliche Zeit der gerundeten, gebauchten und durchbrochenen Turmenden beginnt auf den Dörfern erst nach der Mitte des 17. Jahrhunderts, eine regionale Bevorzugung lässt sich dabei kaum feststellen, die neuen Formen werden überall Mode, wobei es gewisse regionale Ausprägungen geben mag, die aber selten eindeutig sind. Auch konfessionell geht es durchaus durch-

von links nach rechts GROSSLELLENFELD *bei Dinkelsbühl → Abb. S. 223, Turmhaube von 1610 –* AUFKIRCHEN *bei Dinkelsbühl, Turmhaube, erneuert um 1700 –* CADOLZBURG *bei Fürth, geschweifte und einmal abgesetzte, verschieferte Haube von Johann David Steingruber 1750.*

Barock und Rokoko

von links nach rechts
BERGRHEINFELD *bei Schweinfurt 1688-93, Zelthaube mit offener Laterne und Kuppel, erneuert?* – TÖPEN *bei Hof, Kuppel über Achteck mit offener, von weiterer kleiner Kuppel bekrönter Laterne, 1712* – ABTSWIND *bei Kitzingen, zweifache Kuppel mit zwei offenen Laternen und Spitze, 1712?*
unten links KAUBENHEIM *bei Bad Windsheim → Abb. S. 21, Kuppel mit geschlossener Laterne und Spitze, 1696.*

Barock und Rokoko

einander, es ist schwer, evangelische und katholische „Hauben und Kuppeln" zu unterscheiden.

Eher lassen sie sich einzelnen bekannten Baumeistern zuordnen. So erscheint der Einfluss der komplizierten, aber laternenlosen Haubenumrisse wie sie

„Katholische" Helme und Kuppeln:

oben REYERSBACH bei Bad Neustadt, St. Mauritius, 1791, die Haube des Chorturms in der Form einer Vase mit Uhr;

links FRAUENDORF bei Staffelstein, St. Ägidius, 1757-1760 von Johann Thomas Nißler, die hohe Turmhaube des Nordwestturms profiliert und dreifach eingeschnürt, das Langhaus mit gekurvten Innenwänden, wohl von Vierzehnheiligen beeinflusst;

außen links
GAIBACH bei Volkach, Heilige Dreifaltigkeit, erbaut 1742-45 nach Plänen von Balthasar Neumann, Chorflankenturm mit geschweifter und profilierter Kuppel.

Balthasar Neumann beispielsweise für Vierzehnheiligen geschaffen hat, auf einige Dorfkirchen evident, wie etwa in Frauendorf.

Es kommen aber auch andere, ganz individuelle und originelle Lösungen vor.

„Evangelische" Helme und Kuppeln:

oben LEHRBERG bei Ansbach, St. Margaretha, Chorturmkirche von 1729-31, Haube mit abgesetzter Spitze, eingedeckt mit glasierten Ziegeln;

rechts MÜNCHENREUTH bei Hof, Chorturmkirche von 1795-97, auf verschiefertem Achtort sitzende kräftig eingezogene gestreckte Kuppel mit kuppelbekrönter Laterne;

außen rechts
BINDLACH bei Bayreuth, St. Bartholomäus →Abb. S. 294, erbaut 1766-69 nach Plänen von Karl Philipp von Gontard, Ostturm mit Sakristei, achtseitiger Aufsatz, an den Ecken vorgelegte Säulen mit Bekrönung, geschweifte Haube.

Barocke Dächer und Dachstühle

Die übliche Dachform einer Kirche und speziell ihres Langhauses ist das Satteldach mit einem Giebel an der Schmalseite, wobei spätestens seit der Zeit um 1300 die Dächer relativ steil sind → S. 182. Das steile Satteldach bleibt auch im 17. und 18. Jahrhundert weiterhin die häufigste Dachform, wobei um 1700 eine gegenüber der Zeit davor geringere Dachneigung üblich wird (45 bis 48 Grad).

In der gleichen Zeit kommen auch für Kirchen, wohl aus dem Profanbau übernommen, *Vollwalmdächer* in Mode. Das sind aber nicht die spätmittelalterlichen steilen Vollwalme mit Firstabsatz (wie sie als seltenes Beispiel die Kirche in Reutles bei Nürnberg besitzt), sondern der Vollwalm hat die gleiche Dachneigung wie die seitlichen Dachflächen, die zeitgemäß etwas flacher ausfällt als in der Zeit vor 1700. Dieses barocke Vollwalmdach ist ab etwa 1690 auf bedeutenderen Profanbauten wie Schlössern, Mühlen, Pfarrhäusern und Gasthäusern sehr beliebt, bei Kirchen dagegen stellt es nur im Ansbachischen und Bayreuthischen Gebiet bei Neu- und tiefergehenden Umbauten die Regel dar.

Etwas später, nach 1730, wagt sich dann schließlich auch das *Mansarddach* auf den Kirchenbau – freilich ebenfalls sehr begrenzt, vorwiegend im Ansbacher Raum. Vorbild mag die Gumbertuskirche in Ansbach gewesen sein, deren Langhaus 1735-36 ein großes Mansarddach erhielt, in dessen „Mansarde" der Emporenraum hineinragt und mit belichtet wird. Der Zusammenhang mit dem Einbau von Emporen gilt auch für die (wenigen) Dorfkirchen mit Mansarddach. Das Mansarddach selbst ist schon zu Ende des 17. Jahrhunderts in Franken angekommen – zuerst auf herrschaftlichen Pavillons, Bürger- und Gasthäusern.

links MISTELGAU *bei Bayreuth, St. Bartholomäus, hoher Saalbau mit Vollwalmdach nach Westen, 1735-37 – rechts* HAMBÜHL *bei Neustadt/Aisch, St. Matthäus, Langhaus mit Mansarddach von 1758.*

Benk bei Bayreuth, St. Walburga 43, Blick in den Dachraum nach Osten zum Turm, Der dreizonige und zweigeschoßige Dachstuhl über dem 1748 fertiggestellten Langhaus von Zimmermeister Heinrich Fischer. Verzapfter liegender Stuhl, kombiniert mit Hängesäulen und Überzug, die über Eisenverbindungen mit der Balkenlage (unter der Verbretterung) verbunden sind. Ein „klassisches" barockes Kirchendachwerk.

Die Konstruktion der barocken Dachstühle folgt ganz der Tradition der vorbarocken Zeit. Es herrschen die bereits im 15. Jahrhundert entwickelten liegenden Stühle vor, bei breiteren Dächern wird wie gewohnt zusätzlich ein Hängewerk mit Hängesäulen eingebaut. Als durchaus wesentlicher Unterschied zu den älteren Dachwerken tragen sie nicht einen Längsunterzug, sondern einen über die Balkenlage gelegten Überzug, der im Kirchenraum darunter nicht sichtbar ist und so repräsentative, nicht unterbrochene breite Deckenspiegel mit Stuck und Malerei erlaubt → S. 310 f.. Die tieferliegenden Balken müssen mit eisernen Schrauben am Überzug „aufgehängt" werden, auch die Hängesäulen selbst erhalten eine eiserne Verbindung mit Zugbändern und Schrauben zum Überzug.

Die Verzimmerung ist bis zur Mitte des 18. Jahrhunderts sehr sorgfältig, große regionale Unterschiede sind derzeit, bei dem geringen Forschungsstand barocker Dorfkirchendachwerke, kaum erkennbar. Die Holzquerschnitte sind kräftig, der Windverband sorgfältig, die Verbindungen aber nun weitgehend gezapft, nur im Bereich des Hängewerks kommen noch Blattungen vor.

Vielfach sind die Namen der ausführenden Zimmerleute überliefert. Auch die führenden barocken Baumeister haben sich intensiv mit Dachwerken auseinandergesetzt (ganz im Unterschied zu den Kunsthistorikern), ja manche, wie Joseph Greissing in Würzburg, kamen sogar aus dem Zimmererhandwerk.

Barocke Portale

Die Zahl der erhaltenen barocken Kirchenportale ist sehr hoch, vielfach sind auch die zugehörigen Türblätter und Beschläge vorhanden. Das Grundmotiv ist zwar seit dem späten 16. Jahrhundert fast immer ähnlich: rahmende Pilaster oder Säulen tragen ein Gebälk, darüber befindet sich eine Verdachung, doch die Unterschiede im Aufwand sind sehr groß, die Formen können relativ flach aufgetragen und wenig verziert oder voluminös und reich ornamentiert sein, die Bekrönung reicht von einem einfachen geraden Gesims, wie sie vor allem die schlichten Haustüren ähnlichen der Ansbacher Kirchen kennen, bis zu gesprengten und eingerollten, weit vorstehenden Giebelschenkeln, wie sie gerade im Bayreuther Bereich bekannt sind, Schloßportalen ähnlich. Die eigentliche Türöffnung ist sowohl rundbogig als auch rechteckig ausgeführt.

Barocke Portale sind fast immer Teil einer Fassadengestaltung, über dem mittig in der Giebel- oder Längswand sitzenden Portal übernehmen Wappen, Fenster und Figuren die Symmetrieachse.

ganz oben RANDERSACKER *bei Würzburg* 12, *Westportal von 1603, in Teilen noch nachgotisch*

oben GÜLCHSHEIM *bei Uffenheim, Hauptportal mit programmatischer Inschrift: „Bewahre deinen Fuß, wenn du zum Hause Gottes gehest, und komme daß du hörest. 1794 Wolshofer. Pfarrer."*

GAUKÖNIGSHOFEN *bei Würzburg* 36, *Südportal von 1724 mit fürstbischöflichem Wappen.*

Barock und Rokoko

Südportale: oben Nemmersdorf → *Abb. S. 286 –* Neudrossenfeld *bei Bayreuth 47, jeweils von 1753
unten* Kottingwörth *bei Eichstätt 34. von 1760 –* Emskirchen *von 1788.*

Barocke Innenräume

Die meisten Dorfkirchen Frankens erhielten im späten 17. und im Verlaufe des 18. Jahrhunderts eine neue „zeitgemäße" Ausstattung, sei es durch Umbau und Erneuerung des Innenraums einer älteren Kirche oder gleich im Zuge eines Neubaus. „Barockes" ist daher allenthalben vorhanden, in evangelischen genauso wie in katholischen Kirchen, es sei denn, dass im 19. und 20. Jahrhundert eine Rückführung in manchmal auch nur vermeintlich ältere Zustände unter Aufgabe barocker Ausstattung erfolgte.

Während es strenggenommen keine an bauzeitlichen Oberflächen und Ausstattungen vollständig erhaltenen romanischen oder gotischen Kirchenräume mehr gibt, der heutige Zustand im besten Fall nur eine vorsichtige Annäherung daran darstellt, kann man mit nur geringen Abstrichen durchaus noch bei vielen Dorfkirchen barocke Gesamtkunstwerke bewundern, die nahezu vollständig im Geist der Zeit vor unseren Augen stehen.

Barock ist dabei zunächst nur auf die zugehörige Zeit zu beziehen, es muss sich nicht immer um tatsächlich barocke Stilformen handeln. Immer wieder können wir auch in dieser Zeit eine gewisse materielle und formale Kontinuität zur gotischen Epoche feststellen. Dazu gehört zum Beispiel die Anwendung der *Brettertonne* als Raumabschluss, die im 17. und frühen 18. Jahrhundert nochmals

Markt Erlbach 18, Blick in die mächtige Holztonne mit profiliertem Zugbalken und kreuzender Hängesäule, verbunden mit den eingebauten Emporen, 1688 im Zuge einer Erneuerung der im 30-jährigen Krieg verwüsteten Kirche geschaffen; doch dürfte die Kirche schon zur Bauzeit um 1390 eine ganz ähnliche Holztonne besessen haben. Spätmittelalterlich mutet etwa die Aufhängung mit der Überkreuzung und der verzierten Spitze an, wie sie ähnlich in Puschendorf 1490 →S. 201 vorhanden ist.

Barock und Rokoko

Barocke Holzgewölbe

LENKERSHEIM bei Bad Windsheim → *Abb. S. 280*, Blick nach Westen in das Langhaus. Die 1682 errichtete Kirche hat ihre bauzeitliche Ausstattung in großem Umfang erhalten, dazu gehört die leicht gedrückte Holztonne ebenso wie die Emporen und Bankreihen. Eine besonders raffinerte Konstruktion findet sich an der Westseite mit der Orgel. Holz, durch Fassung veredelt, bestimmt wie in Markt Erlbach weitgehend den Raumeindruck.

Barock und Rokoko

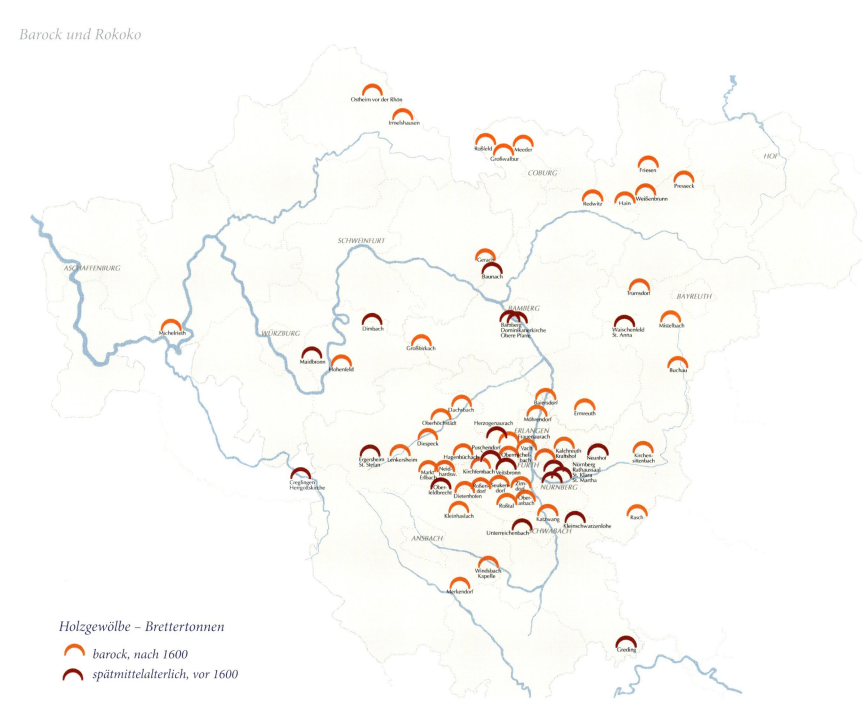

Holzgewölbe – Brettertonnen
- barock, nach 1600
- spätmittelalterlich, vor 1600

eine breite Anwendung findet. Auf der obigen Karte sind immerhin, neben den 18 Belegen der Zeit vor 1600, weitere 44 Orte mit Kirchen, die eine *sichtbare* hölzerne Tonnendecke aus der Zeit nach 1600 besitzen, eingezeichnet. Dabei wurden die Beispiele nicht berücksichtigt, bei denen es sich zwar um tonnenartige hölzerne Unterkonstruktionen handelt, die aber verputzt und meist zusätzlich stuckiert sind.

Die meisten in der Barockzeit entstandenen Holzgewölbe sind im Gebiet um Nürnberg und Fürth zu finden, in dem auch sonst das Bauwesen konservativer als anderswo erscheint – schließlich atmen hölzerne Tonnen ja durchaus noch einen vorbarocken, gotischen Geist; anders als bei den älteren Holzgewölben beschränken sie sich vollständig auf evangelische Kirchen. Es fällt auch auf, das sie sowohl im südlichen Mittelfranken wie auch im Bayreuth-Kulmbacher Umland kaum vorkommen – hier hat wohl der massive herrschaftliche Einfluss der markgräflichen Bauverwaltung ebenso wie in den katholischen Fürstbistümern eine Anwendung behindert.

Barock und Rokoko

44
Mistelbach

MISTELBACH bei Bayreuth, St. Bartholomäus, Chorturmkirche, Blick in die 1710-11 eingezogene tonnengewölbte Holzdecke des Langhauses, die 1725 von Johann Peter Langheinrich mit Szenen aus dem Alten Testament bemalt wurde. Ein großartiges und für Franken seltenes Beispiel eines vollständig ausgemalten Holzgewölbes.

Die Mistelbacher Kirche hat eine weit zurückreichende Baugeschichte. Sie beginnt mit dem Chor, der nach Osten ursprünglich eine romanische Dreifenstergruppe aufwies (das mittlere jetzt vermauert), es folgen im 14. Jahrhundert der später erhöhte Turm und im 15. Jahrhundert das Langhaus und die Chorwölbung. 1632 schon wurden die unteren Emporen eingebaut, bei einem grundlegender Umbau 1710/11 wurden die Langhausmauern erhöht, die oberen Emporen und das Holzgewölbe eingebaut.

Die umfangreiche Bemalung auf Holz ist in diesem Umfang am ehesten mit der rund 100 Jahre älteren Innenraumgestaltung der Kirche in Ostheim vor der Rhön vergleichbar. Ostheim gehörte damals zu den thüringisch-sächsischen Herzogtümern und dort sind mehrere vergleichbare bemalte Brettertonnen bekannt.

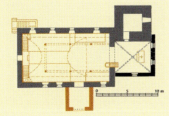

*Grundriss mit Bauphasen
schwarz: romanische Chorteile, grau: 14. und 15. Jahrhundert, ocker: die An- und Einbauten 1632-1711; S = Sakristei.*

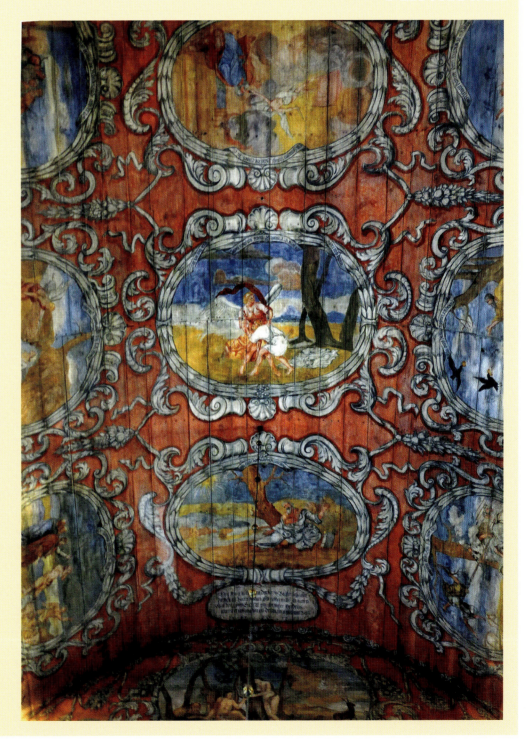

Stuck und Deckengemälde

Insgesamt gesehen herrschen natürlich die stuckierten und bemalten Decken im barocken Kirchenbau vor, auch in Franken. Das reicht von einfachen ausgerundeten Raumkanten mit bloßen Profilleisten bis hin zu reich ornamentierten, farbig gefassten Prachtbeispielen. Eigenartigerweise finden sich aus der Zeit vor 1700 kaum Belege für eine entsprechende, aufwändige Deckengestaltung. So fehlen in Franken weitgehend die kräftigen, ja schwülstigen Stuckverzierungen, wie sie das späte 17. Jahrhundert kennt und wie sie in altbayerischen und schwäbischen Kirchen vielfach erhalten sind. Eine der seltenen Ausnahmen stellt die Kirche in Hassenberg bei Coburg von 1690 dar, in der ein äußerst kraftvoller Stuck aus Akanthus- und Blütenranken mit eingestreuten Putten ovale Deckenbilder umrahmt, geschaffen von italienischen Stukkatoren. Vergleichbar ist die pompöse Stuckierung der Kirche in Thurnau, ebenfalls von Italienern 1702 ausgeführt.

Die ab 1710 verstärkt einsetzende und das ganze 18. Jahrhundert über anhaltende Stuckmode zeigt sich vom Volumen her wesentlich zurückhaltender, dafür gerne mit zarter, vornehmer Farbigkeit überzogen. Kleinteilige Formen in der Art des Bandelwerks sind bis um 1735 das Übliche, ab dann allmählich ersetzt durch die asymmetrischen, die Grenzen zwischen Wand und Decke gerne überspielenden Rocailleformen, die dem Rokoko seinen Namen geben haben. Es ist hier wiederum schwer, zwischen Stuckformen in evangelischen und katholischen Kirchen zu unterscheiden, wichtiger sind die Beziehungen zu den künstlerischen Zentren in den jeweiligen Territorien. So finden sich reiche Stuckdecken so gut wie gar nicht im Ansbacher Gebiet, aber

Barock und Rokoko

Zweimal „Auge Gottes" in zartem Stuck gerahmt:

ganz links FUCHSSTADT *bei Bad Kissingen, Mariä Himmelfahrt von 1766, Rocaillen an der Deckenmulde;*

links EMSKIRCHEN *bei Neustadt an der Aisch, St. Kilian → Abb. S. 305, Langhaus von 1788, spätes Rokoko.*

links ASCHBACH *bei Ebrach, Edler Bandelwerkstuck von 1736 überzieht das gotische Chorgewölbe von 1493.*

rechts BÜCHENBACH *bei Erlangen, St. Sixtus → Abb. S. 39, Langhausdecke mit Gemäldefeldern und reicher Stuckgliederung von 1725, der Stuck von Donato Polli ausgeführt.*

linke Seite THURNAU *bei Kulmbach, St. Laurentius 50, von kräftigem Stuck umrahmtes Gemäldefeld („Pfingstwunder") von Gabriel Schreyer in der Mitte der Langhausdecke, 1702-1703, der Stuck von dem aus Lugano stammenden Bayreuther Hofkünstler Bernardo Quadri.*

Barock und Rokoko

links MISTELGAU *bei Bayreuth, St. Bartholomäus, Langhausdecke mit Spiegelgewölbe und Bandelwerkstuck von 1735, Deckengemälde 1743 von Georg Christian Gebhard, Taufe Christi.*

rechts GAUKÖNIGSHOFEN *bei Ochsenfurt 36, der Innenraum nach Westen mit der Orgelempore, umgestaltet 1776/77 im Stil des späten Rokoko, mit einer Wände und Decken überziehenden Stuckdekoration von Materno Bossi, das Deckengemälde („Engelsturz") von dem Würzburger Hofmaler Johann Andreas Urlaub.*

durchaus im Bayreuther und Nürnberger Herrschaftsbereich, von den Bamberger und Würzburger Fürstbistümern ganz zu schweigen.

Die im höfischen Bereich (und dazu gehören im Barock auch große Klöster und Stifte) vorhandene künstlerische Qualität der Deckenmalerei bleibt bei Dorfkirchen, selbst den katholischen, die große Ausnahme. Es kommen auch in evangelischen Kirchen gemalte Deckenbilder vor, doch überdeckt bei ihnen, so wie bei den Emporenmalereien →S. 332, der belehrende Charakter den künstlerischen Anspruch meist deutlich und sie bleiben in ihrer Malweise auffallend steif und hölzern.

Das ist freilich bei den wenigen herausragenden, großflächigen Deckenmalereien, die uns einen Blick in den virtuellen barocken Himmel gewähren lassen, ganz anders, wie etwa in Gaukönigshofen oder noch mehr bei der „Schönborn"-Kirche in Wiesentheid, die mit ihrer grandiosen Totalausmalung aber mehr als Hofkirche denn als Dorfkirche anzusehen ist.

Barock und Rokoko

45
Großostheim

GROSSOSTHEIM bei Aschaffenburg St. Peter und Paul, Blick im Langhaus nach Westen auf Westempore und Spiegelgewölbe von 1771: reicher, farblich zart abgestimmter Stuck des späten Rokoko, das Deckengemälde „Märtyrertod der Apostel", von Jacob Conrad Bechtold aus Aschaffenburg.

Aus den drei wichtigsten Stilepochen besitzt die Großostheimer Kirche bedeutende Bauteile: im Kern geht sie auf eine spätromanisch-frühgotische Saalkirche mit Rechteckchor und Westturm zurück → Abb. S. 115, 170, zwischen 1446 und 1500 wurde diese Kirche durch Anfügen von Seitenschiffen zur Basilika erweitert, 1771 wurde das Langhaus erhöht, über den Seitenschiffen Emporen eingebaut und die als Spiegelgewölbe ausgeführte Decke stuckiert und mit dem großen Deckengemälde versehen, 1909-11 wurden an der Westseite Treppenhäuser für die Emporen angefügt.

Aus spätmittelalterlicher Zeit haben sich wertvolle Ausstattungsteile erhalten, u. a. der berühmte Beweinungsaltar von Tilmann Riemenschneider, ein kleiner Flügelaltar und eine Kreuzigungsgruppe von 1513.

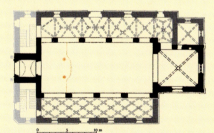

Grundriss mit Bauphasen schwarz: romanisch-frühgotische Bauteile, grau: 15. Jahrhundert, hellgrau: Anbau 1910, ocker: die Westempore 1771.

Katholischer Innenraum mit Altar-Trias

Wenn auch die Architekturformen evangelischer und katholischer Kirchen sich im Barock durchaus ähneln und nicht immer streng voneinander geschieden werden können, wird man trotzdem beim Betreten einer Kirche sehr schnell merken, ob es sich nun um eine evangelische oder katholische Kirche handelt, etwa wenn man eine Weihwasserschale am Eingang entdeckt.

Weit mehr fällt in katholischen Kirchen die Chorwand an der Ostseite (bei in der Himmelsrichtung gedrehten Kirchen entsprechend abgeändert) auf, an der gestaffelt drei prächtige, reich verzierte und vergoldete Altäre stehen: in der Mitte, in den Chorraum zurückgesetzt der große Hauptaltar, seitlich, am Langhausende, jeweils ein etwas kleinerer Seitenaltar. Diese „Altar-Trias" ist in allen katholischen Kirchen gleichförmiger Standard, egal ob wir uns im Würzburgischen, Bambergischen oder Eichstättischen Fürstbistum oder im Gebiet des Deutschen Ordens bewegen.

Katholische Altar-Trias:
oben STETTFELD *bei Haßfurt, Mariä Himmelfahrt, Langhaus mit einheitlicher Ausstattung aus Altären und Kanzel, um 1730;*
unten LITZENDORF *bei Bamberg 37, Langhaus 1718 von Johann Dientzenhofer, einheitliche Ausstattung mit Altären und Kanzel 1718-23, vorwiegend von Leonhard Gollwitzer aus Bamberg.*

Deutlich wird das Bemühen um eine katholisch-verbindliche Einheitlichkeit des Raums und seiner Ausstattung. die oft wie aus einem „Guss" wirkt und tatsächlich auch oft aus einer Werkstatt stammt. Das zeigt sich auch bei weiteren Merkmalen, wie der Kanzel, die überwiegend in der Mitte einer Langseite angebracht ist, an den eingepassten Beichtstühlen vorwiegend an den Langseiten und schließlich an der auf die Westseite der Kirche (soweit sie nicht in Nord-Süd-Richtung gedreht ist) beschränkten Emporenanlage mit der Orgel → S. 344 f.

Katholische Altar-Trias:
oben STOPFENHEIM *bei Weißenburg, St. Augustin, 1773-75 von dem Deutschordensbaumeister Mathias Binder erbaut, Hochaltar 1782, Seitenaltäre bereits 1720, die Kanzel ausnahmsweise am Chorbogen;*

unten KOTTINGWÖRTH *bei Beilngries* 34, *das 1760 neu errichtete und nach Norden gedrehte Langhaus mit einheitlicher bauzeitlicher Ausstattung mit Altären und Kanzel.*

Barock und Rokoko

RITTERSHAUSEN bei Ochsenfurt, St. Matthäus → Abb. S. 370, Saalkirche mit eingezogenem Chor von 1783, die reiche, kühle Dekoration und die Altäre (von Georg Winterstein) im Übergang zum Klassizismus:
oben von einem Engel gehaltene Weihwasserschale am Zugang ins Langhaus.

Der katholische Innenraum-Kanon wirkt manchmal trotz der Prachtaltäre von der Innenarchitektur her etwas eintönig, vor allem wenn eine relativ niedrige flache Decke einen gedrückten Raum ohne innere Ausgestaltung ergibt. Das ändert sich ganz entscheidend, wenn die Ausstattung mit Altären, Kanzel und Beichtstühlen eine gestalterische, dekorative Einheit mit den Farb- und Stuckfassungen der Raumschale wird.

Diese Verschmelzung von Wand- und Deckengestaltung mit der Ausstattung zu theatralischen Räumen zeigen im überreichen Maße einige Kirchen im „reichen" Ochsenfurter Gau, wie in Gaukönigshofen und Rittershausen, obwohl sie eigentlich nur einfache Rechteckräume besitzen. Zusammen mit der einer Hofkirche vergleichbaren, völlig mit Illusionsarchitektur ausgemalten Kirche St. Mauritius in Wiesentheid gehören sie zu den Höhepunkten katholischer barocker Dorfkircheninnenräume.

Barock und Rokoko

GAUKÖNIGSHOFEN *bei Ochsenfurt* 36, *Blick in das Langhaus und den Chor von 1723-27. Der Innenraum erfuhr 1775-77 eine Neugestaltung („Prunkrenovierung"), die Stukkaturen von den Brüdern Materno und Agostino Bossi, Würzburg/Bamberg, die Deckengemälde von dem Würzburger Johann Andreas Urlaub; älter sind die Kanzel, 1766 von Johann Georg Auwera, Aub, und der Hochaltar von 1743* → *Abb. S. 364.*

Barock und Rokoko

Evangelischer Emporenraum („Borkirche")

Statt Goldglanz bestimmt in evangelischen Kirchen die Holzkonstruktion der Emporen den ersten Eindruck. Emporen sind gewissermaßen eine eigenständige Holzarchitektur in der Kirche selbst und gehorchen, vor allem in den frühen und den weniger höfischen Beispielen, ganz den aus dem Fachwerkbau und seinen offenen Lauben her bekannten und zum Teil verzierten Formen mit Säulen, Kopfbügen, Pfetten und Balken. Ihre Anlage ist außerordentlich vielfältig und in vielen Fällen nach und nach gewachsen. Eine solche typische Entwicklung komplexer Emporenanlagen vom späten Mittelalter bis ins 18. Jahrhundert zeigt etwa die Dorfkirche in Urphar → S. 205.

Ausgangspunkt der Entwicklung zur Emporenkirche ist die im 15. Jahrhundert schon häufig vorhandene, im Prinzip wohl noch ältere Westempore, die in der Barockzeit in den katholischen Kirchen meist die einzige Empore bleibt. Spätestens seit der Mitte des 16. Jahrhunderts, vielleicht aber auch schon etwas früher, nutzt man die meist fensterlose Nordseite des Langhauses zum Einbau einer zweiten Empore, so dass sich eine winkelförmige Anlage ergibt – in kleineren, schmalen Kirchen bleibt es bei diesen zweiseitigen Emporeneinbauten.

Weitere Erweiterungen, und sie erfolgen tatsächlich häufig auch zeitlich nacheinander, ergeben sich durch den Einbau einer Empore auch an der Südseite und schließlich, und das wird sehr häufig genutzt, durch die Aufstockung mit einer zweiten Emporenanlage über der unteren, vor allem an der West- und Nordseite, in wenigen Fällen gibt es noch eine drittes Emporengeschoß. Schließlich wird gelegentlich sogar die vierte Seite des Raumes nach Osten zu, wo sich der Chor mit einer breiten Öffnung befindet, mit einer Empore überbrückt, so dass wir uns in der Kirche fast wie in einem von hölzernen Lauben umgebenen Innenhof befinden.

Der Übergang von den einzelnen eingestellten Emporen zu den einheitlichen dreiseitigen und doppelten Emporen erfolgt ganz allmählich im Laufe des 17. Jahrhunderts; die gegen Ende dieses Jahrhunderts erbauten Anlagen in Lenkersheim und Markt Erlbach →Abb. S. 306 f. sind bereits echte *Emporkirchen* bzw. *Borkirchen*, wie die Emporenanlagen mundartlich und in zeitgenössichen Schriftquellen genannt werden.

ganz oben Brüstungsfeld der frühen eingeschoßigen Emporen in WIESENBRONN → Abb. S. 239, mit zeittypischer schablonierter Rankenmalerei;
oben LAUBENDORF bei Fürth, St. Georg, Säule mit verzierten Kopfbügen für die Nordempore, 1605, und DIETENHOFEN 26, Emporensäule von 1696 mit verzierten Kopfbügen und Zahnschnitt an der Brüstung.

Barock und Rokoko

MARKT NORDHEIM bei Uffenheim → Abb. S. 321, gewachsene „Borkirche": obere (*oben* Jahreszahl an Emporensäule) und untere Westempore sowie untere Nordempore von 1626, obere Nordempore 18. Jahrhundert, Südempore um 1800, die Brüstungen und Farbigkeit damals vereinheitlicht.

ABTSWIND bei Kitzingen, Nordemporen an Langhaus und Chor, dort als Orgelempore über dem Altar weiterlaufend, im Chor von 1705 (*unten* Jahreszahl an Emporensäule), im Langhaus vor 1700, mit Zahnschnitt und Brettbalustern.

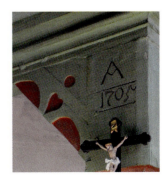

Barock und Rokoko

Ein sehr handfester Grund für die Errichtung der Emporen ist der vermehrte Platzbedarf, wie er sich aus dem verpflichtenden sonn- und feiertäglichen Gottesdienstbesuch ergab, bei dem nun weniger die Zelebration der Messe zu unterschiedlichsten Zeiten, sondern die Predigt für alle gleichzeitig im Mittelpunkt stand. Aus den sichtbaren Bemühungen, möglichst viele Plätze bereitzustellen, wurden raffinierte Bankanlagen, sogar mit Notsitzen, entwickelt, die auch auf den engen Emporen eine dichte Bestuhlung erlaubten. Seit wann und warum die heute noch vielen in Erinnerung gebliebene „Geschlechtertrennung", nach der die Frauen unten im Kirchenschiff, die Männer auf den Emporen saßen, üblich wurde, ist bisher nicht genauer untersucht.

Die mit den Emporen verbundenen Außenzugänge, die für viele evangelischen Kirchen so typisch sind, könnten ein Hinweis auf eine schon lange übliche Praxis in dieser Richtung darstellen. Es sind eigene, meist hölzerne Anbauten am Langhaus der Kirche, gerne im Westen, aber auch im Norden oder Süden gelegen, als sechs- oder achteckiger Treppenturm mit Wendeltreppe oder als Fachwerkhäuschen für gerade Treppenläufe, manchmal in der Form einer zweiläufigen Freitreppe, errichtet.

links KALCHREUTH *bei Erlangen 32, Klappsitze auf der zweiten Nordempore, wohl um 1700.*

Barock und Rokoko

oben MARKT NORDHEIM *bei Uffenheim → Abb. S. 319, Blick von Westen mit dem achteckigen Treppenturm für die Emporen, Fachwerk, verputzt, 1626 wie die Emporen errichtet.*

rechts MARKT TASCHENDORF *bei Neustadt an der Aisch, Blick in den sechseckigen Treppenturm, wohl von 1728. wie die Emporen.*

oben SONDHEIM *im Grabfeld, Blick von Westen mit dem achteckigen Treppenturm für die Emporen, Fachwerk, um 1708 mit dem Einbau der zweiten Empore errichtet.*

links HENFENFELD *bei Hersbruck, Treppenhausanbau für die Emporen, 17. Jahrhundert.*

Barock und Rokoko

Es haben sich, oft in später veränderter Gestalt (erneuerte Farbfassungen, Form der Brüstungen) noch relativ viele „Borkirchen" aus der Zeit vor 1700 erhalten. Zu den frühen Anlagen rechnet die zwar dreiseitige, aber nur eingeschoßige in Küps von 1662 mit zugehöriger Felderdecke, ganz ähnlich war wohl ursprünglich, 1672, die Situation in Regnitzlosau.

Die zweiseitigen doppelten Emporen in Büchenbach dürften ebenfalls noch deutlich vor 1700 errichtet worden sein. Sie sind – ähnlich denen in Modschiedel →S. 337 – eines der seltenen Beispiele für umfangreiche Emporenanlagen in katholischen Kirchen, sicher inspiriert von den Emporen in der evangelischen Nachbarschaft.

ganz oben KÜPS *bei Kronach, St. Jakob, Blick im Langhaus nach Osten, Emporen und Felderdecke von 1662, 1898 nach Westen verlängert.*
oben BÜCHENBACH *bei Erlangen → Abb. S. 331, doppelte zweiseitige Emporen mit „Spunddecken", vor 1700, Farbfassung jünger.*

Barock und Rokoko

46 Regnitzlosau

REGNITZLOSAU *bei Hof, St. Ägidius, Blick auf die Südemporen von 1703 und auf die westliche Felderdecke (Ausschnitt) mit Bildern aus dem Neuen Testament, gemalt 1672 von Heinrich Andreas Lohe aus Hof*[5]*.*
Die umfangreiche, bemalte Innenausstattung an Decke und Emporen, mit Altar, Gestühl und Taufengel → *Abb. S. 348 gehört zu den prächtigsten in einer evangelischen Dorfkirche des Barockzeitalters.*

Dem schlichten verputzten Außenbau mit dem Ostturm (offenbar kein Chorturm) sieht man weder sein im Kern hohes Alter (Mauerteile dürften noch aus der Zeit um 1300 stammen) noch viel weniger sein glanzvolles Inneres an. Die Baugeschichte ist kompliziert und nicht völlig geklärt; das Langhaus war ursprünglich kleiner und hatte einen abgesetzten Chor, der 1703 auf gleiche Breite wie das Langhaus gebracht wurde, die einstige Trennung zeigt noch ein Querunterzug an (Abb. links). Der westliche Teil – etwa Zweidrittel des jetzigen Saals – besitzt die ältere, noch aus dem 17. Jahrhundert stammende Felderdecke (63 Felder mit Darstellungen aus dem Neuen Testament) mit Zierknöpfen, der östliche Teil der Felderdecke (44 ovale Felder) wurde 1747 von Johann Nikolaus Walther aus Hof bemalt, von dem auch die Bemalung der Emporen und des Gestühls stammt.

Die auf allen vier Seiten vorhandenen, meist doppelten Emporen (spätestens von 1703) haben profilierte Spunddecken und weite stichbogige Arkaden mit stark bauchigen profilierten Säulen, ganz wie man es bei Innenhöfen im 17. Jahrhundert liebt.

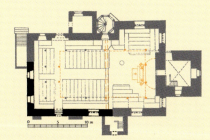

oben Grundriss mit Bauphasen: schwarz: mittelalterliche Bauteile, grau: 16./17. Jahrhundert, ocker: Querunterzug von 1713
links Der ganze Saal nach Osten mit Altar

Barock und Rokoko

Die konstruktive Verwandtschaft der Emporen zum Fachwerkbau zeigt sich bei der Lösung der Zwei- oder gar Dreigeschoßigkeit. Die meisten, vor allem auch nachträglich eingestellten Emporen sind nach dem Prinzip des Stockwerkbaus errichtet, d. h. jedes Emporengeschoß ist für sich abgezimmert und aufeinander gestellt, so wie es die bisher vorgestellten Emporenbeispiele alle zeigen. Es gibt aber auch die andere, aus dem Fachwerkbau bekannte Lösung, nämlich mit über beide Emporengeschoße durchgehenden Ständern oder Säulen, also nach dem Prinzip des Ständergeschoßbaus, in die die Emporendecken gleichsam „eingehängt" erscheinen. Eine solche Konstruktion bedarf mehr als die „Stöckigkeit" von vorneherein einer einheitlichen Planung

Emporen mit hohen durchgehenden und immer runden Säulen dürften weniger aus konstruktiven, sondern vielmehr aus ästhetisch-künstlerischen Gründen gewählt worden sein, denn damit werden nun die Emporenanlagen als eine Art selbständige „Kolossalarchitektur" mit antikischen Säulen und Kapitellen konzipiert und lassen den Kirchenraum als barocken Theatersaal erscheinen, wobei die Emporen den Besucherrängen entsprechen, der Altarraum der Bühne. Am ausgeprägtesten sind wohl nicht zufällig diese „Theaterkirchen" in der Bayreuth-Kulmbacher Gegend zu finden. Sie kommen erst ab etwa 1740 auf und gehen nahezu unmerklich von den barocken, mit dem „Rokoko" vermischten Stilformen in die immer mehr klassizistische Formensprache der Zeit nach 1770 über.

Es hat aber schon im 17., ja vielleicht sogar im 16. Jahrhundert einzelne Vorläufer der Emporen mit durchgehenden Säulen gegeben, die aber noch aus konstruktiven Notwendigkeiten gebaut wurden: die hohen Säulen stützen Unterzüge und Decke des Kirchenraums, so dass auf ein Hängewerk im Dach verzichtet werden kann. Es entsteht ein dreischiffiger Hallenraum, die Emporen nehmen die Seitenschiffe ein, wie es in Gnötzheim und, barock überformt, in Ickelheim zu sehen ist.

rechts GNÖTZHEIM *bei Marktbreit* **11**, *Blick im Langhaus nach Westen, hohe, die Decke tragende Säulen mit Sattelholz, die Emporen „eingehängt", 1612, die Stuckdecke Mitte 18. Jahrhundert.*

ganz rechts ICKELHEIM *bei Bad Windsheim → Abb. S. 140, hohe Säulen tragen die beiden Unterzüge für die Decke, angelegt 1535 d zusammen mit dem Dachstuhl, barock-klassizistische Überformung um 1780.*

Barock und Rokoko

Wonsees *westlich von Bayreuth in der Fränkischen Schweiz, St. Laurentius, Blick im Langhaus nach Osten zum Kanzelaltar → Abb. S. 368. Das Langhaus 1725-29 weitgehend neu erbaut mit flacher Tonne und Stichkappen gewölbt, die einheitliche Emporenanlage mit den hohen runden Säulen wohl nach 1770, die Malerei der Brüstungsfelder erst gegen 1800.*

Barock und Rokoko

BENK bei Bayreuth 43, Schrägblick nach Westen auf Emporen, Treppen und Gestühl, 1741-48. Die rotbraunen Marmorierungen, die reiche Ranken- und Rocaillenmalerei der Brüstungen und an Bänken sowie die Deckenbilder von Heinrich Samuel Lohe aus Hof.

47 Neudrossenfeld

NEUDROSSENFELD *bei Kulmbach, Dreifaltigkeitskirche. Schrägblick nach Westen auf Emporen und Decke. Saalkirche mit Ostturm, erbaut 1753-61, von Johann Georg Hoffmann aus Kulmbach. Ein außen wie innen einheitlicher und anspruchsvoller Bau aus der Blütezeit des Bayreuther Rokoko zur Zeit der Markgräfin Wilhelmine*

Das Meisterwerk evangelischen, höfisch geprägten Kirchenbaus löste eine spätmittelalterliche Chorturmkirche ab. Der Neubau erfolgte in sorgfältigem und repräsentativem, auf Sicht gearbeitetem Sandsteinmauerwerk → Abb. S. 305 und besteht aus einem weitem, von hohen Fenstern belichteten Saal mit abgeschrägten Ecken nach Osten im Altarbereich, in dem auf drei Seiten die von hohen runden Säulen gestützten eleganten Emporen eingestellt sind. Lichtblaue Marmorierungen von Säulen und Gebälk und zarte Rosenmalerei geben einen leicht volkstümlichen Akzent, während der feine Rocaillenstuck (von Giovanni Battista Pedrozzi) mit den Malereien (von Wilhelm Ernst Wunder) den höfischen Charakter unterstreicht.

Überraschenderweise hat man in dieses barocke Gesamtkunstwerk einen Kanzelaltar gestellt, in den Teile eines spätmittelalterlichen Flügelaltar integriert wurden → Abb. S. 277.

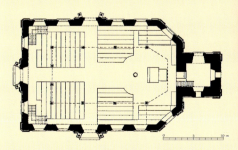

Grundriss

Barock und Rokoko

BINDLACH *bei Bayreuth* → *Abb. S. 294, Blick nach Osten auf Emporen und Altar, 1766-68, die Innenausstattung zieht sich bis 1782 hin, damit eine der spätesten ihrer Art. Die Bindlacher Kirche ist mehr Hof- als Pfarrkirche, ihre Künstler (Architekt Karl Philipp von Gontard, Bildhauer Johann Gabriel Räntz, Stuck Rudolf Albini, Gemälde Friedrich Wilhelm Wunder) gehören der Bayreuther Hofkunst an.*

48 Castell

CASTELL *bei Kitzingen, Dreifaltigkeitskirche. Blick nach Westen (!) auf Herrschaftsemporen und Kanzelaltar. Saalkirche mit Eingangs-Ostturm, erbaut 1784-88 von Joseph Albert aus Würzburg. Eine der schönsten klassizistischen Landkirchen Frankens.*

Dieser, wie die Kirche in Bindlach als Hofkirche, nämlich der Casteller Grafen zu begreifender, relativ große und ganz einheitliche Bau besitzt eine das Dorf zu seinen Füßen optisch beherrschende und auch landschaftlich herausgehobene Position vor dem Steilhang des vom Weinbau geprägten Casteller Burgbergs → *Abb. S. 288.*

Der ausgewogenen äußeren Gliederung mit hohen Pilastern, aber ganz barock bewegten Oberfenstern, entspricht das ausgewogene, harmonische, farblich auf Weiß fein abgestimmte Innere mit dem umlaufenden eingeschoßigen Emporenkranz, der abgesetzte und mit Stuckrippen gewölbte (West-) Chor enthält den hochragenden kühl-klassizistischen Kanzelaltar (mit dem einzigen Goldauftrag in der Kirche) und seitlich gerundet hervortretende Herrschaftsemporen.

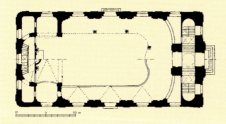

Grundriss, geteilt: obere Hälfte auf Erdgeschoßebene, unten auf Emporenebene.

Barock und Rokoko

Der größte gestalterisch-ästhetische Gegensatz besteht nicht zwischen katholischen und evangelischen Innenräumen, sondern offensichtlich zwischen denen im Bayreuther und Ansbacher Territorium bzw. Einflussgebiet. Die entwaffnende Nüchternheit mancher Ansbacher „Markgrafenkirchen", ihre Ferne zu dem, was sonst Sakralräume ausmachen und ihre Nähe zum schlichten Profanbau, sind kaum zu übertreffen. Das zeigt schon die Kirche in Weidenbach von 1735, die sowohl Pfarrkirche, aber vielleicht noch mehr Hofkirche der markgräflichen Sommerresidenz Triesdorf war und noch 50 Jahre später die Kirche in Großhaslach bei Ansbach. Sie kennen zwar genauso umlaufende, zweigeschoßige Emporen, aber auf belebende Farbigkeit wird dabei fast ganz verzichtet, nur die „Hauptstücke" Altar, Kanzel und Orgel erhalten eine Aufwertung durch sparsame Vergoldung, die dann beim Wappen des Herrenstands wiederkehrt.

WEIDENBACH *bei Ansbach, Blick im Emporensaal nach Osten auf Kanzelaltar und Orgel, dahinter der Ostturm, 1735-36 nach Plänen des Ansbacher Hofbaumeisters Leopoldo Retty erbaut, an der Südachse der weiten, mauerumzogenen Schloßanlagen Triesdorfs.*

Barock und Rokoko

GROSSHASLACH bei Ansbach, St. Maria, Blick im 1783-84 errichteten, ins Mansardgeschoß reichenden Langhaus nach Osten auf Kanzelaltar und Orgel, mit einbezogen ein Teil des einstigen spätgotischen Ostchors; im Vordergrund Vortragskreuz.

Biblische Geschichte an Emporen und Decke

Nicht nur das Mittelalter kannte die Darstellung der Biblischen Geschichten an Wänden, Decken und Altären, auch das Barockzeitalter (in der ja ein Großteil der Bevölkerung des Lesens mächtig war) hat die Kirche zur Bibelillustration genutzt. Dies gilt ganz besonders für evangelische Kirchen, in denen ganze Bildergeschichten als Kombination von Wort und Bild an den Emporenbrüstungen, aber auch an der Decke Feld für Feld zu lesen sind.

Die ersten mit Bibelmotiven verzierten Emporen lassen sich gegen Ende des 16. Jahrhunderts nachweisen. Es handelt sich u. a. um eine unvollständige Folge einstiger Emporenbilder, in der Art Dürers gemalt, die heute im Museum Kirche in Franken des Fränkischen Freilandmuseums in Bad Windsheim ausgestellt sind[4]. Sie stammen aus der Kirche in Simmershofen bei Uffenheim, und zwar vermutlich aus dem abgebrochenen Vorgängerbau der 1756 weitgehend neu errichteten Kirche, in der sie aber, zumindest teilweise, an den Emporenbrüstungen wieder angebracht wurden. Auffallend ist die künstlerische Qualität der Bildtafeln, die in späteren Beispielen kaum mehr erreicht wird. Bereits 1584 wurde offenbar die untere Empore der Kirche in Schmölz bei Kronach mit Passionsbildern bemalt, die aber 1690 völlig erneuert wurden.

Die biblischen Bildergeschichten an den Brüstungen der Emporen finden sich über das ganze evangelische Franken verstreut, nur der engere Ansbacher Raum verschmäht sie weitgehend. Sie finden sich bis ins frühe 18. Jahrhundert, danach werden sie offenbar „unmodern" und so deutlich seltener. Manche der Malereien sind derb, ja geradezu unbeholfen ausgeführt, dass Holzschnitt- und Kupferstichfolgen als Vorlagen dienten, ist offensichtlich, manchmal lassen sich auch ganz konkrete Vorlagen erkennen, etwa von Albrecht Dürer, Matthäus Merian oder Lucas van Leyden.

Die auf einzelne Felder aufgeteilten Malereien an den Emporen zum Alten und Neuen Testament korrespondieren gerne mit Malereien auf den ebenfalls in einzelne Felder aufgeteilten hölzernen Kassettendecken. Ein Schwerpunkt für Emporen- und Deckenmalerei scheint in Oberfranken

SIMMERSHOFEN bei Uffenheim, jetzt Fränkisches Freilandmuseum Bad Windsheim, Leihgabe des Vereins Alt-Windsheim. Eine der neun Tafeln, wohl von einer einstigen Emporenbrüstung, den Brudermord von Kain an Abel darstellend, um 1590-1600, Öl auf Holz, Maler unbekannt, einige Tafeln mit AD wie Albrecht Dürer signiert, wohl um die Bilder wertvoller zu machen, was in der Zeit öfter vorkam.

Barock und Rokoko

WEILTINGEN bei Dinkelsbühl, St. Peter, Blick ins Langhaus nach Westen auf die Südempore und Felderdecke von 1685, *oben Ausschnitt der aus 46 Einzelbildern bestehenden Emporenmalerei am Ostende der Südempore, dargestellt Erschaffung der Welt – Erschaffung Evas – Vertreibung aus dem Paradies.*

Die ungewöhnliche „blaue" Grisaillemalerei erzielt die Wirkung von Kupferstichen, sie stammt von dem Weiltinger „Hofmaler" Johann Friedrich Dietrich – Weiltingen war eine kleine Nebenresidenz der Württemberger Herzöge.

Barock und Rokoko

Küps bei Kronach → Abb. S. 322, Nordempore, gemaltes Brüstungsfeld: Christus erscheint Maria nach der Auferstehung, 1662 von einem unbekannten Maler, 1898 restauriert.

zu liegen. Zu den frühen Beispielen eines solchen „Gesamtkunstwerks" gehören die Decken- und Emporenbemalung in Küps von 1662 und die in Regnitzlosau von 1672 → Abb. S. 323, letztere von dem Hofer Maler Heinrich Andreas Lohe geschaffen, der in Hof selbst auch die Emporen und die Felderdecke der dortigen Hospitalkirche 1688 bemalte (und dessen Sohn 1746 in Benk → Abb. S. 326 die Emporen bemalte – bezeichnenderweise aber nur noch ornamental, ohne biblische Darstellungen). Decke und Emporen der Kirche in Heiligenstadt stammen zwar schon von 1654, doch die Malereien selbst gehören erst dem frühen 18. Jahrhundert an.

49 Heiligenstadt

HEILIGENSTADT in der Fränkischen Schweiz, St. Veit und St. Michael, Blick auf die hölzerne Felderdecke (Ausschnitt) mit Apostel- und Evangelistenbildern und dazwischen Engel und Rankenmalerei, 1716 von Johann Brückner aus Ebermannstadt. Mit 100 bemalten Deckenfeldern und 64 bemalten Brüstungsfeldern eine der bilderreichsten evangelischen Kirchen Frankens.

Die äußerlich sehr schlichte, am Hang liegende und in Teilen noch ummauerte Kirche musste nach einer Brandkatastrophe 1634 in mehreren Bauabschnitten wiederaufgebaut werden, die unteren Emporen und die Decke sind 1654, die oberen Emporen 1677 eingebaut worden. Von der gotischen Kirche wurden Teile der Außenmauern und der – ein Unikum – abseits stehende Turm übernommen.

Nicht ganz so selten ist die kuriose Situation, dass die Patrone der Kirche seit 1690 die katholischen Adligen Schenk von Stauffenberg auf der über Heiligenstadt liegenden Burg Greifenstein waren, trotzdem aber zuständig für die Baukosten der evangelischen Kirche. Unter ihnen erhielt die Kirche 1716 und 1718 ihre reiche bildnerische Ausstattung, die im Umfang ihresgleichen in Franken sucht. Man scheute sich sogar nicht, „Heilige", Evangelisten und Apostel, darzustellen, selbst St. Veit, dem die Kirche einst geweiht war, ist zu sehen.

links Die untere Empore mit Zahnschnitt, verzierten Kopfbügen und gedrehten Säulen ist am Kopf einer Ecksäule 1654 datiert.

linke Seite Die Malerei der 1654 errichteten unteren Empore zeigt Szenen aus dem Alten Testament, gemalt von Johann Brückner 1716, die der 1677 aufgesetzten oberen Empore Szenen aus dem Neuen Testament, gemalt von Johann Georg Friedrich 1718.

Barock und Rokoko

ZIRNDORF bei Fürth → Abb. S. 207, Ausschnitt aus der Bilderfolge der Südempore: Gleichnis von den Arbeitern im Weinfeld – Stephanus vor dem Hohen Rat – Steinigung des Heiligen Stephanus, von einem unbekannten Maler; 1714 haben der Müller (!) Georg Siebenkäs und dessen Ehefrau Walburgis in Leichendorf (Nachbarort von Zirndorf), die „Emborkirchen", wie auf einer Brüstungstafel vermerkt ist, „Gott zu Ehren und dießer Kirchen zur Zierde illuminieren und mahlen lassen" – ein beredtes Zeugnis dafür, dass nicht nur Ortsadel und Landesherr an der Ausstattung der Kirchen beteiligt waren.

Evangelische Emporenbilder: oben FECHHEIM *bei Coburg → Abb. S. 145, Fußwaschung Petri, von Moritz Schnabel aus Coburg, 1704 (Ausschnitt aus der Bilderfolge der dreigeschoßigen Emporen);*

rechts oben HENFENFELD *bei Hersbruck → Abb. S. 113, Kindersegnung Jesu, von Johann Christoph Reich aus Hersbruck, 1730 (Ausschnitt aus der Bilderfolge der zweigeschoßigen Emporen);*

rechts unten HAGENBÜCHACH *bei Emskirchen, St. Kilian, Jesu Salbung durch die Sünderin, um 1720 (Ausschnitt aus der Bilderfolge der zweigeschoßigen Emporen).*

Barock und Rokoko

MODSCHIEDEL bei Lichtenfels, Johannes der Täufer, Ausschnitt aus der bemalten Felderdecke von 1725-26, im Achteckfeld Krönung Mariens, rechts Himmelfahrt Mariens, unbekannter Maler, der kreuztragende Christus modern. Die für eine katholische Kirche des 18. Jahrhunderts ungewöhnliche bemalte Felderdecke, zu der auch eine zweigeschoßige Emporenanlage mit bemalten Brüstungstafeln gehört, entstand offenbar unter dem Vorbild evangelischer Kirchen.

Sogar Luther findet sich auf den Emporen dargestellt:

LEUZENBRONN bei Rothenburg → *Abb. S. 225*, Ausschnitt aus der Bilderfolge der Chorempore: „Und Luther Jesum lauter ehrt. Apoc. XIV.6.7", gemalt von dem französischen Emigranten Franz Peter Tasert (Tassaert) um 1720.

Geordnetes Sitzen

Spätestens ab dem 15. Jahrhundert gehören Sitzbänke für den „bequemeren" Gottesdienstbesuch zur standardmäßigen Einrichtung der Dorfkirchen Frankens → S. 238 ff., also bereits deutlich vor der Einführung der Reformation in einem großen Teil des Landes. Seit dem 17. Jahrhundert und vor allem im 18. Jahrhundert werden diese Sitzeinrichtungen der Kirche immer mehr der Gestaltung des Innenraums unter- bzw. eingeordnet, werden also Teil eines „Gesamtkunstwerks" Kirche.

Evangelische und katholische Kirchen gehen dabei deutlich getrennte Wege. „Evangelisches" Gestühl ist vor allem Schreinerarbeit, mit deutlichem Bezug zur Möbelkonstruktion und -gestaltung, die im ländlichen Franken vom farbig gefassten und häufig auch bemalten Nadelholz bestimmt ist. Entsprechende Blumen- und Rankenmalerei finden wir auch an den Bänken wieder.

Wie wichtig genügend Sitzplätze waren, zeigt sich auch daran, dass es immer wieder auch aufklappbare „Notsitze" gibt, die ja auch auf den Emporen zusätzliche Sitzmöglichkeiten brachten → S. 320. Die Sitzbankreihen werden gerne zu „Gestühlsblöcken" zusammengefasst, die wir beidseits des Mittelgangs finden, wo sie auf gebretterten Holzpodesten aufsitzen, aber sogar auch auf Emporen antreffen. Vielfach sind die einzelnen Sitzreihen durch halbhohe Türchen mit einem Riegel von ihnen abzuschließen – wen wollte man damit aussperren? Oder sollte dies der „Ruhe" und Konzentration während des Gottesdienstes dienen, damit keiner so ohne weiteres aufstehen und rausgehen konnte? Zumindest einen kalten Luftzug an den Beinen konnte man damit eindämmen.

Auch ein anderer Hintergedanke wäre möglich: dies ist meine Kirchenbank, da hat niemand anderer etwas zu suchen, die „besitze", ganz wörtlich gemeint, ich. Denn es war in vielen evangelischen Kirchen üblich, dass man sich einen Sitzplatz in der Kirche „kaufte" bzw. mietete. Darauf weisen noch heute aufgemalte Nummern und Namen an den Rücklehnen der Bänke hin. Es gibt auch Beispiele, dass diese Namen durch andere übermalt wurden, was auf einen ja

oben FROMMETSFELDEN *bei Ansbach* → *Abb. S. 110, Gestühlblock mit gekurvten Wangen und zusätzlichen aufklappbaren Sitzen im Mittelgang, wohl 1702 (Jahreszahl an Empore).*

rechts LENKERSHEIM *bei Bad Windsheim* → *Abb. S. 307, Gestühlblock mit gekurvten Wangen und „Türchen" für die Sitzreihen, an der Stirnwand ausklappbare Zusatzbank, 1682, Fassung erneuert.*

Barock und Rokoko

KIRCHGATTENDORF bei Hof 33, schmaler nördlicher Gestühlblock im Langhaus, die Wangen mit rosettenähnlichen Aufsätzen, mit Türchen versehen und bemalt, Anfang 18. Jahrhundert (Bemalung erneuert). An den Rückseiten der Bänke die Namen der einstigen „Besitzer", durchweg Frauennamen.

links Blick auf die Rückseiten des breiteren südlichen Gestühlblocks, ebenfalls mit Namen, die ersten beiden Reihen sind für Bedienstete der Herrschaft auf Schloss Gattendorf („v. Schmidtischer Kirchgenstuhl") reserviert (die selbst noch eine eigene Herrschaftsempore in der Kirche besitzt).

Barock und Rokoko

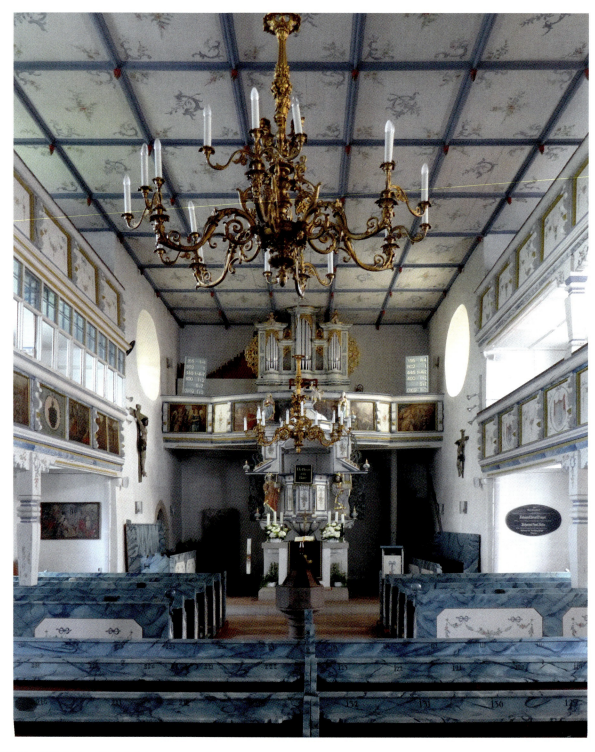

TÖPEN bei Hof, Pfarrkirche, Blick über das Langhausgestühl auf die Emporen und den Kanzelaltar, um 1750. An den Rückseiten der mit Blumengehängen bemalten und blau marmorierten Bankreihen sind Besitzerschildchen und aufgemalte Nummern angebracht (Detail *links*).

Barock und Rokoko

REGNITZLOSAU *bei Hof* **46**, *Besitzer-Schildchen an den nummerierten Banksitzen, die braun marmorierten Bänke um 1750, die Schilder vorwiegend 19. Jahrhundert –* BENK *bei Bayreuth* **43** *und Abb. S. 326, aufgemalter Besitzername (Johan Rieß) an einem nummerierten (56) und ornamental bemalten Rückenlehne einer Bank, wohl von Heinrich Samuel Lohe 1748.*

über die Jahrzehnte zwangsläufigen Wechsel in der Belegung der Kirchenbänke verweist. Dafür erscheinen kleine aufgenagelte Schilder geeigneter. Erhalten haben sich diese Besitzervermerke auf den Bänken vorwiegend im östlichen Oberfranken, andernorts sind sie wohl später entfernt oder überstrichen worden. Sie verraten auch etwas über die Sitzordnung: denn Frauennamen finden sich auf dem Langhausgestühl, Männernamen, wenn überhaupt, auf dem Gestühl der Emporen. Diese Geschlechtertrennung: „unten" die Frauen, „oben" die Männer, galt in evangelischen Gemeinden vielfach noch bis ins 20. Jahrhundert. Die überall feststellbaren Holzhaken in den Bankreihen waren wohl zur Ablage des Hutes gedacht, der ja einst obligatorisch für den „Sonntagsstaat" war.

In katholischen Kirchen gibt es zur gleichen Zeit weder Notsitze, mit Türchen geschlossene Bankreihen und Namensschilder, sondern hier konzentriert man sich ganz auf die Gestaltung der Seitenwangen, die seltener bemalt, sondern dafür reich in Eichen- oder Lindenholz geschnitzt sind, während die Banksitze selbst schlicht bleiben..

rechts SONDERHOFEN *bei Ochsenfurt → Abb. S. 281, dunkel gebeiztes Langhausgestühl, die Wangen reich mit Rokoko-Ornamenten geschnitzt, um 1760.*

außen HALSBACH *bei Dinkelsbühl → Abb. S. 154, aus Lindenholz reich geschnitzte Wangen der Kirchenbänke: schwungvolles kräftiges Laubwerk, Muschelaufsätze als Bekrönung, um 1730.*

Barock und Rokoko

Herrenemporen

Die Menschen sind vor Gott alle gleich – aber nicht auf Erden und nicht in der Kirche. Die offenbar vor allem im 17./18. Jahrhundert strenge standesmäßige Gliederung der Gesellschaft spiegelt sich auch in den Dorfkirchen wieder. Am deutlichsten zeigt sich dies an den meist prächtigen, in die Kirche eingestellten Herrschaftsständen, Herrenstühlen oder Herrenemporen, wie es unterschiedlich heißt. Dort sitzt man nicht auf Holzbänken, sondern auf gepolsterten Stühlen. Herrenemporen finden sich vor allem in den Kirchen, in denen Grafen, Fürsten und Reichsritter das Patronatsrecht ausüben.

ganz oben GOLLHOFEN → *Abb. S. 140, Herrenstand der Grafen von Limpurg-Speckfeld, 1619 – daneben* RÜDENHAUSEN *St. Peter und Paul* →*Abb. S. 349. Herrenstand der Grafen von Castell, wohl 1708.*

oben IRMELSHAUSEN *bei Bad Königshofen* → *Abb. S. 222, Blick in den Herrenstand der Freiherrn von Bibra mit den Polsterstühlen (18./19. Jahrhundert).*

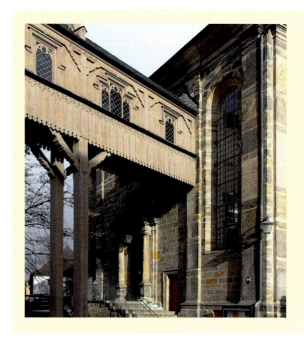

Thurnau

THURNAU bei Kulmbach, St. Laurentius, Blick auf die um 1706 von dem Bayreuther Bildschnitzer Elias Räntz geschaffene Herrschaftsempore an der Westseite des Langhauses. Die Kirche besitzt zusammen mit dem kräftigen Deckenstuck eine der prächtigsten Innenausstattungen der Zeit um 1700 in einer evangelischen Landkirche.

An einen spätmittelalterlichen Chorturm wurde 1701-06 ein neues, aus sorgfältigem Sandsteinquaderwerk nahezu quadratisches Langhaus angebaut. Am Außenbau ergeben flache Pilaster, übergiebelte Portale an drei Seiten und hohe Fenster eine vornehme Grundhaltung, während der helle Innenraum durch kräftig modellierten Stuck (von dem Bayreuther Hofkünstler Bernardo Quadri) am Spiegelgewölbe →Abb. S. 310, an den Emporenbrüstungen und um Altar und Kanzel die herrschaftliche Attitüde verstärkt.

Den repräsentativen Höhepunkt bildet die vorspringende zweigeschoßige Westempore, die sich mit den reichen vergoldeten Schnitzereien auf ebenholzfarbigem Hintergrund heraushebt (geschaffen von Elias Räntz →Abb. S. 353). Wappen und Inschriften weisen auf die beiden in Thurnau herrschenden gräflich-freiherrlichen Familien hin: die untere Empore war für die von Künßberg, die obere für die von Giech.

Die Herrschaftsempore ist über einen gedeckten Holzgang hoch über der hindurchführenden Hauptstraße des Ortes direkt mit dem Schloss im Westen verbunden. Pfarrkirche und Schloßkirche bilden so eine Einheit.

links Der vom Thurnauer Schloss zur Westfassade der Kirche und in die obere Herrenempore führende, auf hohen Stützen ruhende hölzerne Gang, erneuert im 19. Jahrhundert.

Barock und Rokoko

Orgelemporen

Orgeln verlangen als Musikinstrument der Kirche eine eigene Darstellung, hier soll es nur um den Standplatz in der Kirche gehen. Seit wann es Orgeln in fränkischen Dorfkirchen gibt, ist unklar. Sicher waren sie schon gegen Ende des Mittelalters üblich, aber wohl nicht in jeder Kirche.

Die spätmittelalterlichen nachweisbaren Westemporen können vielfach kein Standort für Orgeln gewesen sein, dazu sind sie zu schmal und die hier angebrachten Stiegen sind ihnen im Weg, wie etwa in Ruffenhofen → S. 203. Anders als etwa in Ostfriesland hat sich keine Orgel mehr aus der Zeit vor 1600, und sei es nur das Gehäuse, erhalten; die ältesten bekannten Orgelprospekte stammen aus dem frühen 17. Jahrhundert. Spätestens ab dieser Zeit und bis heute besitzt eigentlich jede Kirche eine Orgel, die meisten entstammen der großen Erneuerungswelle des 19. Jahrhunderts. Seit dieser Zeit sind sie auch überwiegend auf der Westempore untergebracht, die eigens dafür breiter gebaut ist oder einen „Bauch" in der Mitte erhält. Das gilt für katholische Kirchen – in denen die Orgeln klein, aber dafür die Emporen besonders elegant gebaut sein können – wie evangelische Kirchen gleichermaßen; in letzteren finden wir aber auch andere Orgelstandorte, etwa seitlich auf der Nordempore, auf einer Empore hinter dem Altar oder sogar unten im Langhaus.

BÜTTHARDT bei Ochsenfurt, Frauenkapelle → Abb. S. 162f., Westempore mit Orgel, um 1740; unter der Orgelempore ein Beichtstuhl.

Barock und Rokoko

von links nach rechts GEISSLINGEN *bei Uffenheim → Abb. S. 276, Orgel an der Nordwand des Langhauses, um 1750 –* THURNAU *50, Orgel auf einer Empore über dem Altar, 1708, der Prospekt von Johann Gabriel Räntz um 1750 –* BETTWAR *bei Rothenburg, St. Georg, Nordempore mit Orgel, um 1750.*

STEINBACH *bei Lohr am Main 40, Westempore mit Orgel, um 1720, der Bau von Joseph Greissing.*

Die Prinzipalstücke im Barock

Unter „Prinzipalien" bzw. „Prinzipalstücke" versteht man die „ersten" und wesentlichsten, liturgischen Zwecken dienende Einrichtungen einer Kirche, etwa Altar, Kanzel, Taufstein.

Auch eine spezielle Art von Sitzplatz in der Kirche gehört dazu, der einem ganz persönlichen Glaubensanliegen sein Entstehen verdankt: der *Beichtstuhl*. Die individuelle Beichte bei einem Pfarrer bzw. Priester ist in der katholischen Kirche allgemein üblich, ja geradezu Pflicht – die Beichte gilt in der katholischen Lehre als Gnade spendendes Sakrament – und damit gehören auch eigene Beichtstühle zur selbstverständlichen Ausstattung einer Kirche. Dagegen herrscht landläufig die Vorstellung, dass es in evangelischen Kirchen gar keine Beichtstühle geben könne, da ja die Einzelbeichte abgeschafft worden sei. Doch dies stimmt zumindest im lutherischen Franken nicht.

Evangelische Beichtstühle:

KIRNBERG *bei Rothenburg* **1**, *Beichtstuhl vor dem Chor, um 1600;*

ROSSTAL *bei Fürth, St. Lorenz → Abb. S. 220, vergitterter langer Beichtstuhl im Chorwinkel.*

Katholische Beichtstühle:

BÜTTHARDT *bei Ochsenfurt → Abb. S. 163, Beichtstuhl im Langhaus, Eiche, um 1740;*

Beichtstühle – katholisch *und* evangelisch

Denn auch in evangelischen Kirchen gibt bzw. gab es durchaus Beichtstühle, nur werden sie heute nicht mehr als solche genutzt und ihr einstiger Verwendungszweck ist meist vergessen. Außerdem ist ihr Aussehen meist unscheinbar, es sind an eher unauffälliger Stelle an die Wand gerückte zwei- und mehrsitzige Möbel, manchmal auch vergitterte „Bankreihen" an den Wänden, die sich kaum von anderen Sitzgelegenheiten in der Kirche unterscheiden.

Ganz anders dagegen zeigt sich die Lage und Gestaltung katholischer Beichtstühle, in denen sich ihre „sakrale" Bedeutung im Rahmen des kirchlichen Lebens wiederspiegelt: meist aufwändig aus Eichenholz geschnitzte, mit Vorhängen versehene Gehäuse mit bewegtem Umriss, vielfach fest und auffällig in die Gestaltung des barocken Innenraums integriert, kein bloßes „Möbel", wie es die einfachen evangelischen Beichtstühle waren, sondern richtige kleine barocke Kunstwerke. Auffallend ist, dass aus der Zeit vor 1700 aber kaum katholische Beichtstühle bekannt sind – hat die strenge Einzelbeichte erst jetzt ihre große Bedeutung bekommen?

ECKARTSHAUSEN *bei Schweinfurt* → *Abb. S. 365, Beichtstuhl im Langhaus, Eiche, um 1750;*

RITTERSHAUSEN *bei Ochsenfurt* → *Abb. S. 316, Beichtstuhl im Langhaus, Eiche, bemalt, um 1780.*

Barock und Rokoko

Von Engeln getauft ...

Die Taufe gilt sowohl im katholischen wie im evangelischen Ritus als ein von Christus eingesetztes heilbringendes Sakrament. Trotzdem scheint in einer evangelischen Kirche den Gegenständen für die Taufe größere Bedeutung und Aufmerksamkeit zuzukommen als in einer katholischen: Taufstein bzw. Taufbecken sind gut sichtbar nahe am Altar, etwa in der Hauptachse vor dem Chor oder unmittelbar seitlich aufgestellt.

Gegenüber den großen steinernen Taufen des Mittelalters sind die barocken Taufeinrichtungen klein: eine Taufschale aus Zinn oder Messing (meist aus Nürnberger Herstellung), in einem verzierten hölzernen oder steinernen Fuß eingepasst genügt, denn nun wird lediglich dreimal mit einer Kanne Wasser über den Kopf des Täuflings gegossen. Ein reich geschnitzter Aufsatz oder Deckel schützt die Taufschale im Alltag.

Eine auffallende Besonderheit stellen fast oder ganz lebensgroß geschnitzte Engel dar, die in ihren Händen die Taufschale halten. Manchmal schwebt der Engel auch in der Kirche und wird erst anlässlich einer Taufe an einem Seil herabgelassen – er steigt also symbolisch gesehen vom Himmel herab, um zu taufen. Auch evangelische Kirchen kennen also so etwas wie barockes Theater!

Die Verbreitung der die Taufschale tragenden Engel lässt sich erst seit dem frühen 18. Jahrhundert belegen, und ist in Franken sehr begrenzt, das Hauptverbreitungsgebiet liegt erst nördlich des Mains, vor allem in Brandenburg und Pommern.

Regnitzlosau bei Hof 46, Taufengel mit umkränzter zinnerner Taufschale, von 1745, geschaffen in der Werkstatt der Bildschnitzerfamilie Knoll in Hof.[5] – Wohl der schönste fränkische Taufengel.

Barock und Rokoko

oben von links nach rechts Issigau *bei Hof, St. Simon und Judas, schwebender Taufengel von 1743, die Taufschale fehlt bereits, Farbfassung modern –* Rüdenhausen *bei Kitzingen → Abb. S. 342, an Seil schwebender Taufengel, wohl von 1778, der vergoldete Kranz nimmt die Taufschale auf[6] –* Unternbibert *bei Ansbach, taufbeckentragender Engel, Sandstein, hölzerner Deckel, 1757.*

unten von links nach rechts Benk *bei Bayreuth* 43, *taufbeckentragender Engel mit Füllhorn, Deckel mit Krone und Engelsköpfen, Holz, 1743 von Johann Gabriel Räntz –* Trautskirchen *bei Bad Windsheim, Taufbecken auf achteckigem hölzernem Fuß, Deckel und Viersäulen-Aufsatz mit Engelsköpfen und Bekrönung, 1685.*

Barock und Rokoko

Kanzeln und Kanzelträger

Die Kanzel (der *Predigtstuhl*) als Ort der Predigt des Pfarrers zur Gemeinde nimmt natürlich in den evangelischen Kirche mit ihrer starken Fixierung auf das Wort eine hervorragende Stelle ein – sie hat aber keineswegs erst im Zuge der Reformation ihren Platz in den Kirchen gefunden, ganz im Gegenteil. Schon ab 1400, vielleicht auch schon früher, gehören Kanzeln zum selbstverständlichen Bestandteil einer Dorfkirche in Franken → S. 244f..

Waren die frühen Kanzeln bis ins 16. Jahrhundert hinein im allgemeinen doch relativ schlicht gearbeitet, so steigert sich im Laufe des Barock der gestalterische Aufwand, aber auch die Vielfalt der Formen, Materialien und Oberflächen der Kanzeln. Geschnitzte und farbig gefasste Holzoberflächen bestimmen die evangelischen Kanzeln, der auf einem Fuß stehende Korpus ist mehreckig geformt, der meist noch etwas weiter ausladende Schalldeckel darüber ebenfalls. Der Aufgang zum Kanzelkorb erfolgt über eine geradläufige oder gewendelte Treppe, deren Brüstung verziert ist und gelegentlich eine eigene verzierte Tür am Aufgang besitzt. Nur noch selten findet sich an der Kanzelbrüstung oder ganz in der Nähe an der Wand angebracht die *Sanduhr* im sorgfältig gearbeiteten drehbaren Gehäuse, meist sind gleich vier Sanduhren unterschiedlicher Zeiteinheiten aneinander geschlossen. So sollten überlange Predigten verhindert werden – jeder konnte ja die Sanduhr einsehen. Nicht nur die „Schäflein" standen während des Gottesdienstes unter der strengen Obhut des Pfarrers auf der Kanzel, auch der Pfarrer selbst wurde von seinen Gemeindemitgliedern so kontrolliert.

GOLLHOFEN bei Uffenheim → Abb. S. 366, Kanzel am Chorbogen, gefertigt 1693 von dem Schreiner Hans Jörg Scheuffelein aus Uffenheim, die aufgesetzten vergoldeten Dekorelemente (Rocaillen) und der krönende Engel 1767 von Johann Georg Auwera aus Aub. Die vierteilige Kanzelsanduhr von 1719.

Barock und Rokoko

links SONDERHOFEN *bei Würzburg → Abb. S. 281, Kanzel mit schwebenden Apostelfiguren und krönendem Engel, 1769 von dem Würzburger Bildhauer und Stukkateur Materno Bossi – rechts* EGENHAUSEN *bei Schweinfurt → Abb. S. 282, Kanzel mit Gesetzestafeln auf dem Schalldeckel, 1790 von Georg Winterstein.*

Die Kanzel gehört neben den Altären zu den künstlerisch aufwändigsten Ausstattungsstücken, auch in den katholischen Kirchen, wo wir sogar ganz besonders prächtige Beispiele, abgestimmt auf die barocke Innenausstattung finden können →S. 314-17. Die Kanzeln sind manchmal richtiggehende virtuose Kabinettsstückchen, wenn sie frei aus der Wand ragen – sie finden sich in katholischen Kirchen ja vorwiegend in der Mitte der Langhausnord- oder südwand –, manchmal erscheinen sie wie angeklebt, ohne Stütze nach unten, und die Apostel sitzen waghalsig am unteren ausschweifenden Rand der Kanzel, deren Form gerne gebaucht und kurvig ist.

Barock und Rokoko

Barocke Kanzeln sind figurenreich. Der Schalldeckel erhält eine Bekrönung durch Engel oder den auferstandenen Jesus, Apostel und Propheten schmücken den Korpus und ein Engel oder Moses höchstpersönlich mit den Gesetzestafeln stützt den Kanzelkorb. Vor allem dieses Motiv: Moses als Kanzelträger und damit sinnbildlich als Stütze der biblischen Überlieferung, der wegweisenden Worte Gottes mit den zehn Geboten, erfährt in evangelischen Kirchen mehrfach eine eindrucksvolle künstlerische Gestaltung. Die gebückte Körperhaltung und der lebendige, ausdrucksstarke, aber keineswegs pathetisch-überhöhte, bärtige Kopf der von Elias Räntz verfertigten Mosesfigur unter der Pilgramsreuther Kanzel gehören sicher mit zum Besten, was barocke Schnitzer in einer evangelischen Kirche in Franken geschaffen haben.

SEUSSLING bei Bamberg *31*, Kanzel an der Langhausnordwand, um 1660;

VEITSBRONN bei Fürth *35*, Kanzel an der Langhaussüdwand, gefertigt nach der Inschrift 1697.

Die beiden Kanzeln, die auf den ausgebreiteten Armen von Engeln ruhen, zeigen sich eng verwandt, obwohl eine in einer katholischen, die andere in einer evangelischen Kirche steht.

MARKT ERLBACH *18*, Kanzel am Chorbogen, gefertigt 1621 von dem dem Windsheimer Bildhauer Georg Brenck d. Ä.[7] (ursprünglich in der Johanneskirche in Ansbach). Der majestätisch wirkende Moses steht aufrecht, ohne die Last der Kanzel zu spüren, die Gesetzestafeln hochhaltend.

PILGRAMSREUTH *19*, Kanzel rechts am Chorbogen, getragen von einer gebeugten Mosesfigur, die sich auf die Gesetzestafeln stützt, gefertigt 1694 von dem dem Bayreuther Hofbildhauer Elias Räntz.

Barock und Rokoko

Kanzelträger ...

oben KÖNIGSBERG *in Bayern, St. Marien, Kanzel auf Moses, um 1690.*

links MISTELGAU *bei Bayreuth → S. 302, Kanzel am Chorbogen, von Johann Caspar Fischer 1718. Der Kanzelkorb getragen von dem biblischen Helden Simson, der Schalldeckel wird von Engeln gestützt, darauf der auferstandene Jesus.*

rechts oben ERMREUTH *bei Forchheim, Kanzel mit Moses, um 1680, wohl von Hans Adam Doser;*

rechts WEILTINGEN *bei Dinkelsbühl, Engel unter Kanzelkorb, 1680.*

Barock und Rokoko

links KRAUTOSTHEIM *bei Bad Windsheim, St. Johannes, Altarwand mit Orgel darüber und seitlicher Kanzel, um 1775* – *rechts* THALMÄSSING, *St. Gotthard* 39, *Kirchenraum von 1721, aus dieser Zeit die Kanzel, Altar und Orgel um 1800 erneuert und zusammenfassend farbig gestaltet.*

Während Kanzeln in den katholischen Kirchen eher in der Langhausmitte zu finden sind und so deutlich von Chor und Altar getrennt erscheinen, lässt sich im evangelischen Gotteshaus spätestens ab etwa 1700 das Zusammenrücken von Altar und Kanzel, häufig sogar unter Einschluss der Orgel beobachten. Das führt nicht immer zu Kanzelaltären → S. 356 ff., denn es genügt offenbar manchmal auch, die Kanzel unmittelbar neben Altar (und Orgel) zustellen, diese jedoch gestalterisch zu einer Einheit zusammenzufassen.

Der Kanzelaltar

Sind die beiden „Prinzipalstücke" Altar und Kanzel in einer Achse zentral übereinander gestellt, so spricht man vom Kanzelaltar, wobei im strengen Sinn auch dazu gehört, dass sie miteinander zu einer gestalterischen Einheit verbunden sind. Kanzelaltäre prägen evangelische Kirchen in der Barockzeit, ja stellen gewissermaßen für sie ein Alleinstellungsmerkmal dar. Durch die Stellung der Kanzel *über* dem Altar wird die große Bedeutung des Wortes durch die Predigt im evangelischen Gottesdienst auch dinglich unterstrichen, demgegenüber das „Messopfer" im Zuge des Abendmahls am Altartisch geradezu nachrangig erscheint.

Ein Ausgangspunkt für die Entwicklung des Kanzelaltars scheint – neben Altären in Schlosskirchen Sachsens – in der in reformierten Kirchen üblichen Zusammenstellung von Kanzel und Altartisch zu liegen, die dort zwar übereinander angeordnet, aber nicht miteinander verbunden sind; der Altartisch wird tatsächlich als frei stehendes, bewegliches Möbel aufgefasst. Die reformierte Kirche in Stein besaß bereits 1660 eine solche „Kombination", vermutlich auch die in Schwabach 1687. Noch im 18. Jahrhundert ist dieser noch nicht als „echter" Kanzelaltar anzusprechende Typ in reformierten Kirchen wie der in Wilhelmsdorf → Abb. S. 296 üblich. In Callenberg bei Coburg findet sich schon 1639, bezeichnenderweise in einer lutherischen Schlosskirche, eine solche Frühform[8].

LENKERSHEIM → S. 307, Kanzelaltar am Chorbogen, erst um 1770 aus einem hohen, anspruchsvollen Altar mit gewendelten Säulen und einer Kanzel (von dem Schreiner Andreas Nägelein aus Ansbach), beide von 1684, der Bauzeit der Kirche, neu zusammengestellt und so geschickt eingearbeitet, dass man zunächst an eine einheitliche Gestaltung denkt.

Barock und Rokoko

Die ersten als zusammengehöriges Kunstwerk gestalteten Kanzelaltäre sind offenbar erst gegen Ende des 17. Jahrhunderts entstanden, doch hat sich davon offenbar in Franken kaum einer unverändert erhalten. Erst ab dem frühen 18. Jahrhundert werden die Beispiele häufiger und klarer, seit etwa 1710 setzt sich der Kanzelaltar allmählich als Standard in vielen evangelischen Territorien durch. Dabei scheint den ostoberfränkischen Gebieten eine gewisse Vorreiterstellung zuzukommen, was möglicherweise mit der Nähe zu Sachsen und Thüringen zusammenhängt, wo es mehrere Belege vor 1700 gibt und wohin insbesondere der einheimische Adel enge Beziehungen unterhielt. Das gilt etwa für Oberkotzau, für dessen Kirche Kanzel und Altar 1692 noch als „Einzelstücke" geschaffen wurden, die dann 1708 zu einem Kanzelaltar vereinigt werden.

Diese nachträgliche, manchmal recht gewaltsame Umarbeitung älterer Altäre und Kanzeln zu einem Kanzelaltar, wie etwa auch 1711/12 im nahen Töpen, findet sich auch später relativ häufig, und zeigt, wie stark das Vorbild dieses „zeitgemäßen" Prinzipalstücks war, dessen Aufstellung man sich auch bei geringen finanziellen Mittel nicht verschließen konnte.

Eine relativ einfache Lösung ergab sich daraus, dass man das ursprüngliche Altarbild in der Altarmitte zwischen den begleitenden Säulen des

TÖPEN → S. 340, Kanzelaltar vor der östlichen Empore mit der Orgel, aus der Barockisierungsphase der Kirche zwischen 1711 und 1713. Damals die Kanzel eingepasst und spätgotische Figuren und Reliefs (Kaiserin Kunigunde und Kaiser Heinrich II) des Vorgängeraltars wiederverwendet, die blau-weiße Bemalung mit Blütengehängen wohl erst Mitte 18. Jahrhundert.

Altaraufbaus herausnahm und dafür hier den Kanzelkorb einsetzte – die Kanzel wird so zum Mittelpunkt des Altars.

Diese „Kanzelzentralität" gilt natürlich genauso für vollständige Neuschöpfungen. Den frühesten repräsentativen „bayreuthischen" Kanzelaltar aus einem Guss, den wir kennen, hat Elias Räntz 1712/13 für die Kirche der seit 1701 neuangelegten Vorstadt St. Georgen geschaffen. Nur wenig jünger ist der Kanzelaltar in Schauenstein, 1717 von Johann Nikolaus Knoll aus Hof. Die dann folgenden Kanzelaltäre des Bayreuth-Kulmbacher Landes zeigen einen besonders reichen Aufbau, der mit den seitlichen, manchmal verdoppelten Säulen, dem verkröpften Gebälk, den begleitenden Seitenfiguren, der strahlenden Bekrönung und der Vorliebe für Engel, die sich am Altar tummeln, durchaus dem klassischen barocken Altarschema entsprechen – nur eben, dass der Mittelpunkt die Kanzel ist, die ebenfalls mit Draperien und Glöckchen, weiteren Engeln und dem bekrönendem Schalldeckel ganz in die Gestaltung des übrigen Altaraufbaus eingebunden erscheint.

BENK bei Bayreuth 43, Kanzelaltar am Chorbogen, um 1743 von Johann Gabriel Räntz aus Bayreuth geschnitzt, etwas später die seitlichen Türen zur Abtrennung vom Chor angebracht, 1749 von Johann Heinrich Samuel Lohe aus Hof neu farbig gefasst. Am Kanzelkorb Buchstabe F für Markgraf Friedrich. Mit den Vorhangdraperien und den Engeln sowie der strahlenden Bekrönung ergibt sich ein ungewöhnlich bewegter Umriss.

Barock und Rokoko

BINDLACH *bei Bayreuth → Abb. S. 328, Kanzelaltar am Ostende des Saals, 1777 unter Leitung von Johann Gottlieb Riedel entstanden – einer der aufwändigsten in Franken.*

Barock und Rokoko

links SIMMERSHOFEN *bei Uffenheim, St. Michael, Kanzelaltarwand mit Orgelempore (mit Ansbacher Wappen) darüber, 1757, seitlich als Stuckreliefs Christus als Erlöser und Gottvater –* rechts HÄSLABRONN *bei Ansbach, St. Jakob → Abb. S. 18, Kanzelwand von 1780, seitlich Vortragekreuze.*

Im Ansbachischen kommen Kanzelaltäre wohl zur etwa gleichen Zeit auf, es dauert aber länger, bis sie sich allgemein durchsetzen. Dabei lässt sich ähnlich wie im Kirchenbau eine deutlich andere, wesentlich nüchternere Ausprägung feststellen. Kennzeichnend dafür ist die Ausbildung einer abschließenden Raumwand mit dem Kanzelaltar, der Kanzelwand (auch als „Markgräfler Wand" bezeichnet), an der ohne sonstige altarmäßige Begleitdekoration Altartisch und Kanzel liegen, seitlich sind die (wohl aus Symmetriegründen) beiden Türen für den Aufgang zur Kanzel und für die Sakristei, die nun gern im (meist erst nachträglich) abgetrennten Raum dahinter – es ist zugleich das Turmuntergeschoß – zu liegen kommt. Häufig findet sich die Orgel, zwar „konstruktiv" getrennt über dem Kanzelaltar, optisch mit diesem eine Einheit bildend.

Barock und Rokoko

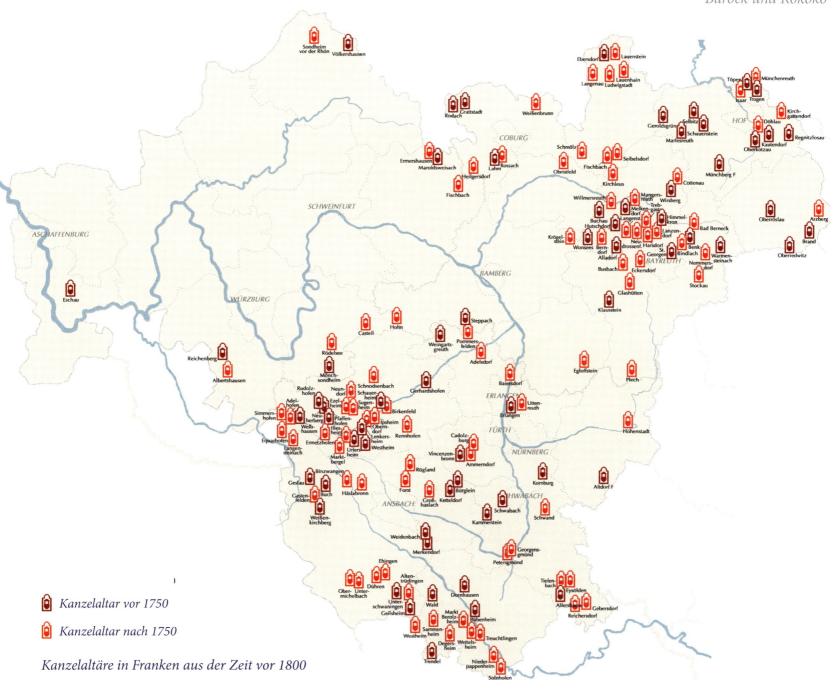

🕍 *Kanzelaltar vor 1750*

🕍 *Kanzelaltar nach 1750*

Kanzelaltäre in Franken aus der Zeit vor 1800

Die obige Verbreitungskarte[9] der Kanzelaltäre der Zeit vor 1800 enthält nur die heute noch vorhandenen Beispiele und bezieht sich nur auf „echte" Kanzelaltäre, bei der Kanzel und Altar zu einer gestalterischen Einheit verschmolzen sind. In ihr spiegelt sich das besonders dichte Vorkommen der Kanzelaltäre in den beiden markgräflichen Fürstentümern Ansbach und Bayreuth wider; außerhalb davon sind Kanzelaltäre auch in reichsritterschaftlichen Gebieten üblich, in etwa in den gleichen Formen wie im jeweils benachbarten Territorium und bei weitem nicht so häufig.

Ein relativ großes evangelisches Gebiet kennt überraschenderweise so gut wie keine Kanzelaltäre: das der Reichsstadt Nürnberg. Ob dies am Widerwillen liegt, Neuerungen aus dem doch eher „feindlich" gesinnten Ansbacher und Bayreuther Territorium zu akzeptieren oder doch an der insgesamt sehr konservativen Grundhaltung des Bauwesens im Nürnberger Raum, sei dahingestellt. Auch Dörfer, die einst zur Reichsstadt Rothenburg gehörten, kennen den Kanzelaltar nicht.

Barocke Altarpracht

Zum Abschluss dieser Reise durch die barocken Dorfkirchenlandschaften Frankens sollen noch einmal die Vielfalt und Buntheit barocker Altarkunst in einzelnen, besonders prächtigen Beispielen aus dem so zahlreich vorhandenen Bestand vorgestellt werden. Die reiche schnitzerische, figürliche und farbige Ausgestaltung – sieht man einmal von manchen sehr kargen Ansbacher Beispielen ab – betrifft katholische und evangelische Altäre gleichermaßen.

Selbst Kanzelaltäre lassen sich in die Reihe barocker Prachtaltäre einordnen, dass dabei die Kanzel anstatt des Altarbilds in die Mitte rückt, wurde schon erwähnt, nicht aber, dass bei katholischen Barockaltären mit dem mittig über dem Altartisch angeordneten reich verziertem und vergoldeten Aufsatz für das Tabernakel (als Nachfolge der mittelalterlichen Sakramentsnischen) eine formal durchaus ähnliche Konstellation vorhanden ist.

links PILGRAMSREUTH *bei Hof 19, reich ornamental und figürlich geschnitzter Altar von Elias Räntz, 1706-10, mit hohem, den gotischen Chor einberechnenden Aufbau* – *rechts* LITZENDORF *bei Bamberg 37, Hochaltar 1710-20 von Leonhard Gollwitzer aus Bamberg, auf dem Altartisch goldenes Tabernakel.*

Barock und Rokoko

links GRAFENGEHAIG *bei Kulmbach* → *Abb. S. 158, dem Rokoko verpflichteter locker bewegter Altar mit durchbrochenem Aufsatz, darin Heilig-Geist-Taube, 1767 – rechts* DORMITZ *bei Forchheim* → *Abb. S. 214, Hochaltar ganz ähnlicher Anlage, ebenfalls mit Heilig-Geist-Taube im durchbrochenem Aufsatz, um 1724.*

Barock und Rokoko

oben GAUKÖNIGSHOFEN *bei Ochsenfurt* 36, *den Chorraum ausfüllender und so Teil der Architektur werdender Hochaltar aus Stuckmarmor, mit seitlichen Türen, wie man sie auch bei evangelischen Kanzelaltären kennt, von Johann Peter Scheidhoff, die Figuren im weißen Stuckmarmor von Ferdinand Tietz;*

rechts ECKARTSHAUSEN *bei Schweinfurt → Abb. S. 140, Hochaltar mit krönenden Baldachinbögen, Übergang vom Rokoko zum Klassizismus, um 1780, das Altarbild mit der Darstellung des Pfingstwunders von Franz Asam.*

Barock und Rokoko

Barock und Rokoko

oben links THURNAU 50, Altar mit ungewöhnlicher, sich perspektivisch verjüngender Säulenrahmung von 1703, vermutlich von Elias Räntz, reich vergoldet auf schwarzem Grund;

oben rechts MISTELGAU bei Bayreuth → Abb. S. 302, Altar im stuckierten Chor, mit gewendelten Säulen und Seitenteilen aus Akanthuslaub, 1705 von Johann Caspar Fischer aus Kulmbach;

rechts GOLLHOFEN bei Uffenheim → Abb. S. 140, den Chorraum in der Breite abschließender Altar in Rokokoformen, 1767 von Johann Georg Auwera aus Aub, der sonst vor allem für katholische Kirchen arbeitete; mit seitlichen Türen und Empore, darauf hinter dem Altar die Orgel.

Barock und Rokoko

Barock und Rokoko

WONSEES bei Kulmbach → *Abb. S. 325, „erzählender", figurenreicher Kanzelaltar 1727 von Johann Caspar Fischer, einer der reichsten in Franken; die seitlichen Figuren erst von 1772.*

Barock und Rokoko

SONDERHOFEN *bei Ochsenfurt → Abb. S. 281, figurenreicher Hochaltar aus Stuckmarmor 1780-82 von Peter Wagner aus Würzburg, mit baldachinartigem Aufsatz*

Barock und Rokoko

RITTERSHAUSEN *bei Ochsenfurt → Abb. S. 316, strenger klassizistischer Hochaltar 1785, von Josef Winterstein.*

Barock und Rokoko

MARKT NORDHEIM *bei Uffenheim → Abb. S. 321, „kühler" klassizistischer Altar von 1801, der mit Rocaillen geschnitzte Orgelprospekt dahinter um 1770.*

Barock und Rokoko

WIESENBRONN *bei Kitzingen*
→ *Abb. S. 161,* Grabdenkmal eines
Reichsritters, 1680

1 vgl. a. Johannes Mack, Der Baumeister und Architekt Joseph Greissing, Würzburg 2008, S. 695 – 2 Mack, wie Anm. 1, S. 472-476 – 3 zu Lohe Hans Hofner, Hof als Kräftezentrum der bildenden Künste, Nürnberg 1955 – 4 Ulrike Lange/Rainer Sörries, Ein früher protestantischer Genesiszyklus in Westmittelfranken = Peter Poschrsky (Hsg.), Die Bilder in den lutherischen Kirchen, München 1998, S. 125-136, außerdem Stephanie Böß 2009, S. 190-198 →Literatur – 5 Hans Hofner, Die Alt-Hofer Bildhauer Knoll, Meister des Barock = Kulturwarte Hof April 1957 – 6 der Taufengel wurde von der Tochter des Baumeisters der Kirche 1778 gestiftet und hat daher nicht, wie immer gedacht, mit Heirat des Casteller Grafen einer von Rantzau aus Holstein zu Beginn des 18. Jahrhunbderts zu tun – 7 Christine Schweikert, Brenck. Leben und Werk einer fränkischen Bildschnitzerfamilie im 17. Jahrhuhndert, Bad Windsheim 2002 8 Helmuth Meißner 1987, bes. S. 28-32 →Literatur – 9 die Karte beruht zu wesentlichen Teilen auf Helmuth Meißner 1987, bes. S. 339 →Literatur

AUSKLANG

Unser Blick auf Dorfkirchen in Franken endet mit der Jahrhundertwende um 1800. Um diese Zeit, genauer 1805, löst sich die alte, seit dem Mittelalter gültige, sehr komplizierte, gemischtherrschaftliche Ordnung auf und der größte Teil des alten fränkischen Reichskreises wird dem neuen, seit 1815 konsolidierten, relativ zentralistischen Königreich Bayern eingegliedert. Diese neuen politischen und damit zusammenhängend auch kirchlichen Verhältnisse haben Auswirkungen auf den Kirchenbau. Das gilt insbesondere für die Frage der Bauzuständigkeit. Gerade viele evangelische Kirchen (einschließlich der Pfarrhäuser) kommen so unter die „Fittiche" des Bayerischen Staates (der katholische Bayerische König selbst wird 1808 zugleich auch der „erste" evangelische „Bischof"), der nun die „Baulast" beim großen Bauunterhalt, aber im gewissen Sinn auch das Sagen übernimmt – in Teilen gilt dies bis heute.

Andrerseits werden nach 1800 nicht viele Kirchen neu errichtet, was vor allem auffällt, wenn man dagegen die offenkundige „Bauwut" des 18. Jahrhunderts sieht. Die wenigen neuen Bauten im ersten Drittel des 19. Jahrhunderts stehen ganz im Zeichen eines strengen Klassizismus, der stärker als zuvor das Barock mit den bisherigen Bautraditionen bricht. Es entstehen so eher „Tempel" denn Kirchen – gleichgültig, ob sie für evangelische oder katholische Gemeinden gebaut wurden. In ihrer pathetischen Grundhaltung, aber manchmal auch eher platten Nüchternheit stehen sie manchen

EGGOLSHEIM bei Forchheim, St. Martin, Langhaus und Chor 1827-30 nach Plänen von Leo von Klenze, München, Innenansicht und Südfassade. Der spätmittelalterliche Westturm wurde als Flankenturm übernommen.

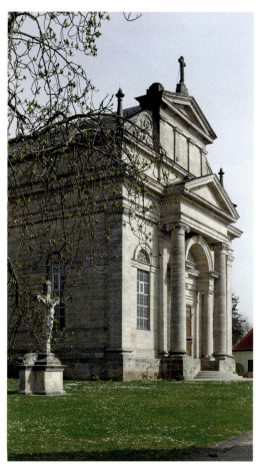

Ansbacher Kirchenbauten der Mitte des 18. Jahrhunderts auffallend nahe.

Die Neugotik hält nur sehr verhalten Einzug im Dorf. Das hängt vor allem damit zusammen, dass genügend Kirchen für die zahlenmäßig relativ konstant bleibende Dorfbevölkerung zur Verfügung standen – ganz anders als in der Stadt und in den neuen Ballungsräumen um die größeren Städte, in denen neue Kirchen für die wachsende Bevölkerung gebaut werden mussten, die dann durchaus in den zeitgemäßen neuromanischen und neugotischen Formen gestaltet wurden.

Insgesamt scheint im katholischen Bereich auch jetzt der Wille zum Kirchenneubau größer zu sein als in den evangelischen Gebieten. Das gilt noch mehr für die Zeit nach dem zweiten Weltkrieg: es gibt wohl kaum ein Gebiet, in dem so viele „moderne" Kirchenbauten zwischen 1950 und 2000 auf dem Dorf entstanden sind, wie etwa im Bereich der Diözese Würzburg. Meist wird „nur" das Langhaus neu und größer gebaut, der Turm, manchmal auch der Chor, wird vom Altbau übernommen. Es wiederholt sich also ein Vorgang, den wir schon um 1600 (etwa unter Julius Echter) und dann wieder im 18. Jahrhundert kennengelernt haben.

links oben OBERNTIEF *bei Bad Windsheim, St. Maria, Neubau von 1828, tempelartige Südfassade mit zurückgesetztem Portal*

links ZELL *am Waldstein, St. Gallus, Innenraum der 1831-35 neu erbauten Kirche*

rechts KLINGEN *im Taubertal bei Röttingen, St. Georg, neugotischer Muschelkalkquaderbau von 1882.*

rechte Seite BREITENGÜSSBACH *bei Bamberg, St. Lorenz, zwischen spätmittelalterlichem Turm mit Chor und barocker Westfassade wurde 1978 ein neues breites Langhaus in Stahl und Glas (Architekt Paul Becker) aufgesetzt.*

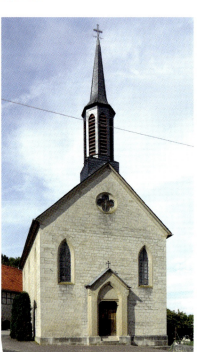

Anhang

Fünfzig ausgewählte Dorfkirchen

Im laufenden Text sind *fünfzig* fränkische Dorfkirchen mit Kurzbeschreibungen in farbig unterlegten Kästen eingefügt. Es wurde versucht, die am besten erhaltenen, für die einzelnen Epochen und Sachthemen aussagekräftigsten und im gewissen Sinn auch die schönsten und für einen Besuch besonders lohnenswerten Kirchen auszuwählen. Die Beschränkung auf fünfzig Beispiele fiel nicht leicht, es hätten sicherlich viele weitere Kirchen eine Aufnahme in die letztlich subjektive Auswahlliste verdient:

1	→ S. 31	KIRNBERG bei Rothenburg, eh. Chorturmkirche, Kern romanisch, Polygonalchor
2	→ S. 32 f.	WETTRINGEN bei Rothenburg, Chorturm, Fachwerkgeschoß, gotisch
3	→ S. 35	RASCH bei Altdorf, Chorturm, Kern romanisch, Fachwerkturm
4	→ S. 42 f.	KRAFTSHOF bei Nürnberg, Chorturm, Kern gotisch, Kirchenburg
5	→ S. 48 f.	HÜTTENHEIM bei Kitzingen, Westturm, Kern romanisch, Gadenkirchenburg
6	→ S. 65	SIMMERSHOFEN bei Uffenheim, Saalkirche, Kern romanisch
7	→ S. 66 f.	DETWANG bei Rothenburg, Chorturm, Kern romanisch
8	→ S. 68 f.	OBERMERZBACH bei Ebern Chorturm, Kern romanisch
9	→ S. 70 f.	BRENDLORENZEN bei Bad Neustadt, Chorturm, Kern romanisch
10	→ S. 76 f.	PFOFELD bei Gunzenhausen, Chorturm mit Apsis, Kern romanisch
11	→ S. 79	GNÖTZHEIM bei Kitzingen, Westturm, Kern romanisch
12	→ S. 83	RANDERSACKER bei Würzburg, Flankenturm, Kern romanisch
13	→ S. 117 f.	GROSSBIRKACH bei Ebrach, Chorturm, Kern romanisch
14	→ S. 120 f.	ST. KUNIGUND bei Aub, Chorturm, Kern romanisch
15	→ S. 122 f.	KATZWANG bei Nürnberg, Chorturm, Kern romanisch/frühgotisch
16	→ S. 129	RUFFENHOFEN bei Dinkelsbühl, Chorturm, gotisch
17	→ S. 131	KLEINSCHWARZENLOHE bei Nürnberg, Chorturm, gotisch
18	→ S. 134 f.	MARKT ERLBACH, Flankenturm, Polygonalchor, Kern gotisch
19	→ S. 139	PILGRAMSREUTH bei Hof, Westturm, Polygonalchor, gotisch
20	→ S. 141	VOLKACH Maria im Weingarten, Polygonalchor, gotisch
21	→ S. 143	ALFELD bei Hersbruck, Mittelturm, Polygonalchor, Kern romanisch
22	→ S. 149	KALBENSTEINBERG bei Gunzenhausen, Westturm, Polygonalchor, gotisch
23	→ S. 151	VOLSBACH bei Bayreuth, Südturm, Polygonalchor, gotisch
24	→ S. 157	OTTENSOOS bei Lauf, Chorturm, Hallenkirche, Kern romanisch-frühgotisch
25	→ S. 173	HEROLDSBERG bei Nürnberg, Westturm, Polygonalchor, Kern gotisch
26	→ S. 177	DIETENHOFEN bei Ansbach, Chorturm, Kern romanisch
27	→ S. 190 f.	MINDORF bei Hilpoltstein, Flankenturm, Polygonalchor, Kern gotisch
28	→ S. 192 f.	ALTENSCHÖNBACH bei Gerolzhofen Polygonalchor, Kern gotisch
29	→ S. 201	PUSCHENDORF bei Fürth, Polygonalchor, gotisch
30	→ S. 204 f.	URPHAR bei Wertheim, Chorturm, Kern romanisch
31	→ S. 215	SEUSSLING bei Bamberg, Westturm, Polygonalchor, gotisch
32	→ S. 232 f.	KALCHREUTH bei Nürnberg, Polygonalchor, Kern gotisch
33	→ S. 240 f.	KIRCHGATTENDORF bei Hof, Südturm, Polygonalchor, Kern gotisch
34	→ S. 259	KOTTINGWÖRTH bei Beilngries, ehem. Chorturmkirche, Kern romanisch
35	→ S. 272 f.	VEITSBRONN bei Fürth, Chorturm, Kern romanisch-frühgotisch

36	→ S. 283	GAUKÖNIGSHOFEN beim Ochsenfurt, barocke Saalkirche mit Flankenturm
37	→ S. 284 f.	LITZENDORF bei Bamberg, barocke Saalkirche
38	→ S. 287	WILHERMSDORF bei Fürth, barocke Emporenkirche mit Flankenturm
39	→ S. 289	THALMÄSSING bei Hilpoltstein, barocke Saalkirche mit Westturm
40	→ S. 290	STEINBACH bei Lohr, barocke Saalkirche mit Westturm
41	→ S. 291	ETWASHAUSEN bei Kitzingen, barocke Kreuzkirche mit Fassadenturm
42	→ S. 293	AHA bei Gunzenhausen, barocke Saalkirche mit Ostturm
43	→ S. 295	BENK bei Bayreuth, barocke Saalkirche mit Ostturm
44	→ S. 309	MISTELBACH bei Bayreuth, barocke Saalkirche
45	→ S. 313	GROSSOSTHEIM bei Aschaffenburg, Kern frühgotisch, barocker Saal
46	→ S. 322 f.	REGNITZLOSAU bei Hof, Kern gotisch, barocke Saalkirche mit Ostturm
47	→ S. 327	NEUDROSSENFELD bei Kulmbach, barocke Saalkirche mit Ostturm,
48	→ S. 329	CASTELL bei Kitzingen, barocke Saalkirche mit Ostturm
49	→ S. 334 f.	HEILIGENSTADT bei Bamberg, barocke Saalkirche
50	→ S. 342 f.	THURNAU bei Kulmbach, barocke Saalkirche mit Ostturm

Baudatenliste

Dendrodaten

um 1125 d	BRENDLORENZEN Langhausdach, Zweitverwendung	Eißing (2008)	9
nach 1132 d	DETWANG Sturzbohle der Turmtür im ersten OG	Schl/Br 2012	7
1188 d	BRENDLORENZEN Langhausdach, Zweitverwendung	Eißing (2008)	9
1196 d	WINTERHAUSEN Turm, Balken im ersten und zweiten OG	Schl/Br 2010	→ S. 110
1216±5 d	URPHERTSHOFEN im Turm eingemauertes Holz von Deckenlage	Schl/Br 2015	→ S. 86, 378
1217 ds	ALTHEIM Balken im zweiten OG des Turms	Schl/Br 2015	→ S. 30, 94
1226±5 d	VEITSHÖCHHEIM Balken im zweiten OG des Turms	Brandl (2003)	→ S. 78
1230±5 d	GROSSBIRKACH Holz im Turm	Schn/Br 2014	13
1250 d	JOBSTGREUTH Sturzbohle der Eingangstür	Schl/Br 2012	→ S. 96, 182
1255 d	EICHENBÜHL Dach?	@DL 2015	→ S. 63
1261 d	BRENDLORENZEN Turmdach	Eißing (2008)	9
1292 d	KATZWANG Deckenbalken über Chorgewölbe	May (2008)	15
1302 d	URPHAR Dach mit Kehlbalken und Fußstreben	Kirchenführer[1]	30
1340 d	HERZOGENAURACH St. Magdalena Langhaus, Kreuzstreben Brettertonne	Eißing (2015)	→ S. 198
1358 d	POPPENREUTH Hölzer Zweitverwendung für Fachwerkturm?	DL Fürth (1994)	→ S. 34
1367 d	NEUKIRCHEN bei Sachsen, Langhausdach, stehender Stuhl	Bedal (2006)	→ S. 184
1369 d	KATZWANG Fachwerk im dritten OG des Turms, innen vorgesetzt	May (2008)	15
1388 d	DETWANG Fachwerk Turm	Bedal (2014)	7
1393 d	BETTWAR Langhausdach, stehender Stuhl	Schl/Br 2015	→ S. 184

URPHERTSHOFEN bei Bad Windsheim, ummauerte Kirche von Süden, im Kern von etwa 1220 (im Turm Balken von 1216±5 d).

1404 d	VACH Chordach stehender Stuhl	DL Fürth (1994)	
1405 d	LAUBENDORF Langhausdach, stehender Stuhl; Glockenstuhl	Bedal (2014)	→ S. 181
1413 d	SALZ Langhausdach, stehender Stuhl	Eißing (2008)	
1416 d	ALTHEIM Langhausdach, stehender Stuhl und OG Fachwerk	Schl/Br 2015	→ S. 30
1418 d	KATZWANG Langhausdach, doppelte Kehlbalken	May (2008)	15
1419 d	HEIDECK Frauenkirche, Langhausdach, stehender Stuhl	Bedal (2006)	
nach 1423 d	ZEIL Annakapelle, Dachstuhl	@DL 2015	→ S. 183
1425±5 d	NEUSITZ Sturzbohle im Turm	Schl/Br 2015	→ S.
1426 d	KATZWANG Glockenstuhl	Bedal (2006)	→ S. 181
1429 d	KATZWANG Karner Dach	Bedal (2006), May (2008)	
1430 d	BÜHL Langhausdach, stehender Stuhl	Bedal (2006)	
1431 d	BAUNACH Magdalenenkapelle, Chordach, stehender Stuhl	Eißing (2015)	
1431 d	DORFKEMMATHEN Langhausdach, stehender Stuhl	Bedal (2006)	→ S. 138
1431 d	JOBSTGREUTH Chordach, stehender Stuhl	Schl/Br 2012	→ S. 136
1432 d	BETTWAR Glockenstuhl	Schl/Br 2015	
1432 d	DETWANG Langhausdach, liegender Stuhl und Hängewerk	Bedal (2014)	7 → S. 185
1443 d	ERGERSHEIM St. Ursula, Langhausdach, stehender Stuhl und Hängesäule	Schl/Br 2015	→ S. 130
1443 d	ERGERSHEIM St. Stefan, Chordach, stehender Stuhl	Bedal (2006)	→ S. 136
1445 d	MINDORF Langhausdach, dreifach übereinander stehender Stuhl und Hängewerk	Wilcke 2014	27 → S. 186
1446-48 d	REICHELSHOFEN stehender Stuhl im Chor, OG-Fachwerk	Schl/Br 2015	→ S. 133
1447 d	FAULENBERG Langhausdach, liegender Stuhl und Hängewerk	Schl/Br 2015	→ S. 184
1447 d	URPHAR Turmdach	Kirchenführer[1]	30
1450 d	WENDELSTEIN Langhaus, dreifach übereinander stehender Stuhl mit Hängewerk	@DL 2015	→ S. 186
1455 d	UNTERREICHENBACH Fachwerk Turm	@DL 2015	→ S 34
1455 d	HEUSTREU St. Michael, Langhausdach, stehender Stuhl	Bedal (2006), Eißing (2008)	
1459 d	ERGERSHEIM St. Ursula, Chordach, stehender Stuhl	Schl/Br 2015	
1462 d	RASCH Turm-OG Fachwerk, Turmhelm	@DL 2015	4
1462 d	UNTERREICHENBACH Langhausdach, Brettertonne	@DL 2015	→ S.
1463 d	ALTHEIM Glockenstuhl	Schl/Br 2015	
1473 d	EFFELTRICH Balken im Westturm	Kirchenführer[2]	→ S. 42
1474 d	PUSCHENDORF Langhausdach, stehender Stuhl, Hängewerk, Brettertonne	Eißing (2015)	29
1476 d	SIMMERSHOFEN St. Michael, Turm, Balken	Schl/Br 2015	
1477 d	BAUNACH Magdalenenkapelle Langhaus liegender, stehender Stuhl, Brettertonne	Eißing (2015)	
1478 d	WETTRINGEN Langhausdach, liegender Stuhl, Hängewerk und Fachwerk-OG	Schl/Br 2015	2
nach 1485 d	RUFFENHOFEN Westempore	Schl/Br 2015	16 → S. 203
1489 d	BURGOBERBACH St. Lorenz, Westempore	Bedal (2014)	→ S. 204
1493 d	WINTERHAUSEN Kirche Langhausdach Westteil	Schl/Br 2010	
1496 d	UNFINDEN Langhaus Fachwerk-OG	Bedal (2006)	→ S. 30
1506 d	ERGERSHEIM St. Stefan, Turm Fachwerkaufsatz	Bedal (2006)	→ S. 136
1507 d	VEITSBRONN Langhausdach, stehender Stuhl, Kreuzstrebe und Brettertonne	Schl/Br 2015	35
1518 d	ERGERSHEIM St. Ursula, Anschleppung	Schl/Br 2015	

1519 d	NEUSITZ Langhausdach, liegender Stuhl verzapfte Kopfstreben	Schl/Br 2015	
1525 d	ICKELHEIM Chordach, liegender Stuhl	Bedal (2014)	→ S. 140
1527-34 d	UNTERLEITERBACH St. Maria Magdalena, Langhausdach	@DL 2015	
1528 d	SCHWEINSDORF Langhausdach, liegender Stuhl, noch angeblattete Kopfstreben	Schl/Br 2015	
1534 d	ICKELHEIM Langhausdach, liegender Stuhl, einseitig geblatete Kopfstreben	Bedal (2014)	
1550+5 d	VEITSBRONN Glockenstuhl	Schl/Br 2015	
1601 d	BETTENFELD Langhausdach, liegender verzapfter Stuhl, Hängewerk	Schl/Br 2015	→ S. 68
1674 d	RUFFENHOFEN Langhausdach, liegender verzapfter Stuhl, Hängewerk	Schl/Br 2015	16
1689 d	JOBSTGREUTH Langhausdach, liegender verzapfter Stuhl, Hängewerk	Schl/Br 2012	→ S. 187
1691 d	SIMMERSHOFEN Hl. Kreuz, Fachwerk-OG	Schl/Br 2015	2
1696 d, a	KRASSOLZHEIM Kirchturm Fachwerk	Schl/Br 2013	→ S. 36
1711 d, a	KATZWANG Langhausdach, Hängewerk und Brettertonne	May (2008)	15

d bezieht sich auf das Jahr des letzten gebildeten Jahresringes vor der Fällung, Verbauung durchschnittlich im Jahr darauf
ds bezieht sich auf Sommerfällung

[1] nach dkv-Kunstführer Urphar Nr, 188
[2] nach S&S-Kunstführer Effeltrich 2008 (J. Zeune)
@DL = nach der Denkmalliste im Internet (Bayerischer Denkmalatlas, Stand 1. 8. 2015)
Bedal (2006), (2014) = →Literatur
Brandl (2003) = →Literatur
DL Fürth (1994) = Denkmäler in Bayern, Stadt Fürth, München 1994
Eißing (2008) = Thomas Eißing: Neuere Untersuchungen zu Dachwerken im nördlichen Franken = Hausbau im 15. Jahrhundert - Elsass und Oberrhein = Jahrbuch für Hausforschung 58, 2008, S. 473-495
Eißing (2015) = →Literatur
May (2008) = →Literatur
Schl/Br 2010, 2012, 2013, 2015 = Probenentnahme Jürgen Schlosser, Burgbernheim, Auswertung Georg Brütting, Ebermannstadt, vorwiegend im Rahmen der Datierungsaktion „Dorfkirchen", unterstützt durch das Fränkische Freilandmuseum in Bad Windsheim und das Landesamt für Denkmalpflege in München
Schn/Br = Probenentnahme Karl Schnieringer, Denkmalamt, Auswertung Georg Brütting, frdl. Hinweis von Karl Schnieringer
Wilcke 2014 = frdl. Hinweis von Holger Wilcke, Heideck

DIMBACH bei Volkach, Bauinschrift von 1325:
ANNO DNI M CCC XXV RNDVS In XPPO PR DNS
WOLFRASM EPS HERBIPOLENSIS INPOSVIT
IOHANNI ABBATI IN SWARZACH AEDIFICARE
HOC TERMPLVM

Inschriften und Jahreszahlen am Bau (bis 1530)

1125-39	PFOFELD bei Gunzenhausen: Weiheinschrift für diesen Zeitraum → Abb. S. 61
1136 i	OBERLEINACH bei Würzburg: am Südportal *V · RECR + MCXXXVI [v l]* [=erneuert] → Abb. S. 61
1249	LEUZENBRONN bei Rothenburg: Inschrift am Chor, indirekt von 1249 → Abb. S. 61
1325 i	DIMBACH bei Volkach, ehem. Stiftskirche: auf Sandsteinplatte → Abb. S. 380
1371 i	ALTENTRÜDINGEN: am östlichen Langhaus dabei Figur mit Kirchenmodell *anno dni m ccc lxx icepta eccia i a p frasisscu ainkurn de walrstai camariu i letershe qi hi seplt e mccclxxx* → Abb. S. 126
1389 i	UNTERMICHELBACH bei Dinkelsbühl: an zweitverwendeten? Quader *Anno dni lxxxix* und Schild
1405 i	EGGOLSHEIM: auf Steinrelief am Untergeschoß des Westturms *Da man nach chr … geburt tausend las undert jar und fünf te jar nach sant jacobs Tag ward der Turn angefangen*
1412 i	DÖRINGSTADT: am Chorturm unten *m cccc darnach ym xii jar wart der pav am nechsten svtag nach vunsers hnleych a stag angehobe* → Abb. S. 127
1412 i	ZIRNDORF: über Westportal → Abb. S. 207
1422 i	THEILENHOFEN: an Südostecke des Chorturms
1423 i	BRENDLORENZEN: an Sakristei
1427 i	ELPERSDORF bei Ansbach: außen an Sakristei 5/8-Schluss Maskenkonsolen
1438 i	MARKTBREIT: an Inschriftstein über Portal
1439 i	UNTERLEITERBACH: über dem Westportal *Do man tzalt nach crist gepurt m cccc xxxix jar wart gemachet diße tur vnd gybelwant vind czu der czeit Braun colnrat hie ein pfarrer waß geweß xlii jar alß umb Jacobi auch waren Gotzhawßmaist Heintz nieder dorfer Cuntz trolff Hand Pawman. Deus retribu at b n factoribus et constructoribus huius ecclesie amen*
1442 i	BRODSWINDEN bei Ansbach: auf Tafel im Chor
1443 i	BURGBERNHEIM: am südlichen Chorfenster *anno dni mile l c c c xliii ante fest walburgis*
1443 i	ERGERSHEIM Stephanskapelle: am Turm → Abb. S. 127
1443 i	KREUZWERTHEIM: am Rechteck-Chor, 1444 i an ehem. Opferstock
1444 i	CADOLZHOFEN bei Rothenburg: am Turm, Maskenreliefs
1445 i	DETTINGEN bei Aschaffenburg: an Nische mit reichem Maßwerk im Chor
1446 i	GROSSLELLENFELD bei Dinkelsbühl: am Südoststrebepfeiler *1446 war d paw an gefange*
1446 i	GROSSOSTHEIM bei Aschaffenburg: an Sakristei
1447 i	ASCHACH bei Bad Kissingen
1447 i	HIRSCHLACH bei Merkendorf: im Gewölbe des Chorturms
1447 i	WETTRINGEN: über dem Sakramentshäuschen *anno dominim.cccc. et xlvii inceptu est hoc op chori*
1447 i	RÜCKERSDORF bei Lauf: an Steinepitaph an der Nordwand innen *ano MCCCCXLVII an sant patlme abet starb de erbe ebehart pegestor fier di gotz haus ein stifter gewest ist*
1448 i	ALLERSBERG: am Ostgiebel
1448 i	REGENSBERG bei Forchheim: an Langhaussüdseite
1449 i	HÖRSTEIN bei Aschhaffenburg: am Turm, am OG des Turms 1453
1449 i	SCHESSLITZ: ehem. Friedhofskapelle in der Kirche *Anno dni MCCCCXLVIIII structa est hec capella fraternitatis corporis christ in salutem animarum. Finita in eodem anno Michel*
1454 i	BURGEBRACH: über Chor-Mittelfenster *a d mccccliiii hoc opus est inceptum*
1457 i	ECKERSDORF bei Bayreuth: Relief an Chor
1458 i	HAUNDORF bei Gunzenhausen: über Chorbogen

KALBENSTEINBERG, Bauinschrift über Südportal von 1464:
Als·man·zalt·von·xri·geburt·m·cccc·und·lxiiii / Jar·an·sant·margarethen·tag· ward·gelegt·der / erste·stain·dies·wirdigen·bawes·in·der·ere / gotes·vnd·der· iungkfrawen·marie

1460 i	OFFENHAUSEN	bei Hersbruck: auf Stein Nähe Südportal
1461 i	NIEDERNBERG	bei Miltenberg: am Westturm
1461 i	SACHSEN	bei Ansbach: am Turm
1461 i	UNTERLEITERBACH	bei Bamberg: am Turm
1462 i	GRÄFENBERG	auf Schlussstein des Chorgewölbes mit Haller-Tetzel-Wappen
1463 i	GROSSHEIRATH	bei Coburg: am Langhaus
1464 i	KALBENSTEINBERG	bei Gunzenhausen: über Südportal → Abb. oben und Sakristeitür
1464 i	TENNENLOHE	bei Erlangen: neben Nordportal
1465 i	FLACHSLANDEN	bei Ansbach: am Chor (heute innen eingemauert)
1465 i	RATTELSDORF	Strebepfeiler bei Südtür *Anno dni m cccc lxv ist gebaut diese kirche in die m S Petr un Pauli*
1466 i	OCHSENFURT	St. Wolfgang: an nördlichen Chorstrebepfeiler *Anno do mcccc l x vi hat man dy kapellen angehebt zu bawen*
1467 i	ECKARTSHAUSEN	bei Schweinfurt: an westlichem Chor-Strebepfeiler der Südseite *Anno dmi m cccc und lxvii inchoata est hec structura in nomine ihesu*
1467 i	ALTENMUHR	bei Gunzenhausen: an Vorhalle Erweiterung
1467 i	LITZENDORF	bei Bamberg: an Nordwand Chorturm *1467 v h Brew*
1467 i	MÜHLHAUSEN	bei Höchstadt: an Turm *mccclxvii nach Jacobi* an Chorstrebepfeiler *meister Jobst anno mcccc [l] xvii am Montag nach Jacobi den thurn und im lxxiv ist angehaben der chor sabato vor judica*
1467 i	STADTSCHWARZACH	am Chorgewölbe
1468 i	GROSSLELLENFELD	bei Dinkelsbühl: am Weststrebepfeiler *1468 an sand veits tag*
1471 i	MARKT ERLBACH	an Ölberg
1471 i	GRETTSTADT	Chorturm
1471 i	OFFENHAUSEN	bei Hersbruck: Stein am Südportal
1471 i	OTTENSOOS	bei Lauf: an Chorturm oben mit bayer. Wappen → Abb. S. 127
1471 i	KALCHREUTH	bei Erlangen: über Südportal
1471 i	OBERMÖGERSHEIM	bei Wassertrüdingen: über spitzbgigem Nordportal
1471 i	BAD RODACH	bei Coburg: am Turm
1472 i	BÜHL	bei Lauf: am nördlichen Traufgesims *1472* und *MCCCCLXXII*
1473 i	BAUNACH	Magdalenenkapelle: am Westgiebel (Langhausdach 1477 d)
1473 i	GROSSBREITENBRONN	bei Ansbach: Ruine am Gewölbeschlussstein
1473 i	ESCHENAU	bei Erlangen: an der Nordwestecke
1473 i	KLEINSCHWARZENLOHE	bei Nürnberg: an Sakramentsnische → Abb. S. 228
1473 i	PILGRAMSREUTH	bei Hof: am Südportal *Anno dnj m cccc vnd jn dem L x x iii j*
1473 i	VINCENZENBRONN	bei Fürth: Quader am Westturm *ano dm MCCCCXXIII (?)*
1474 i	BURGOBERBACH	St. Leonhard bei Ansbach: am Westgiebel
1474 i	KIRCHRÖTTENBACH	bei Lauf: am Chor
1474 i	MÜHLHAUSEN	bei Höchstadt: an Chorstrebepfeiler *und im lxxiv ist angehaben der chor sabato vor judica*
1474 i	PFAHLENHEIM	bei Uffenheim: am südlichen Chorfenster *mccclxxiiii*
1474 i	VOLSBACH	bei Pegnitz: über Südportal
1475 i	BRUCK	bei Erlangen: an Kranzgeschoß *1475 ave Maria gra*

1477 i	CREUSSEN:	in Vorhalle des Hauptportals *anno dni mccccclxxvii consumatum est*
1478 i	OBERSCHWARZACH	bei Gerolzhofen: an Stein des Langhauses
1478 i	TENNENLOHE	bei Erlangen: am Westturm neben vermauertem Portal
1480 i	GNÖTZHEIM	bei Kitzingen: an Sakristeitür
1481 i	DÜHREN	bei Dinkelsbühl: über dem zugesetzten spitzbogigen Südportal
1481 i	NEUNSTETTEN	bei Ansbach: an Ostseite Turm *anno Domi 1481 legt man den erste stei*
1481 i	OBERERTHAL	bei Bad Kissingen: Turmmauern
1481 i	ZIRNDORF:	auf zweitverwendeten Holzpfeiler hinter Altar
1482 i	MECKENHAUSEN	bei Hilpoltstein: am ehem. Chorturm, von Uhr verdeckt
1482 i	SULZFELD	am Main: am Chor
1483 i	LICHTENFELS:	an östlichen Strebepfeiler *Nach cristi gepurt Jar am Mantage nach Quasi mo ge ist an gehobe d kor in d ere marie meit*
1483 i	WEISSDORF	bei Hof: an Säulenmalerei
1485 i	RUFFENHOFEN	bei Dinkelsbühl: über Südportal *Anno dni m cccc lxxxv ist dieser turm und capel gemacht worden in sant niclas eren*
1486 i	DIESPECK	bei Neustadt an der Aisch: neben ehem. Portal an Langhaus-Südseite *1486 fricz thirof dt XX gul dem got gnad*
1486 i	HANNBERG	bei Erlangen: am Turm
1486 i	OBERERLBACH	bei Gunzenhausen: am Langhaus
1486	PAPPENHEIM	Galluskirche: am Sakramentshaus
1486 i	WECKBACH	bei Miltenberg
1487 i	GUSTENFELDEN	bei Schwabach: an Sakramentshaus
1487 i	OTTENSOOS	bei Lauf: an Treppenturm der Sakristei → Abb. S. 234
1488/89 i	INSINGEN	bei Rothenburg: am Turm
1488 i	LAUBENDORF	bei Fürth: über Südtüre
1488 i	MISTELGAU	bei Bayreuth: Steine über Westportal
1489 i	DAMBACH	bei Dinkelsbühl: am Ostturm über Schallfenster Wappenschilde
1489 i	GROSSGRÜNDLACH	bei Nürnberg: Quader an Anbau am Turm
1489 i	MÄBENBERG	bei Roth: am Turm
1489 i	PUSCHENDORF	bei Fürth: an Dachtraufe der Sakristei
1489 i	SCHNAITTACH:	am Turm innen
1490 i	MARKTREDWITZ:	am Sockel Sakramentshäuschen
1491 i	HENFENFELD	bei Hersbruck: an Südostecke des Turms
1491 i	UNTERNBIBERT	bei Ansbach: am Turm
1492 i	DÜRRNBUCH	bei Emskirchen: über Fenster am Chorturm
1492 i	GELCHSHEIM	bei Ochsenfurt: am Chorturm
1492 i	KASENDORF	bei Kulmbach: am nördlichen Ost-Chorstrebepfeiler
1492 i	ULLSTADT	bei Neustadt an der Aisch: an Nordvorhalle
1492 i	VOLKACH	Maria im Weingarten: an Westempore → Abb. S. 204
1493 i	ASCHBACH	bei Schlüsselfeld: an Gewölbeschlussstein
1493 i	GOLLHOFEN	bei Uffenheim: an südöstlichen Strebenpfeiler mit Wappen *limburck 1493 und anno millesimo quadringentesimo nonagesimo tertio pridii Jdus Majii* → Abb. S. 127

Grosshaslach bei Ansbach, Eckquader mit Jahreszahl 1497

1493 i	GROSSWEINGARTEN	bei Spalt: an Südseite des Langhauses
1493 i	POTTENSTEIN	an Schlussstein *henricus III episcopus babenbergensis 1493*
1493 i	SINNBRONN	bei Dinkelsbühl: am Schlüsselschild Südportal Eichenholztüre → Abb. S. 213
1494 i	KALCHREUTH	bei Erlangen: am Chorschluss
1494 i	KIRCHRÖTTENBACH	bei Lauf: an der Langhaussüdseite
1494 i	MODSCHIEDEL	bei Lichtenfels: am südlichen Chorstrebepfeiler *Anno domini m cccc lxxxxiiii*
1494 i	NASSACH	bei Hofheim: Turm
1494 i	RÖTTINGEN	am Anbau *philipb·vo·Sauntzheim·Amptman·hot·gebaut·dijse·Cappeln·mit·hilf·frumer·leut·1494*
1494 i	SCHOBDACH	bei Dinkelsbühl: an südlicher Chorschräge
1495 i	BAUDENBACH	bei Neustadt an der Aisch: an Stein der Langhaus-Südwand
1495 i	MICHELRIETH	bei Marktheidenfeld: am Chorturm *Anno dmi m cccc lxxxxv*
1495 i	WALLMERSBACH	bei Uffenheim: am Turm
1496 i	ALTENSCHÖNBACH	bei Gerolzhofen
1496 i	OBEREISENHEIM	bei Volkach: am Langhaus
1496 i	WÄSSERNDORF	bei Kitzingen: am Chorbogen
1497 i	GROSSHASLACH	bei Ansbach: am Turm → Abb. oben
1497 i	KÖNIGSHOFEN	bei Tauberbischofsheim: am Turm
1497 i	KÜLSHEIM	bei Tauberbischofsheim: am Schlussstein des Netzgewölbes
1497 i	STADELSCHWARZACH	bei Kitzingen: am Turm
1497 i	URPHAR	bei Wertheim: über Sakristeitür
1498 i	BAD STEBEN	bei Hof: am Sakramentshäuschen
1498 i	KOTTENSDORF	bei Schwabach: am Turm
1498 i	UNTEREBERSBACH	bei Bad Neustadt: am Langhaus
1499 i	BRUCK	bei Erlangen: am Ölberggehäuse
1499 i	ERLENBACH	am Main: am Turm
1499 i	HAGENBÜCHACH	bei Emskirchen: am Langhaus
1499 i	GUTENSTETTEN	bei Neustadt an der Aisch: an Südseite des Chorbogens
1499 i	HAUNDORF	bei Feuchtwangen: über der Tür *sontag vor sant veit do ist die kaple angefngt durich karlen von herschperig dam zl n cr g m cccc lxxxx viiii*
1499 i	PFARRWEISACH	bei Ebern: am Turm *anno domini millesimo c c c c lxxxxix ipso die georii iceptu e h o*
1499 i	SCHOTTENSTEIN	bei Coburg: über Portal des Westturms *Anno dni millesimo cccc nonagesimo nono*
1500 i	STEINBACH	am Wald bei Kronach: an Konsole im Chor für Kreuzrippengewölbe
1500 i	WIESEN	bei Staffelstein: am Turm *nach cristi gepurt xvc ist der erste ste geleget*
1501 i	DAMBACH	bei Dinkelsbühl: am Langhaus
1501 i	LINDEN	bei Markt Erlbach: an Sakramentsnische → Abb. S. 229
1502 i	RIMBACH	bei Volkach: an Sakramentshaus
1505 i	GROSSWALBUR	bei Coburg: an Kreuzigungsrelief im Chor
1505 i	MACHTILSHAUSEN	bei Hammelburg: am Portal
1506 i	IMMELDORF	bei Ansbach: am Turm
1507 i	HAGSBRONN	bei Spalt: an Ostwand des Chores

1507 i	PILGRAMSREUTH bei Hof: am Netzgewölbe des Langhauses *Tempoe illo erat primissarius iohanes doner et weneslaus anno doi m ccccc7*	
1509 i	DORFKEMMATHEN bei Dinkelsbühl: an Sakramentsnische → Abb. S. 229	
1509 i	EFFELTRICH bei Forchheim: am südöstlichen Chorstrebepfeiler	
1509 i	SCHAUERHEIM bei Neustadt an der Aisch: an Chorturm Südseite *A. d. 1509 an sat magrete tag hat ma gelegt de este stei*	
1510 i	KATZWANG bei Nürnberg: an Quader der Sakristei	
1510 i	LIMMERSDORF bei Kulmbach: an Westportalvorhalle	
1510 i	GRAFENGEHAIG bei Kulmbach: am Schallfenster Westturm *M v c x*	
1511 i	GOCHSHEIM bei Schweinfurt: an Südwand des Chores und einer Turmecke	
1511 i	KUPFERBERG bei Kulmbach: im Gewölbefeld, erneuert	
1511 i	LUDWIGSCHORGAST bei Kulmbach: erneuert am Gewölbe	
1511 i	PFARRWEISACH bei Ebern: an Sakramentsnische → Abb. S. 229	
1511 i	REUSCH bei Uffenheim: an Südportal → Abb. unten	
1512 i	VEITSAURACH bei Windsbach: am Turm	
1513 i	KIRCHRÖTTENBACH bei Lauf: am Ölberg	
1513 i	PRESSECK bei Kulmbach: am Gurtbogen	
1514 i	NEUNKIRCHEN am Sand: am Westturm über Schallfenster	
1515 i	GEMÜNDA bei Coburg: am Chorstrebepfeiler *Anno D M CCCC X V*	
1516 i	BÜCHENBACH bei Erlangen: am Ölberggehäuse	
1516 ?	MARKTSCHORGAST bei Kulmbach: am Westjoch	
1516 i	MÜRSBACH bei Bamberg Dreifaltigkeitskapelle: über Portal → Abb. S. 208	
1517 i	GOLLHOFEN bei Uffenheim: Sakramentshäuschen → Abb. S. 231	
1517 i	OBERLEITERBACH bei Staffelstein: am Chorgewölbe	
1517 i	STÖCKACH bei Gräfenberg: an Westecke des Langhauses	
1518 i	BAD BERNECK: an Westturm	
1518 i	IRMELSHAUSEN bei Bad Königshofen: am Westgiebel	
1518 i	KATZWANG bei Nürnberg: an Sakramentshäuschen → Abb. S. 232	
1519 i	KIRCHFEMBACH bei Fürth: am Turm	
1520 i	HOHENFELD bei Kitzingen Bergkirche: über Südportal *Anno dni m ccccc xx*	
1520 i	KIRCHENSITTENBACH bei Hersbruck: am Südportal	
1521 i	AMORSBRUNN bei Amorbach	
1521 i	FRIESENHAUSEN bei Hofheim: am Chorgewölbe	
1521 i	MARKT TASCHENDORF bei Neustadt an der Aisch: Sakristei	
1522 i	OTTENSOOS: an Sakramentshaus → Abb. S. 231	
1522 i	POPPENREUTH bei Fürth: am Chorbogen	
1522 i	SESSLACH: am östlichen Südwandfenster	
1522 i	UNTERSTEINACH bei Kulmbach: am Gewölbe des Langhauses *ANNO DOMINI M CCCCC X*	
1529 i	ROSSRIETH bei Mellrichstadt	

REUSCH bei Uffenheim, Sturz des Südportals mit Jahreszahl 1511

Literatur

Roswitha Altrichter, Annette Faber, Reinhold Albert, Hanns Friedrich, Stefan Kritzer: Kirchen im Landkreis Rhön-Grabfeld, Bad Neustadt 2010

Karl Bahmann: Die romanische Kirchenbaukunst in Regnitzfranken, Würzburg 1941 (Diss. Erlangen)

Konrad Bedal: Burgund in Franken. Farbig glasierte Ziegel auf Dächern und Türmen = Franken unter einem Dach, 28, 2006, S. 62-89

Konrad Bedal: Fachwerk vor 1600 in Franken, Bad Windsheim 2006

Konrad Bedal: Fachwerkkunst in Franken 1600-1750, Bad Windsheim 2014

Klaus-Jürgen Boecker: Ländliche Kirchen in Franken unter Friedrich Karl von Schönborn. Kunst- und kulturhistorische Erörterung zum ländlichen Sakralbau des Spätbarocks in der Region Franken, Frankfurt/M., Berlin, Wien 1998

Stephanie Böß (Bearb.): Museum Kirche in Franken. Museumshandbuch, Bad Windsheim 2009

Martin Brandl: Pfarrkirchenarchitektur im fränkischen Raum des 13. Jahrhunderts, Gerchsheim 2003

Thomas Eißing: Vorreformatorische Holztonnengewölbe in Franken = Herbert May / Georg Waldemar / Ariane Weidlich (Hrsg), Neues aus der Hausforschung in Bayern, Bad Windsheim 2015 (Quellen und Materialien zur Hausforschung in Bayern, Band 16), S. 207-234

Manfred Eimer: Die romanische Chorturmkirche in Süd- und Mitteldeutschland, Tübingen 1935

Matthias Friske: Mittelalterliche Kirchen im westlichen Fläming und Vorfläming, Berlin 2007

Walter Haas, Ursula Pfistermeister: Romanik in Bayern, Stuttgart 1985

Robert Harbison: England's Parish Churches, London 2006

Hildegard Heidelmann, Helmuth Meißner: Evangelische Beichtstühle in Franken, Bad Windsheim 2001

Joachim Hotz: Aus Frankens Kunst und Geschichte – Mittelfranken, Lichtenfels 1976

Joachim Hotz und Isolde Maierhöfer: Aus Frankens Kunst und Geschichte – Oberfranken, Lichtenfels 1970

Reinhard Hüßner: Befestigte Kirchhöfe und Kirchgaden im Spätmittelalter und in der Frühen Neuzeit. Neue Erkenntnisse zu den Kirchenburgen im Landkreis Kitzingen = Herbert May und Kilian Kreilinger (Hrsg.), Alles unter einem Dach – Häuser, Menschen, Dinge. Festschrift für Konrad Bedal zum 60. Geburtstag, Petersberg 2004 (Quellen und Materialien zur Hausforschung in Bayern Band 12), S. 155-168

Karl Kolb: Wehrkirchen – Kirchenburgen in Franken, Würzburg 1977

Justin Kroesen / Regnerus Steensma: Kirchen in Ostfriesland und ihre mittelalterliche Ausstattung, Petersberg 2011

Peter Leuschner: Romanische Kirchen in Bayern, Pfaffenhofen 1981

Josef Maier (Bearb.): Johann David Steingruber 1702-1787. Leben und Werk, Ansbach 1987

Fritz Markmiller / Wilkin Spitta: Dorfkirchen in Niederbayern, Regensburg 1996

Herbert May: Eine „Schöne" vom Lande. Neuere bauhistorische Erkenntnisse zur Pfarrkirche Unserer lieben Frauen in Katzwang = St. Lorenz NF 58, 2008, S. 29-43

Heinrich Mayer: Die Kunst des Bamberger Umlandes, Bamberg 1955

Helmuth Meißner: Kirchen mit Kanzelaltären in Bayern, München-Berlin 1987

Helmuth Meißner: Taufengel in Oberfranken (Colloquium Historicum Wirsbergense), Lichtenfels 1996

Helmuth Meißner: Evangelischer Kirchenbau im 18. Jahrhundert im Markgraftum Brandenburg-Kulmbach/Bayreuth, Lichtenfels 2010

Peter Morsbach / Wilkin Spitta: Dorfkirchen in der Oberpfalz, Regensburg 2001

Peter Moser: Romanik in Franken. Eine Entdeckungsreise in die Geschichte, Bamberg 2000

Heinz Müller: Wehrhafte Kirchen in Sachsen und Thüringen, Waltersdorf o. J. [ca. 1991]

Rainer Müller: Mittelalterliche Dorfkirchen in Thüringen, dargestellt anhand des Gebietes des ehemaligen Archidiakonats St. Marien zu Erfurt, Erfurt 2010

Wolfgang Müller: Die Ortenau als Chorturmlandschaft. Ein Beitrag zur Geschichte der älteren Dorfkirchen, Bühl 1965

Peter Poscharsky: Die Kirchen in der Fränkischen Schweiz, Erlangen ²1991

Hans K. Ramisch: Spätgotische Kirchenbänke in Mittelfranken = Jahrbuch der Bayerischen Denkmalpflege 24, 1965, S. 86-97

Elisabeth Roth: Wallfahrten zu evangelischen Landkirchen in Franken = Klaus Guth (Hsg.): Elisabeth Roth. Volkskultur in Franken Band I Kult und Kunst, Bamberg/Würzburg 1990, S. 250-275

Elisabeth Roth: Gotische Wandmalerei in Oberfranken. Zeugnis der Kunst und des Glaubens, Würzburg 1982

Eduard Rühl: Kulturkunde des Regnitztals, Bamberg 1932

Ursula Schädler-Saub: Gotische Wandmalereien in Mittelfranken, München 2000 (Arbeitshefte des Bayerischen Landesamts für Denkmalpflege 109)

Daniela Schedel (Bearb.): Nutzung historischer Bausubstanz – Unterfränkische Kirchenburgen heute, Würzburg 2003

Alfred Schelter: Der protestantische Kirchenbau des 18. Jahrhunderts in Franken, Kulmbach 1981

Peter Schiffer (Hsg.): Die Kirche im Dorf, Beiträge einer Arbeitstagung des Württembergischen Landesmuseums Stuttgart des Bildungshauses Kloster Schöntal und des Historischen Vereins Württembergisch Franken, Sigmaringen 1998

Helma Schmitt-Carl: Bauformen der Dorfkirche im oberbayerischen Alpenvorland vom 12. bis zum 16. Jahrhundert, München 1937

Barbara Schock-Werner: Die Bauten im Fürstbistum Würzburg unter Julius Echter von Mespelbrunn, Regensburg 2005

Tilo Schöfbeck: Mittelalterliche Kirchen zwischen Trave und Peene. Studien zur Entwicklung einer norddeutschen Architekturlandschaft, Berlin 2014

Hartmut Scholz: Die mittelalterlichen Glasmalereien in Mittelfranken und Nürnberg extra muros, Berlin 2002 (2 Bde.)

Alfred Stange: Deutsche Malerei der Gotik. Franken, Böhmen und Thüringen–Sachsen in der Zeit von 1400 bis 1500, München-Berlin 1958

Heinrich Thiel: Im Spiegel der Kirchen. Ein Bilderbuch evangelischer Dorfkirchen in Bayern, Nürnberg 1951

Sigrid Thurm: Deutscher Glockenatlas – Mittelfranken, München-Berlin 1973

Reinhard Weidl: Dorfkirchen in Oberbayern, Rosenheim 1991

Rolf Zethmeyer: Das Maßwerk in der baulichen Gesamterscheinung der ehemaligen Landkreise Scheinfeld-Kitzingen-Ochsenfurt, Nürnberg 1985

Edmund Zöller: Fränkische Wehrkirchenstraße: 1 Vom Rangau zum Steigerwald, Uffenheim ⁸2007; 2 Fränkische Wehrkirchen im Rangau und im Knoblauchsland, Uffenheim 1993; 3 Wehrkirchen und Kirchenburgen in Unterfranken, Uffenheim 1994; 4 Wehrkirchen und Kirchenburgen in Oberfranken, Uffenheim 1999

Grundlage sind außerdem das Dehio-Handbuch Bayern I Franken ²1999 sowie die amtlichen Kunstdenkmälerinventare (Kunstdenkmäler von Bayern, Bayerische Kunstdenkmale, Denkmäler in Bayern), die von nahezu allen Städten und Landkreisen erschienen sind, sowie die Denkmalliste im Interne (Denkmalatlas Bayern), außerdem die einschlägigen geduckten Führer zu einzelnen Kirchen, vorwiegend im Verlag Schnell&Steiner (S&S) und im Deutschen Kunst-Verlag (dkv).

Ortsregister

A

Abtswind 53, 299, 319
Aha **42** 292, 293, 377
Alfeld **21** 143, 281, 376
Allersberg 36, 381
Allmannsdorf 34, 68, 116, 184, 260
Altenfurt 84, 120
Altenmuhr 382
Altenschönbach **28** 192, 193, 257, 376, 384
Altentrüdingen 126, 381
Altershausen 106
Altheim 30, 94, 378, 379
Alzenau 291
Amorsbrunn 385
Ansbach 289, 292, 293, 302, 330, 353, 356, 359
Aschach 381
Aschaffenburg 313
Aschbach 311, 383
Aub 13, 23, 317, 350
Aufkirchen 298
Augsburg 298

B

Bad Berneck 385
Bad Rodach 382
Bad Steben 31, 32, 384
Bad Windsheim 13, 134, 176, 186, 196, 353
Bamberg 104, 136, 175, 200, 285, 314, 317, 362
Baudenbach 320, 384
Baunach 255, 379, 382
Bayreuth 280, 294, 295, 296, 311, 328, 358
Beaune 176
Beerbach 14, 153, 156, 238, 270
Bellershausen 118
Benk **43** 295, 303, 326, 341, 349, 358, 377, 392
Bergrheinfeld 299
Berolzheim 161
Bettenfeld 68, 86, 87, 88, 380
Bettwar 184, 243, 345, 378, 379
Beyerberg 107, 260
Bieswang 176
Billigheim 898
Bindlach 294, 301, 328, 359
Birkach 137
Breitengüßbach 375
Brendlorenzen **9** 58, 61, 70, 71, 89, 95, 110, 168, 376, 378, 381
Brodswinden 381
Bronn 104, 105
Bruck 209, 221, 249, 382, 384
Buchau 130
Büchenbach/Erlangen 28, 38, 39, 248, 311, 322, 385
Büchenbach 114
Bühl 379, 382
Bürgstadt 192, 210, 227, 263
Bütthardt 163, 282, 344, 346
Bullenheim 50, 51, 217
Burgbernheim 81, 103, 381
Burgebrach 252, 381
Burgfarrnbach 172, 219, 221
Burgoberbach 204, 379, 382
Buttenheim 284

C

Cadolzburg 298
Cadolzhofen 381
Callenberg 356
Castell **48** 4, 288, 289, 329, 377
Creglingen 199, 227, 236, 264, 265
Coburg 356
Creußen 382

D

Dachsbach 36
Dambach 383, 384
Dertingen 36, 40
Dettingen 381
Detwang **7** 27, 34, 38, 39, 53, 61, 66, 67, 68, 86, 87, 97, 107, 109, 118, 122, 185, 186, 187, 217, 376, 379
Deutenheim 17
Diebach 76, 116, 206
Diespeck 383
Dietenhofen **26** 28, 95, 147, 177, 217, 236, 257, 265, 318, 376
Dimbach 126, 198, 381
Dinkelsbühl 298
Döringstadt 127, 172, 381
Dombühl 20
Dorfkemmathen 138, 147, 214, 229, 235, 245, 260, 379, 382
Dormitz 209, 214, 222, 248, 363
Dottenheim 111
Dühren 383
Dürrenmungenau 36
Dürrnbuch 75, 383

E

Eckartshausen 140, 347, 364, 365, 382
Eckersdorf 381
Effeltrich 29, 41, 42, 248, 379, 385
Egenhausen 15, 94
Egenhausen bei Schweinfurt 282, 351
Eggolsheim 252, 373, 381
Eichel 39, 104, 119, 216
Eichenbühl 63, 378
Eichfeld 228
Eichstätt 170, 255
Elpersdorf 381
Emskirchen 115, 296, 297, 305, 311
Engelthal 113
Entenberg 224
Erlangen 296
Erlenbach 384
Ergersheim 19, 127, 130, 136, 379, 381
Erkertshofen 60
Erlenbach 162
Ermreuth 354
Erzberg 194, 277
Eschenau 382
Escherndorf 162, 196
Etwashausen **41** 291, 377
Ezelheim 4, 6

F

Faulenberg 184, 186, 188, 379
Fechheim 29, 145, 237
Flachslanden 382
Frauendorf 300
Frickenhausen 13, 163, 208, 224, 226
Friesenhausen 291, 385
Fröhstockheim 142, 247, 260
Frommetsfelden 88, 106, 110, 338
Fuchsstadt 311

G

Gaibach 291, 300
Gattenhofen 58, 93
Gaukönigshofen **36** 283, 304, 312, 316, 317, 364, 377
Gaurettersheim 84
Gebsattel 39, 120, 122
Geiselwind 93
Geisfeld 174
Geißlingen 276, 345
Gelchsheim 383
Gemünda 385
Gerach 70
Gereuth 290
Gesees 51
Gnötzheim **11** 79, 100, 119, 245, 324, 376, 383
Gochsheim 385
Götteldorf 74, 98, 111
Gollhofen 13, 58, 127, 140, 230, 342, 350, 366, 367, 383, 385
Graben 133
Gräfenberg 382
Grafengehaig 40, 148, 153, 158, 244, 363, 385
Greding 246
Grettstadt 382
Großbirkach **13** 22, 58, 104, 117, 122, 376, 378
Großbreitenbronn 382
Großgründlach 383
Großhaslach 180, 331, 384
Großheirath 382
Großlellenfeld 148, 159, 218, 219, 223, 298, 381, 382
Großostheim **45** 111, 115, 170, 229, 313, 377, 381
Großwalbur 145, 247, 384
Großwallstadt 39
Großweingarten 383
Grünsfeldhausen 84, 85
Gülchsheim 88, 304
Gundelsheim 52
Gungolding 246
Gustenfelden 383
Gutenstetten 147, 269, 384

H

Habelsee 14
Häslabronn 18, 360
Hagenau 128, 243
Hagenbüchach 118, 336, 384

Hagsbronn 384
Hallstadt 153
Halsbach 25, 108, 133, 154, 341
Hambühl 302
Hannberg 28, 41, 44, 172, 221, 383
Hassenberg 310
Haundorf 381, 384
Heideck 379
Heiligenstadt 49 334, 335, 377
Heilsbronn 89
Hemmersheim 12 f.
Henfenfeld 113, 235, 264, 265, 321, 336, 383
Herbolzheim 19
Heroldsberg 25 2, 173, 376
Herrnberchtheim 114
Herrnsdorf 73
Herrnsheim 46, 110, 115
Hersbruck 253
Herzogenaurach 172, 198, 378
Herzogenreuth 20
Heustreu 23, 379
Hirnstetten 169
Hirschlach 381
Hörstein 27, 168, 381
Hof 136, 323, 326, 358
Hofstetten 171
Hohenfeld 21, 385
Hüttenheim 5 48, 49, 376

I, J

Ickelheim 140, 195, 219, 324, 380
Ilbling 74
Immeldorf 384
Insingen 383
Iphofen 163
Irmelshausen 190, 192, 219, 222, 342, 385
Issigau 349
Jobstgreuth 61, 96, 136, 168, 180, 182, 187, 378, 379, 380
Jochsberg 239, 240

K

Kalbensteinberg 22 148, 149, 161, 200, 253, 376, 382
Kalchreuth 32 55, 232, 233, 238, 320, 376, 382, 384
Kasendorf 383

Katzwang 15 56, 122, 123, 181, 206, 216, 232, 376, 378, 379, 380, 385
Kaubenheim 21, 299
Kinding 41
Kirchaich 31
Kirchensittenbach 385
Kirchfembach 115, 169, 385
Kirchgattendorf 33 130, 152, 240, 241, 339, 376
Kirchröttenbach 382, 384
Kirchschletten 76
Kirnberg 1 18, 31, 70, 89, 96, 142, 182, 224, 245, 346, 376
Kleinbardorf 180
Kleinhaslach 4
Kleinlangheim 26, 27, 39, 44, 45, 52, 107, 217, 251
Kleinschwarzenlohe 17 130, 131, 149, 161, 168, 189, 200, 212, 213, 234, 243, 274, 376, 382
Klingen 374
Königsberg 354
Königsfeld 39, 133, 142
Königshofen 223, 225
Königshofen Tauber 384
Kottensdorf 384
Kottingwörth 34 178, 259, 305, 315, 376
Kraftshof 4 41, 42, 43, 53, 256, 376
Krassolzheim 36, 380
Krautostheim 355
Kreuzwertheim 93, 381
Külsheim 384
Küps 208, 322, 334
Kulmbach 294, 295, 327
Kupferberg 153, 385

L

Lahm 292
Landershofen 60
Laub 160, 224, 225
Laubendorf 34, 68, 86, 87, 181, 239, 318, 379, 383
Laubenzedel 152
Leerstetten 111
Lehrberg 301
Lenkersheim 280, 307, 318, 338, 356
Leuzenbronn 61, 66, 225, 244, 337, 381

Lichtenfels 383
Limmersdorf 385
Lindau 176
Linden 229, 384
Litzendorf 37 174, 252, 284, 285, 314, 362, 377, 382
Ludwigschorgast 153, 385

M

Machtilshausen 384
Mäbenberg 383
Maidbronn 198
Mainbernheim 111
Maineck 76, 120
Markt Bibart 165, 211
Markt Einersheim 196
Markt Erlbach 18 134, 135, 146, 200, 227, 246, 250, 254, 255, 264, 266, 267, 306, 318, 352, 376, 382
Markt Nordheim 319, 321, 371
Markt Taschendorf 321, 385
Marktbreit 381
Marktredwitz 383
Marktschorgast 385
Massenbuch 93
Meckenhausen 383
Meeder 111, 178
Meinheim 176
Memmelsdorf 174
Michelrieth 384
Mindorf 27 186, 190, 191, 202, 212, 213, 237, 242, 258, 376, 379
Mistelbach 44 113, 237, 309, 377
Mistelgau 302, 312, 354, 366, 383
Mittelstreu 165
Modschiedel 322, 337, 384
Möckenlohe 246
Moratneustetten 108
Mühlhausen 382
München 298
Münchenreuth 301
Münster 30
Mürsbach 182, 208, 250, 385

N

Nassach 384
Nemmersdorf 178, 179, 286, 294, 305
Nennslingen 261

Neuherberg 292
Neudrossenfeld 47 277, 294, 305, 327, 377
Neukirchen 63, 108, 184, 327, 378
Neunkirchen am Sand 178, 385
Neunstetten 108, 137, 146, 222, 383
Neusitz 92, 108, 122, 133, 137, 379
Niedernberg 382
Nordheim/Rhön 29
Nürnberg 136, 175, 180, 196, 198, 220, 230, 233, 255, 296, 348, 361

O

Obereichstätt 62
Obereisenheim 384
Obererlbach 383
Obererthal 383
Oberfeldbrecht 75, 89, 96, 119
Oberkotzau 357
Oberleinach 61, 102, 381
Oberleiterbach 385
Obermerzbach 8 68, 69, 70, 101, 118, 122, 189, 242, 376
Obermögersheim 167, 382
Oberntief 374
Oberreichenbach 64
Oberscheckenbach 128, 189
Oberschwarzach 382
Oberstreu 47
Obersulzbach 136
Oberwittighausen 84
Ochsenfurt 13, 382
Offenhausen 113, 382
Ostheim 40, 41, 308
Ottenhofen 90, 100, 122
Ottensoos 24 29, 112, 127, 153, 156, 157, 166, 230, 234, 268, 376, 382, 383

P

Pappenheim 169, 176
Pfahlenheim 189, 382
Pfarrweisach 140, 154, 229, 384, 385
Pflaumfeld 75
Pfofeld 10 61, 76, 77, 114, 116, 261, 376

Pfünz 169
Pilgramsreuth 19 113, 125, 139, 150, 247, 262, 352, 353, 362, 376, 382, 384
Pollenfeld 138, 230, 278
Pommersfelden 55
Poppenreuth 34, 221, 378, 385
Pottenstein 153, 383
Presseck 385
Pretzdorf 108
Pretzfeld 288, 391
Puschendorf 29 127, 136, 184, 200, 201, 204, 219, 236, 265, 306, 376, 379, 383

R

Randersacker 12 57, 58, 83, 256, 376
Rasch 35, 52, 115, 304, 376, 379
Rattelsdorf 222, 382
Rauenzell 254, 255
Ravensburg 176
Rednitzhembach 190, 261
Regensberg 381
Regnitzlosau 46 322, 323, 341, 348, 377
Rehau 130
Rehweiler 297
Reichelshofen 31, 133, 379
Reusch 385
Reutles 302
Reyersbach 300
Rezelsdorf 137
Riedenheim 62
Rieneck 62
Rimbach 384
Rittershausen 282, 316, 347, 370
Röckingen 120, 225, 227, 262, 264
Römershofen 169
Röthenbach 147
Röttingen 132, 133, 142, 146, 384
Rossendorf 182
Roßrieth 385
Roßtal 54, 59, 88, 220, 247
Rothenburg 175, 187, 194, 195, 196, 346
Rudolzhofen 292
Rückersdorf 381

Rüdenhausen 342, 349
Ruffenhofen 16 129, 181, 187, 202, 203, 242, 268, 376, 379, 380, 383

S

Sachsen 52, 382
Salz 111, 154, 155, 174, 379
Salzburg 104
Schambach 217
Schauenstein 130, 358
Schauerheim 383
Scheßlitz 381
Schmölz 332
Schnaittach 383
Schobdach 384
Schöllkrippen 27, 168
Schottenstein 384
Schraudenbach 291
Schwabach 356
Schweinsdorf 380
Schwimbach 16, 55
Seckendorf 28, 64
Segnitz 56
Segringen 53, 78, 88, 95, 118, 235, 264, 265
Serrfeld 40, 92, 169
Seßlach 385
Seußling 31 152, 215, 352, 376
Simmershofen 6 59, 65, 92, 106, 332, 360, 376, 379, 380
Sinnbronn 83, 110, 213, 384
St. Georgen 358
St. Kunigund 14 23, 39, 66, 100, 107, 120, 121, 124, 163, 258, 376
St. Rochus 160
Solnhofen 58, 155
Sommerach 165, 197, 247
Sonderhofen 281, 351, 369
Sondheim 321
Stadelschwarzach 384
Stadtschwarzach 382
Standorf 84
Stein 296. 297, 356
Steinach 133, 217
Steinbach 40 290, 345, 377
Steinbach am Wald 384
Steinsfeld 81, 95, 102, 110, 119
Stettberg 88, 92, 107
Stettfeld 174, 314

Stöckach 385
Stopfenheim 315
Suffersheim 171
Sulzfeld 140, 250, 383

T

Tennenlohe 382, 383
Thalmässing 39 289, 293, 355, 377
Theilenhofen 381
Theilheim 244
Thurnau 50 294, 310, 311, 342, 343, 345, 366, 377
Töpen 299, 340, 357
Trautskirchen 349
Triesdorf 330
Tückelhausen 26

U

Ullstadt 383
Unfinden 30
Unteraltenbernheim 108, 248
Unterebersbach 73, 168, 384
Unteremmendorf 31
Untereschenbach 30, 108
Unterferrieden 260
Untergailnau 169
Unterleiterbach 382
Untermichelbach 126, 381
Unternbibert 349, 383
Unternesselbach 216
Unterreichenbach 34, 64, 94, 106, 200, 379
Unterschlauersbach 106
Unterschwaningen 288
Untersteinbach 385
Urfersheim 98
Urphar 30 39, 89, 167, 190, 202, 203, 204, 212, 236, 237, 238, 240, 242, 245, 258, 318, 376, 378, 379, 384
Urphertshofen 61, 86, 99, 378

V

Vach 379
Veitsaurach 385
Veitsbronn 35 9, 23, 200, 204, 272, 273, 352, 376
Veitshöchheim 78, 115
Vincenzenbronn 382
Virnsberg 255

Volkach 20 141, 183, 204, 214, 217, 376, 383
Volsbach 23 127, 130, 151, 218, 219, 226, 376, 382
Vorra 113

W

Wässerndorf 384
Wallmersbach 384
Weckbach 383
Wegfurt 93, 211
Weidenbach 330
Weidhausen 226
Weiltingen 181, 245, 260, 333, 354
Weimarschmieden 29
Weißdorf 153, 155, 383
Weißenkirchberg 176
Wendelstein 186, 187, 209, 230, 379
Westheim 98
Wettelsheim 52, 202, 212, 247
Wettringen 2 31, 32, 33, 167, 187, 194, 195, 275, 376, 379, 381
Wien 176
Wiesen 384
Wiesenbronn 161, 235, 239, 318, 372
Wiesentheid 312, 316
Wilhelmsdorf 296, 356
Wilhermsdorf 38 279, 280, 286, 287, 291, 293, 377
Windelsbach 113, 194
Winterhausen 110, 378, 379
Wolframs-Eschenbach 176
Wonsees 325, 368
Würzburg 224, 280, 283, 286, 290, 291, 303, 312, 317, 329, 369

Z

Zeil 182, 379
Zeilitzheim 216
Zell 374
Zeuzleben 165
Zirndorf 207, 220, 336, 381, 381
Zumhaus 128

Zu den Abbildungen

Die meisten Fotos entstanden zwischen 2010 und 2015 mit einer digitalen Kompaktkamera. Einige ältere Fotos aus der Zeit vor 2000 sind noch mit einer 6x6 Kamera aufgenommen, nur bei ihnen wird das Aufnahmejahr jeweils vermerkt. Alle Fotos wurden ohne Blitz und Ausleuchtung gemacht, auch wurde – etwa bei Innenräumen – der jeweils vorhandene Kirchenschmuck (Blumen, Kerzen, usw.) und die temporäre Ausstattung (Vortragskreuze, Tragestangen, Fahnen) nicht entfernt. Es sollten keine künstlich bereinigten Kirchenbilder entstehen, sondern der jeweils für die Gemeindemitglieder und die Besucher übliche, „genutzte" Zustand im Bild erscheinen.

Die beigegebenen kleinen Grundrisse basieren meist auf den Aufmaßen in den gedruckten Kunstdenkmälerinventaren, sie wurden überarbeitet und grafisch umgestaltet, insbesondere um Bauphasen deutlicher zu machen. Sie werden hier alle im gleichen Maßstab (etwa 1:700) wiedergegeben und sind durchweg „geostet", d. h. Norden ist oben.

Die beigegebenen Verbreitungskarten beruhen neben den einschlägigen Angaben in den amtlichen Kunstedenkmälerinventaren großenteils auf eigenen umfangreichen Erkundungen.

Pretzfeld bei Forchheim, in der Kirche aufgestellter „Himmel" für Prozessionen